CIP-Kurztitelaufnahme der Deutschen Bibliothek

Eckardt, Nikolaus:
Die Stromdiktatur: von Hitler ermächtigt —
bis heute ungebrochen / Nikolaus Eckardt;
Margitta Meinerzhagen; Ulrich Jochimsen. — Hamburg;
Zürich: Rasch und Röhring, 1985.
  ISBN 3-89136-042-8

NE: Meinerzhagen, Margitta:; Jochimsen, Ulrich

Copyright © 1985 by Rasch und Röhring Verlag, Hamburg
Lektorat: Christian v. Ditfurth
Umschlaggestaltung: Studio Reisenberger
Satzherstellung: alphabeta, Hamburg
Druck- und Bindearbeiten: Bercker Graphischer Betrieb, Kevelaer
Printed in Germany

Nikolaus Eckardt
Margitta Meinerzhagen
Ulrich Jochimsen

Die Stromdiktatur
*Von Hitler ermächtigt —
bis heute ungebrochen*

Rasch und Röhring Verlag
Hamburg—Zürich

Inhalt

Vorwort

Die meisten Kritiker der umweltzerstörenden industriellen Prozesse, auch die Verfechter alternativer, »weicher« Technologien, übernehmen mit absoluter Selbstverständlichkeit das vorgegebene Weltbild der herrschenden Technokraten, der Experten und Politiker, und konzentrieren Intelligenz und Kraft auf die Veränderung von Methoden. Vor lauter Aktionismus bleibt der Motor der fortschreitenden Zerstörung unserer Lebensgrundlagen im dunkeln. Mit technischen Rezepten wie Rauchgasentschwefelung und Abgaskatalysatoren werden dem dahinsiechenden Patienten nur wirkungslose Wässerchen verabreicht. Wir stellen in diesem Buch die längst überfällige Diagnose und zeigen auch Wege einer Therapie auf.

Bei der Untersuchung des wichtigsten Systems unserer Industriegesellschaft, der Energieversorgung, stießen wir auf einen tödlichen Virus aus dem Dritten Reich. Erst wenn dieser Krankheitserreger beseitigt worden ist, kann der langwierige Heilungsprozeß beginnen.

Für eine hochindustrialisierte Gesellschaft bedeutet die Energieversorgung, was für eine Bananenrepublik das Militär ist, ein Instrument zur Ausübung und Erhaltung der Macht. Gelegentlich verwischen sich die Grenzen zwischen dem einen und dem anderen Machtmittel, denn beide kommen nicht ohne einander aus. Aber wenn die Militärstrategie der Supermächte den europäischen Kontinent in ein System gegenseitiger Abschreckung zwingt, mit immer präziseren Atomsprengköpfen, mit chemischen und biologischen

Massenvernichtungsmitteln, gewinnt die Struktur der Energieversorgung auch in den Zeiten eines gespannten Friedens ein besonderes Gewicht: Die zentralistisch aufgebaute Energieversorgung der Bundesrepublik läßt sich im Konfliktfall nicht verteidigen, alle zivilen Atomanlagen im Land ticken als potentielle Atombomben, zerstörerischer noch als Atomsprengköpfe, dem »Ernstfall« entgegen. Der bundesdeutsche Weg, die Energie zu erzeugen und zu verteilen, hält keine ernsthafte Krise aus, die mit Pershing-2 und Cruise Missile geprobte Abschreckung ist eine Farce.

Und weil die zivilen Atomanlagen gegen den Feind von außen nicht zu verteidigen sind, wird die Rüstungsschraube noch ein Stück weitergedreht. In letzter Konsequenz kann nur der Angriff die Verteidigung im Kriegsfall sein. Insofern geht von Deutschland (West und Ost) heute wieder eine ernste Gefahr für den Weltfrieden aus. Im Gegensatz zu den Historikern, die schon durch Buchtitel suggerieren, das Dritte Reich sei aufgestiegen und untergegangen, wollen wir die höchst aktuelle Entwicklung verdeutlichen, die vor lauter konsumorientierter Oberflächlichkeit und ameisengleicher Beschäftigungswut im dunkeln blieb. Wir wollen in diesem Buch belegen, daß der Weg in den Atomstaat schon in der Hitlerzeit bereitet worden ist.

Seit die Elektrizität Ende des vorigen Jahrhunderts ihren Siegeszug auf der Welle der Industrialisierung antrat, haben es deutsche Staatsmänner immer wieder versucht, die leitungsgebundene Energieversorgung unter ihre Kontrolle zu bringen. Einer hat es dann geschafft: Adolf Hitler. Er hat die Kommandostrukturen festgelegt, nach denen noch heute in der Bundesrepublik die Schornsteine rauchen. Mitten im Zweiten Weltkrieg sind jene technischen »Sachzwänge« geschaffen worden, die uns alle in Zwangshaft nehmen. Gut vierzig Jahre nach dem Krieg erhalten die Gespenster des Dritten Reichs wie der »Reichswirtschaftsminister« und der »Generalinspektor für Wasser und Energie« in den noch immer gültigen Gesetzestexten erfolgreich unselige Traditionen am Leben. Die politischen Kosten des Faschismus sind besondere Kosten, die in faschistischer Währung zu erstatten sind. Die faschistische Währung ist politische Macht. Gerade weil die nationalsozialistische Partei keine eigenständigen gesellschaftlichen Interessen vertrat, auch nicht die sozialen Interessen des sogenannten alten oder neuen Mittelstandes, fallen ihre Herrschaftskosten in Form von staatlichen und damit politischen Machtpositionen an.

Wir müssen zusehen, wie machtbewußte Monopolisten mit Hilfe rasanter Technikentwicklung, geballtem Kapitaleinsatz und willfähriger Politiker immer weitere Bereiche des Lebens erobern. Dabei werden neue Traditionen im alten diktatorischen Geist in die Gesellschaft eingebrannt, individuelle und regionale Eigenschaften unwiederbringlich vernichtet.

Heute sind es keine Armeeverbände mehr, die Europa mit Blitzkriegfeldzügen überziehen, es sind die Schadstoffe aus den Schloten der bundesdeutschen Kraftwirtschaft, welche bis in die weit entfernten Landschaften Skandinaviens Seen umkippen, Wälder sterben lassen und die Artenvielfalt von Tieren und Pflanzen reduzieren.

Die Schäden hierzulande lassen sich in mehrstelligen Milliardenbeträgen zwar abschätzen, aber kaum bewerten. Längst werden nicht mehr nur Wälder, Gewässer, Tiere, Pflanzen, Gebäude oder Kulturdenkmäler geopfert, am Ende der Schadstoffkette steht der Mensch.

Energie ist laut Lexikon die Fähigkeit, Arbeit zu leisten. Zur Zeit der Französischen Revolution wurde Europas Energiebedarf von 14 Millionen Pferden und 24 Millionen Zugochsen sichergestellt. Erst als Thomas Newcomen 1712 eine funktionsfähige Dampfmaschine entwickelte, griff die Menschheit, die bislang von den Zinsen gelebt hatte, mit den fossilen Brennstoffen erstmals das Kapital der Natur an.

Die Elektrifizierung hatte den entscheidenden Anteil am industriellen Boom, der heute das noch vor zwanzig Jahren Undenkbare ermöglicht. Die Stromversorgung ist die kapitalintensivste Gruppe im Konzert der Industrie.

»Infolge der Art, wie sie ihre technische Basis organisiert, tendiert die gegenwärtige Industriegesellschaft zum Totalitären«, schrieb Herbert Marcuse 1964. »Eine ökonomisch-technische Gleichschaltung, die sich in der Manipulation von Bedürfnissen durch althergebrachte Interessen geltend macht. Vielleicht kann ein Unglück die Lage ändern, aber solange nicht die Anerkennung dessen, was getan und was verhindert wird, das Bewußtsein und Verhalten des Menschen umwälzt, wird nicht einmal eine Katastrophe die Änderung herbeiführen.

Angesichts der totalitären Züge dieser Gesellschaft läßt sich der traditionelle Begriff der ›Neutralität‹ der Technik nicht mehr aufrechterhalten. Technik als solche kann nicht von dem Gebrauch abgelöst werden, der von ihr gemacht wird; die technologische Gesellschaft ist ein Herrschaftssystem, das bereits im Begriff und Aufbau der Techniken am Werke ist.

Die Weise, in der eine Gesellschaft das Leben ihrer Mitglieder organisiert, schließt eine ursprüngliche Wahl zwischen geschichtlichen Alternativen ein, die vom überkommenen Niveau der materiellen und geistigen Kultur bestimmt sind. Die Wahl selbst ergibt sich aus dem Spiel der herrschenden Interessen. Sie antizipiert besondere Weisen, Mensch und Natur zu verändern und nutzbar zu machen, und verwirft andere. Sie ist ein ›Entwurf‹ von Verwirklichung unter anderen. Aber ist der Entwurf einmal in den grundlegenden Institutionen und Verhältnissen wirksam geworden, so tendiert er dazu, exklusiv zu werden und die Entwicklung der Gesellschaft als Ganzes zu bestimmen. Indem der Entwurf sich entfaltet, modelt er das ganze Universum von Sprache und Handeln, von geistiger und materieller Kultur. Im Medium der Technik verschmelzen Kultur, Politik und Wirtschaft zu einem allgegenwärtigen System.«

Die Analyse unserer Energieversorgung, des gefährlichen Zusammenspiels zwischen den großen Versorgungsunternehmen und den Politikern, beweist, daß funktionale Abläufe per se niemals gesellschaftlich nützlich sind. Die Hintermänner der Energiewirtschaft haben nur eines im Sinn, den Ausbau und die Sicherung ihrer Macht, mit dem Bau höchst kapitalintensiver Riesenkraftwerke samt dem dazugehörigen Verbundnetz und dem strammen Marsch in den Atomstaat, der mit schnellem Schritt die Grundrechte der Menschen auffrißt.

Um etwas deuten zu können, benötigt man einen Bezugsrahmen. Der Bezugsrahmen der Energiewirtschaft ist das Gesetz zur Förderung der Energiewirtschaft aus der Nazizeit nebst einiger im Krieg ergangener Erlasse, welche die diktatorische Befehlsstruktur festlegten, nach denen die Wirtschaft der Bundesrepublik noch heute unter Dampf gehalten wird. Die Deutung — aus der Marketingabteilung der Stromwirtschaft — lautet: »Wir liefern den Strom so billig und so sicher wie möglich«, »Ohne Atomkraftwerke gehen bei uns die Lichter aus, und die Gesellschaft fällt zurück in die Steinzeit«, »Die deutsche Industrie muß sich dem internationalen Wettbewerb stellen« und »Wir wollen doch alle unseren Lebensstandard halten«.

Wir halten diesen Bezugsrahmen für gefährlich und haben uns daher nach besseren Lösungsmöglichkeiten umgesehen. Wir stellen fest, daß die volltönenden Thesen der Energiewirtschaft viel besser ohne den Bezugsrahmen aus der Nazizeit verwirklicht werden können.

Wir haben uns bei der Beweisführung vor allem jener Zeitzeugen bedient, die in ihrer aktivsten Zeit Täter, manchmal auch Verbrecher waren. Kein Testament des Dr. Marcuse also, sondern eher eines des Dr. Mabuse. Ähnlich wie jener wahnsinnige Verbrecher, der über den Tod hinaus alle möglichen Leute zwang, seine Verbrechen auszuführen, hat Hitler uns seine zerstörerischen Strukturen vererbt.

In diesem Buch schimmert der gigantische legalisierte Betrug der Energiewirtschaft durch. Wollen wir der weiteren Naturzerstörung und der fortschreitenden Kahlschläge im sozialen Bereich zu Leibe rücken, müssen wir das Bindeglied zwischen Staat und Energiewirtschaft zerstören: den »Generalinspektor für Wasser und Energie«, Hitlers obersten Energielenker, der im noch heute geltenden Gesetz zur Förderung der Energiewirtschaft steht.

Dieses Buch zu schreiben war für uns ein existentielles Bedürfnis. Denn wir brauchen für unser tägliches Leben eine

Zukunftsperspektive, für unsere Kinder, für kommende Generationen. Seit einigen Jahren sehen wir, daß unsere Arbeit mit ein paar Artikeln in den Konsummedien nicht getan ist. Immer wieder mußten wir bitter erfahren, daß zum tieferen Verständnis erforderliche Erkenntnisse von den Medien, die von der Tagesaktualität leben, verdrängt wurden. Durch diese systematische Oberflächlichkeit werden die strukturellen Hintergründe getarnt, bleiben längst überfällige, grundgesetzwidrige diktatorische Positionen bestehen, Positionen, von denen aus sich die zerstörerische Kraft gegen Mensch und Natur hemmungslos weiterentfalten kann. Positionen, hinter die sich die Stromdiktatoren immer wieder zurückziehen, wenn sie kritisiert werden.

Wir danken Dieter Seeburg für technische Hilfe bei der Herstellung dieses Buches. Ferner geht unser Dank an die Gründer des Verbandes Kommunaler Unternehmen e. V. (VKU), die dem kommunalen Widerstand gegen die großen Stromkonzerne lange Zeit Heimstatt, Sprache und Gedächtnis gegeben haben. Wir danken dem langjährigen Bibliothekar der VKU, Herrn Bohr, der seinem Arbeitgeber im Interesse einer sozialen Demokratie einen großen Dienst erwiesen hat.

Die Über-Macht

Die Bundesrepublik Deutschland ist voll erschlossen. 161 054 Kilometer Land- und Kreisstraßen zerteilen das Land in einen Flickenteppich kleiner Parzellen. Die großen Ströme und viele kleine Bäche sind mit Hilfe von Baggern und Beton in Industriekanäle verwandelt worden. 31 236 Restkilometer Schienen verbinden noch die größeren Städte miteinander. Bis zum letzten Einödhof spannen sich Telefondrähte.

Jeder, der es sich leisten kann, darf sich dieser Transportwege für Menschen, Güter oder Informationen bedienen. Im Laufe der vergangenen hundert Jahre ist aber noch eine andere Trasse durch Wald und Flur geschlagen worden. Auf ihr wird schneller, als Weltraumraketen fliegen können, und fast geräuschlos ein Supergeschäft getätigt, auf einem Transportsystem, das länger ist als das Autobahnnetz, exklusiver als die Bundesbahn, monopolistischer als das Fernmeldemonopol, gewinnbringender als das Geldtransfersystem der Banken, geheimer als die Geheimdienste. Die Rede ist vom Hochspannungsnetz der deutschen Stromerzeuger.

Das »öffentlich« genannte Hochspannungsnetz ist in Wahrheit sowenig öffentlich wie die Goldreserven der Deutschen Bank. Dieser Transportweg darf nur von den neun Mitgliedern aus Deutschlands exklusivstem Klub, der Deutschen Verbundgesellschaft e.V., mit Sitz in Heidelberg, benutzt werden. Das Recht dazu nehmen sich die Stromriesen mit einem Gesetz aus der Nazizeit, das heute noch gültig ist, dem Gesetz zur Förderung der Energiewirtschaft vom

13. Dezember 1935, schamhaft »Energiewirtschaftsgesetz« genannt.

Der Neunerklub der größten Energieversorgungsunternehmen (EVU) der Bundesrepublik schöpft mit seinem 380 000-Volt-Hochspannungsnetz außerhalb jeder politischen Kontrolle nicht nur Jahr für Jahr Milliarden Mark ab. Mit ihren unsichtbaren »Sklavenarmeen im Kupferdraht« dringen die Gigawattgiganten in unsere Wohnungen ein und bauen dort ihre Macht und ihren Einfluß unbemerkt weiter aus. Derart weitgehende Rechte hatte der Grundgesetzgeber nicht einmal dem Staat gewähren wollen.

Wir dürfen wählen, ob wir mit Hilfe von Strom kochen, unsere Wäsche waschen und trocknen, ob wir den Braten mit einem elektrischen Messer anschneiden, uns elektrisch rasieren oder die Zähne putzen wollen. Wir sollen sogar elektrisch heizen. Je mehr wir verschwenden, desto großzügiger werden uns Tarifrabatte eingeräumt — dem Stromfluß aus der Steckdose sind keine Grenzen gesetzt.

Aber wehe, ein Bürger kommt auf die Idee, selbst Strom zu produzieren und seine Heimwerkerenergie an einen Verwandten oder Geschäftspartner in einer anderen Stadt oder auch nur ein paar Häuser weiter »überweisen« zu wollen — so, wie er von seinem Konto Geld mit Hilfe der Banken auf ein anderes Konto transferieren läßt. Er wird schnell merken, daß die Stromleitung eine Einbahnstraße ist, die ihn abhängig macht, ohnmächtig läßt und ihm obendrein immer mehr Geld aus der Tasche zieht. Jede Fehlinvestition, sei sie noch so gigantisch oder unsinnig, wie etwa der Schnelle Brüter von Kalkar mit — nach letzter Schätzung — sieben Milliarden Mark Kosten, zahlt der Verbraucher, wenn nicht als Stromabnehmer, dann als Steuerzahler. Also ist es so abwegig nicht, wenn wir uns Gedanken machen, ob wir uns nicht unabhängiger machen sollten und eine Menge Geld sparen, indem wir selber Strom erzeugen und so ein Stück echter Eigenverantwortung zurückgewinnen.

In den Kammlagen der Mittelgebirge und vor allem in der Norddeutschen Tiefebene, wo vor siebzig Jahren noch 100 000 Windmühlen vor allem für die Entwässerung Energie aus der frischen Brise schaufelten, könnten leistungsoptimierte Windkraftanlagen heute wieder für Wohlstand bei den Strommüllern sorgen. Dezentral arbeitende Anlagen würden die Energiekosten senken helfen, die bei Mietern und Hausbesitzern schon wie eine zweite Miete oder ein zusätzlicher Hypothekenkredit zu Buche schlagen. Im Verbund miteinander könnten die Windräder die Strombilanz der strukturschwachen Küstengebiete kräftig aufbessern. Auch einige tausend Wasserkraftwerke an ehemals vorhandenen Wehren und Staustufen entlang der Fluß- und Bachläufe in den Mittelgebirgen und im süddeutschen Raum könnten erheblich mehr Strom erzeugen, als für den eigenen Hausgebrauch notwendig ist — eine sprudelnde Einnahmequelle für Generationen.

Aber die kleinen, für Handwerksbetriebe, Bauern und private Bauherren erschwinglichen Heimkraftwerke sind nicht in der Lage, sich durchzusetzen, weil die Stromwirtschaft mauert. Lediglich Kleckerbeträge zahlen die EVU für den »hausgemachten« Strom — knapp fünf Pfennig in der warmen Jahreszeit und rund sieben Pfennig für die Kilowattstunde im Winter, wenn die Energie knapper und damit auch teurer ist.

Die Stromer, die ihren Kleinabnehmern bis zu sechzig Pfennig für die gleiche Strommenge abfordern, weigern sich vor allem aus zwei Gründen, angemessene Preise für zusätzlichen Strom zu bezahlen: einmal, weil sie längst auf einer schwerverkäuflichen Stromhalde sitzen; aus der Gesamtkraftwerksleistung von 91 796 Megawatt mußten am Tag des höchsten Verbrauchs, dem 21. Dezember 1983, nicht einmal 54 000 Megawatt zur Verfügung gestellt werden. Viel schwerer aber wiegt zum anderen die Furcht der Stromkonzerne, daß ihre Monopolstellung untergraben werden könnte. Eine korrekte Bezahlung für im Nebenerwerb erzeugten Strom könnte zu einer Graswurzelrevolution aus der Steckdose führen, die alle Atomkraftwerke ebenso überflüssig machte wie die vielen Dreckschleudern, die den Wald umbringen, Bauten ruinieren und die Luft vergiften. Die Stromriesen fürchten den Aufstand der Kraftzwerge im

Keller. Millionen kleiner »intelligenter« Maschinen könnten die Kraftwerksdinosaurier verhungern lassen.

Die Energiewirtschaft hat in ihren Machtkämpfen um Profite, Kartelle und Monopole seit der Entdeckung des dynamoelektrischen Prinzips durch Werner von Siemens im Jahr 1866 einseitig auf die Entwicklung der Großtechnologie gesetzt. Die modernsten Großkraftwerke arbeiten im Prinzip kaum anders als die ersten Dampfkraftwerke. Sogar die mühsam gebändigte Atombombe bringt im Leichtwasserreaktor auch nur Wasser zum Kochen, dessen Überdruck eine Turbine antreibt. Das ist, als würden die Intercity-Züge der Bundesbahn allesamt von Dampfloks gezogen, deren Kessel mit Kohle, Gas, Öl oder durch Atomreaktoren befeuert werden.

So ist es kein Wunder, daß die Verluste, die bei den deutschen Kraftwerken als schädliche Abwärme in die Umwelt austreten, größer sind als der dickste Brocken in der deutschen Energiebilanz — die Erzeugung von Niedertemperaturwärme für Hausheizungen und für die Bereitung von Warmwasser. Etwa 36 Prozent der Endenergie werden in Kohleöfen, Gas- und Ölheizungen verbrannt oder in Stromheizungen verbraucht. In den Heizungskellern werden also hochwertige Rohstoffe wie Gas und Öl verfeuert, die in Jahrmillionen im luftleeren Innern der Erde entstanden sind, um genau das zu erzeugen, was von der Stromwirtschaft als Abfall in Luft und Wasser geblasen wird — Wärme. Stromheizungen, ob nun als Nachtspeichersystem oder als Wärmepumpe, fördern die Verschwendung der Rohstoffe in den Kraftwerken noch und schaden damit Mensch und Natur. Der Vollständigkeit wegen weitere Zahlen zum Vergleich: Die gesamte Industrie verbraucht 33 Prozent der Endenergie. Der Verkehr — zu Lande, auf dem Wasser und in der Luft — benötigt 23 Prozent der Endenergie.

Mit der einfachen, längst erprobten und für jedermann verfügbaren Technik der Wärme-Kraft-Kopplung könnten die Bewohner der Bundesrepublik ihre Heizkosten bis auf den Nullpunkt senken und als Kleinunternehmer in Nebentätigkeit ein Stück Eigenständigkeit zurückgewinnen, die ihnen von den großen Monopolunternehmen abgenommen wurde. Das Einsparpotential der dezentralen Wärme-Kraft-Kopplung bei konsequenter Anwendung ist gewaltig. Dazu müßte in den Heizungskellern der Privathäuser, in den Kesselhäusern von Bürobauten, Kranken- und Rathäusern ein technischer Wandel stattfinden, der den Schritt von der Kohleheizung zur Ölheizung in den sechziger Jahren weit überträfe.

Blockheizkraftwerke und Energieboxen nutzen die hohen Verbrennungstemperaturen von Öl und Gas wesentlich besser, als es die getrennte Erzeugung von Strom und Wärme je leisten könnte, indem sie kinetische Energie in Strom umwandeln und die Abwärme in das Heizsystem einspeisen. Während die Verlegung eines Fernwärmerohrs pro Meter etwa soviel kostet wie jeder Meter eines Mittelklassewagens, nämlich rund 5000 Mark, befindet sich das Nahwärmesystem als Zentralheizung bereits im Haus. Auch der Stromanschluß ist schon vorhanden. Von der Belastung des Netzes gesehen, verhalten sich Energieboxen und Blockheizkraftwerke, die eingeschaltet werden, wie große stromverbrauchende Einrichtungen, die abgeschaltet werden.

Wärme ist teuer zu transportieren, aber billig zu speichern. Strom dagegen ist eine höchst verderbliche Ware, die sofort verbraucht werden muß. Aber über die vorhandenen Niederspannungsleitungen läßt sich die im Keller gewonnene Elektrizität problemlos in das Netz einspeisen, damit sie von anderen verbraucht werden kann. Die Umrüstung auf Blockheizkraftwerke und Energieboxen würde ähnlich vielen Menschen Arbeit bieten, wie heute in der Automobilbranche beschäftigt sind. Derzeit hängt jeder siebte Arbeitsplatz vom Auto ab. Vor allem Krisenbetriebe wie die Werften würden beim Bau von Blockheizkraftwerken, die Krankenhäuser, Verwaltungsbauten und Siedlungen mit Nahwärme versorgen und Strom in das Netz einspeisen, zu neuer Blüte finden. Landmaschinenschlossereien, Klempner, Elektriker und Kraftfahrzeugbetriebe hätten bis weit ins nächste Jahrtausend genug zu tun. Mehrere tausend Blockheizkraftwerke für dichtbesiedelte Gebiete und einige Millionen Energieboxen für Einzelhäuser würden im Verbund mit den erneuerbaren Energiequellen, Sonne, Wasser und Wind, endlich ein Energieversorgungssystem ergeben, das in die demokratischen Strukturen paßt, die mit dem Grundgesetz angestrebt wurden. Mit dieser Technologie könnte sich die Gesellschaft auch auf die Zukunftstechnologie der Wasserstoffnutzung vorbereiten, die nach Ansicht aller ernst zu nehmenden Fachleute im nächsten Jahrtausend zum Einsatz kommen wird.

Voraussetzung ist allerdings, daß der Energiesektor nach den Regeln der freien Marktwirtschaft funktioniert. Doch genau das Gegenteil davon ist in der Energiewirtschaft der Brauch. Die leistungsgebundene Versorgungsindustrie ist ja nicht nur irgendein Wirtschaftszweig wie die Metall- oder die Chemieindustrie. Sie bildet den Stamm, von dem alle anderen Branchen abzweigen. Die Apologeten der Starkstrompolitik haben in ihrem Kampf um Macht und Geld schon Regierungen stürzen lassen und halten noch heute Politiker bis in die höchsten Spitzen fest im Griff. Nur so konnten die Energiekonzerne aus jedem Krieg und aus jeder Krise als Gewinner hervorgehen.

Die Kritik an der feudalistischen Geheimpolitik der Versorgungsunternehmen wächst. Aber obwohl Tribunale abgehalten und kluge Bücher über die Verflechtungen der Stromgiganten geschrieben werden, bleibt die Struktur der Energieversorgung weitgehend unsichtbar. Bevor aber ein demokratisches, naturschonendes Versorgungssystem entstehen kann, muß die alte Struktur aufgedeckt und zerstört werden.

Das Grundgesetz, dem jeder Lehrer, Postbote oder Lokführer die Treue schwören muß, wenn er Beamter werden will, erweist sich bei näherer Betrachtung als eine Art Notdach, das auf den Mauern des alten Reichsgebäudes errichtet wurde. Aus dem Keller des zerbombten Gemäuers qualmt noch immer die Energieversorgung des Dritten Reichs, denn bei allen Entscheidungen beruft sich die Stromindustrie auf das »Gesetz zur Wehrhaftmachung der deutschen

Energiewirtschaft«, wie Reichswirtschaftsminister Hjalmar Schacht treffend sein Werk nannte.

Das Energiewirtschaftsgesetz wurde bei der Formulierung des Grundgesetzes nicht berücksichtigt, es sollte damals schnellstens novelliert werden. Daraus ist bis heute nichts geworden. Das ist kein Zufall. Wie weit die braunen Schatten aus der Vergangenheit in die Gegenwart reichen, beweist der lapidare Satz des inzwischen verstorbenen CDU-Politikers Alois Mertes zum 30. Jahrestag der Kapitulation: »Nicht der deutsche Staat, sondern die deutsche Wehrmacht kapitulierte 1945.« »Die Zerschlagung des deutschen Einheitsstaates«, sagte Mertes am 4. Juni 1985 Reportern der »Tagesschau«, »ist ausschließlich die Folge des Mißbrauchs der Besatzungsmächte.« Und Franz Josef Strauß bestätigte am selben Tag, daß die deutsche Frage noch offen sei: »Deutschland besteht in den Grenzen von 1937 fort.«

Die Energieversorgung, das Rückgrat unserer heutigen Industriegesellschaft, funktioniert also immer noch nach den Regeln, die Hitlers Bürokraten in Zusammenarbeit mit der Stromwirtschaft zur Vorbereitung und Führung des Zweiten Weltkriegs aufgestellt hatten. Unverändert wirtschaftet die deutsche Industrie nach den Anforderungen, die sich aus der Führung eines Angriffskriegs ergeben. Der Zweite Weltkrieg endete 1945 mit einer Kapitulation. Doch längst sind neue Fronten gebildet worden in Verteidigungskämpfen um Marktanteile bei Massen- und Wegwerfgütern. Stillschweigend wird dabei die Natur geopfert. Flüsse, Seen und Meere werden vergiftet, der Boden verseucht, die Luft verpestet.

Nachdem die braunen Machthaber von den Alliierten geschlagen waren, hat die Energiewirtschaft ihre Macht ungehindert ausgebaut. Diesen Moloch zu bremsen oder gar zu lenken sind die Politiker der Bundesrepublik allesamt überfordert. Er werde das Energiewirtschaftsgesetz ändern, versprach Helmut Schmidt nach seiner triumphalen Wiederwahl 1976 in seiner Regierungserklärung unter dem Hohngelächter der CDU-Fraktion — nichts geschah. Professor Dr. Reimut Jochimsen, Wirtschaftsminister des bevölkerungsreichsten Bundeslandes Nordrhein-Westfalen, resignierte vier Jahre später: »Es wäre müßig, jetzt einzusteigen in die Grundsatzdebatte über Leitungsmonopole, Demarkationen und Konzessionen. Wir würden uns nur verkämpfen an einer Front, die allein aufzubrechen selbst das Land Nordrhein-Westfalen nicht stark genug ist.« Für manche Politiker ist es ohnehin ratsamer, sich mit den Stromern zu arrangieren: Der baden-württembergische Finanzminister Guntram Palm, CDU, sitzt im Aufsichtsrat des Verbundriesen Badenwerk AG, und Niedersachsens Wirtschaftsministerin Birgit Breuel ist Mitglied des Aufsichtsrats der Preußenelektra (PREAG).

Gelegentlich leiht die Stromwirtschaft sogar Topmanager aus, wenn ein Ministersessel zu besetzen ist. So vertauschte im Jahr 1983 Walter Henn seinen Vorstandssessel bei den Saarländischen Electricitätswerken (VSE) und rund 20 000 Mark Monatsgehalt mit dem vergleichsweise schäbigen Stuhl im Saarländischen Wirtschaftsministerium, ein Job, der mit nur 12 000 Mark monatlich vergütet wurde. Die VSE zahlte dem FDP-Minister, der die öffentlichen Stromtarife im Saarland genehmigte, 8000 Mark Verdienstausfall pro Monat weiter und hielt ihm den Vorstandsposten frei. Als die »normalste Sache der Welt« betrachtete der saarländische FDP-Fraktionsvorsitzende diese Angelegenheit. Walter Henn ist inzwischen an seinen alten Arbeitsplatz zurückgekehrt.

Wie ohnmächtig selbst der Deutsche Bundestag in Energiefragen ist, wurde am 31. Juli 1984 besonders deutlich, als sich das Parlament zum zweitenmal in einer Sondersitzung während der Parlamentsferien mit dem umstrittenen Kohlekraftwerk Buschhaus bei Helmstedt beschäftigte. Noch bevor die konservativ-liberale Bundesregierung den zuvor einstimmig gefaßten Beschluß umstoßen konnte, das Kraftwerk nicht ohne Entschwefelungsanlage ans Netz gehen zu lassen, hatte Niedersachsens Ministerpräsident Ernst Albrecht die wahren Machtverhältnisse klargemacht. »Ich werde die Betriebsgenehmigung erteilen, egal, was der Bundestag dazu sagt.« Albrecht fühlte sich an die Gesetze aus dem Dritten Reich gebunden, in die sich die gesetzgebende Versammlung der Bundesrepublik nicht einzumischen habe.

Nun sollte aber niemand auf die Idee kommen, die niedersächsische Landesregierung habe Buschhaus geplant oder sei irgendwie an der Planung beteiligt gewesen. Die Elternschaft des umstrittenen Kraftwerks liegt bei der Braunschweigischen Kohlen-Bergwerke AG (BKB) und damit bei dem Verbundunternehmen Preußenelektra. Ob ein Kraftwerk gebaut wird, wie groß es werden soll und mit welchem Brennstoff es betrieben wird, geht die Politiker nichts an. Sie dürfen nach den neueren Gesetzeswerken, etwa dem Atomgesetz oder dem Bundesimmissionsschutzgesetz nebst einigen Verordnungen, allenfalls nachsehen, ob im Umgang mit gefährlichen Stoffen die vorgeschriebene Sorgfalt eingehalten wird. In welcher Größenordnung die Stromer neue Kraftwerke zu- oder abbauen, bleibt ihre Entscheidung.

»Die Versorgungslast liegt bei den Energieunternehmen«, argumentierte die Wirtschaftsministerkonferenz im Jahr 1982, »die dafür erhebliche Investitionen tätigen müssen. Gerade darum muß bei diesen Unternehmen die verantwortliche Entscheidungskompetenz sowohl bei der Erarbeitung als auch bei der Realisierung der Konzepte liegen.« Wenn der Staat sich dagegen in die Entscheidungen der Deutschen Verbundgesellschaft einzumischen versucht, wird's teuer. So muß der bundesdeutsche Steuerzahler von den vorläufig mit 6,94 Milliarden Mark veranschlagten Baukosten für den Schnellen Brüter in Kalkar neunzig Prozent übernehmen. Das Rheinisch-Westfälische Elektrizitätswerk (RWE) darf dafür später den Strom verkaufen, wenn der umstrittene Brutreaktor je ans Netz gehen sollte. Auch die Wiederaufbereitungsanlage (WAA) im bayrischen Wackersdorf, deren voraussichtliche Kosten zwischen fünf und zehn Milliarden Mark liegen dürften, soll mit öffentlichen Geldern bezahlt werden.

Jahrelang hatte sich Niedersachsens Ministerpräsident Ernst Albrecht bemüht, die umstrittene Anlage in sein Bundesland zu bekommen, nachdem Hessen aus dem Rennen war.

Albrechts Wirtschaftsministerin Birgit Breuel ließ die Muskeln spielen: »Eines ist klar, wir werden uns nicht die WAA-Investitionen aus der Nase ziehen und gleichzeitig zulassen, daß wir zur Atommüllkippe der Republik werden.« Aber dann entschied sich die Deutsche Gesellschaft zur Wiederaufbereitung von Kernbrennstoffen (DWK) für Wackersdorf in Bayern. Nicht Politiker oder Parlamente haben den Standort bestimmt, sondern allein die DWK, eine Tochter der in der Deutschen Verbundgesellschaft zusammengeschlossenen Stromriesen. Nur zum Bezahlen der monströsen Anlage ist der Staat den Stromern gut genug. Ein Geschäft wird der staatliche Geldgeber mit diesem Projekt jedoch nie erzielen, weil Natururan weltweit überaus reichlich vorhanden und billig ist, so daß sich die Aufbereitung der abgebrannten Brennelemente nicht lohnt. Die Kosten für den Abbruch der Ruinen ausgedienter Atomkraftwerke werden ebenfalls von der Allgemeinheit getragen.

Die Verbundgesellschaften sind dagegen immer auf der Gewinnerseite. Wenn der Staat die Unkosten nicht trägt, werden sie eben über die Stromtarife auf die kleinen Stromabnehmer abgewälzt. Derartig abgesichert gegen jeden Verlust, kann die Strombranche üppiger zulegen als jeder andere Industriezweig. Rund ein Drittel der gesamten Investitionen der deutschen Industrie verbrauchte 1983 allein die Sromwirtschaft: 12,5 Milliarden Mark. Der Jahresumsatz von 78,4 Milliarden Mark überstieg den Verteidigungshaushalt der Bundesrepublik um fast die Hälfte. Diese Bilanz macht deutlich, welche Macht jeder Änderung der elektropolitischen Struktur im Wege steht. Um den gewaltigen Einfluß dieser Über-Macht zu verstehen, muß man den geistigen Bauplan der Stromwirtschaft und die Intentionen ihrer Schöpfer kennenlernen.

Hitlers lange Leitung

Das Geschäft mit dem Bau von Kraftwerken hatten die beiden Branchenführer AEG und Siemens kurz nach der Jahrhundertwende schon ziemlich fest im Griff. Als Mitglieder eines Weltkartells waren sie für den deutschen Markt zuständig und booteten ein Konkurrenzunternehmen nach dem anderen aus, denn überall im Reich wollten kleine, meist kommunale Versorgungsbetriebe die Prestigeenergie Strom aus eigenen Kraftwerken an den Mann bringen. Die Aufhängepunkte waren befestigt, doch das Netz woben andere: Den Anfang machte das Rheinisch-Westfälische Elektrizitätswerk. Der Unternehmer Hugo Stinnes krempelte die Ärmel hoch und gebrauchte seine Ellenbogen wie in der Branche noch keiner vor ihm. Er hat den Grundstein für die heute so machtvolle Großverbundwirtschaft gelegt.

Der am 12. Februar 1870 geborene Sproß einer Kohle- und Rheinschifferdynastie saß schon 1898 im Aufsichtsrat des frisch gegründeten RWE, obwohl er keine einzige Aktie des Unternehmens besaß. Dafür brachte er mit, was im Neudeutschen »Know-how« heißt — er setzte das RWE buchstäblich unter Dampf. Aus dem Kesselhaus seiner Zeche Victoria-Matthias verkaufte Stinnes billigen Überschußdampf an das RWE. Mit diesem Deal punktete er das mächtige Kartell der Kohlebarone aus, die das Monopol auf den Verkauf des »schwarzen Goldes« besaßen. Das RWE sparte so die übliche Kohleumlage an das Syndikat und konnte von Anfang an den Strom billiger produzieren als andere Stromfabriken. Natürlich zog das Kohlekartell gegen sein ausscherendes Mitglied Stinnes vor Gericht, unterlag aber, denn als der Kartellvertrag geschlossen worden war, hatte die Phantasie seiner Gründer nicht für die Vorstellung ausgereicht, daß Kohle eines Tages auch in Form von heißem Dampf zum Wirtschaftsgut werden könnte.

Für einen Unternehmer vom Zuschnitt Stinnes' war der ursprüngliche Wirkungsbereich des RWE, die Stadt Essen, ein viel zu kleines Spielfeld. Nachdem er im März 1902 zusammen mit seinem Freund August Thyssen die Mehrheit der RWE-Aktien aus dem Besitz des angeschlagenen Lahmeyer-Konzerns an sich gebracht hatte, waren der Expansion keine Grenzen mehr gesetzt. Mit seinem Konzept, die Kraftwerke auf der Kohle zu bauen, sparte er Transportkosten und bot den Strom konkurrenzlos billig an. Das RWE senkte 1904 die Preise für Lichtstrom von sechzig auf vierzig Pfennig pro Kilowattstunde. Neuen Kunden wurde ein dreijähriger Rabatt von zwanzig Prozent eingeräumt. »Der Assyrer«, wie Stinnes wegen seines dunklen Vollbarts genannt wurde, baute sein Reich aus. Eine Gemeinde nach der anderen ging dem RWE ins Netz. Stinnes lockte Städte und Dörfer, die nicht selber Strom erzeugten, mit Billigstpreisen für die begehrte Energie und mit hohen Konzessionsabgaben für das Recht, die RWE-Leitungen über Gemeindegebiet führen zu dürfen. Außerdem kaufte das RWE reihenweise Kraftwerke auf, legte die für sie unrentablen still und betrieb die übrigen unter altem Namen weiter, denn die feine Gesellschaft scheute von Beginn an das Licht der Öffentlichkeit.

Um so mehr wirkte »der Assyrer« nach innen. Er machte die Kommunen zu seinen Teilhabern am Aktienbesitz und köderte Land- und Stadträte mit hoher Gewinnbeteiligung. Im Management des gemischtwirtschaftlichen Unternehmens spielten die öffentlichen Mitbesitzer freilich eine nur untergeordnete Rolle. Sie wurden in den Beirat abgeschoben, wo sie zwar saftige Pfründe kassieren, aber nicht mitentscheiden durften.

Stinnes brauchte die Kommunen vor allem als Geldgeber, denn sein Expansionsdrang überstieg die Möglichkeiten einer privaten Finanzierung bei weitem. Mit langfristigen Kontokorrentkrediten zu niedrigen Kapitalzinsen borgte er von seinen öffentlichen Teilhabern Gelder bis zur Höhe des gesamten Aktienkapitals. Städte und Gemeinden waren für Baukredite gut und schossen Kapital ein zu Bedingungen, die an der Börse niemals zu haben gewesen wären. Bis zu siebzig Prozent seiner Ausdehnungsgeschäfte finanzierte Stinnes mit öffentlichen Mitteln.

Damit kam »der Assyrer« allerdings einem mächtigen Clan ins Gehege. Die AEG störte sich an dem unbändigen Expansionsdrang des RWE. Stinnes setzte auf wenige, billige Großkraftwerke, die er mit Hochspannungsleitungen parallelschaltete. Das Hauptgeschäft der AEG bestand aber darin, möglichst viele Kraftwerke zu verkaufen. Unter der Führung der AEG stemmte sich eine Koalition aus nicht angeschlossenen Kommunen und Zechenbaronen dem RWE entgegen. Im »ersten Elektrofrieden«, geschlossen am 10. März 1908 in Dortmund, einigten sich die Kontrahenten auf eine Grenzlinie, die bis in unsere Tage den Einflußbereich des RWE von dem seines Verbundkollegen Vereinigte Elektrizitätswerke Westfalen (VEW) trennt.

In seinem Buch »Staat und Energiewirtschaft«, das 1936 erschienen ist, belegt der überzeugte Nationalsozialist Alexander Friedrich, daß Hjalmar Schacht, als Reichsbankpräsident in der Weimarer Republik ein überaus bedeutender Finanzmann, schon 1908 die Konstruktion des von den Nazis verabschiedeten Energiewirtschaftsgesetzes begründet hat. Dem »ersten Elektrofrieden« von 1908 war ein Verteilungskampf vorausgegangen, der auch den Staat auf den Plan gerufen hatte. Damals hatte die Reichsregierung erstmals geplant, Steuern auf die Abgabe von Elektrizität und Gas zu erheben.

Schacht, der mit besten Verbindungen zur Hochfinanz ausgestattet war, meldete sich zu Wort: Das Reich, so forderte er, solle die Aufsicht über die gesamte Energieversorgung an sich ziehen.

Schacht wußte auch schon 1908, wie der Konzentrationsprozeß auf dem Energiesektor voranmarschieren sollte.

»Das Reich«, sagte er, »würde zur Erstellung einer einheitlichen Elektrizitätsversorgung des ganzen Reichsgebietes eine lange Entwicklungsperiode brauchen.« Dem Staat traute der Finanzier das Starkstrommonopol indes nicht zu: »Der Staat hat nicht die Mittel und kann sie schwerlich aufbringen, die zur Aufschließung vorhandener Kraftquellen für Elektrizitätslieferung in den nächsten Jahren erforderlich sein werden. Hier sind private Initiative, privates Kapital und privates Risiko unentbehrlich.« Statt einer Monopolstellung aus eigener Regie forderte Schacht das Reich auf, sich zu einer Elektrizitätswirtschaftspolitik durchzuringen, die dafür Sorge trage, »daß der Bau und Ausbau unserer Elektrizitätszentralen in rationeller, die billigste Erzeugung elektrischer Energie ermöglichender Weise erfolgt, denn auf wirtschaftlichem Gebiet ist das Reich die umfassendste Einheit, und jede staatliche Landespolitik hemmt die wirtschaftlich so notwendige Zentralisation.«

Das war Wasser auf die Mühlen des RWE. Es spann sein Netz nach Süden weiter und belieferte immer mehr Dörfer und Städte mit Strom und Gas. Beim Verlegen eines Gasrohrs machte das Unternehmen 1912 Rechtsgeschichte, die sich bis heute auswirkt. Erstmalig in diesem Jahr durfte der Versorgungsriese für den Bau einer Gasfernleitung ein privates Grundstück enteignen. Heute noch wird dieses Recht angewandt, wenn Hochspannungsmasten gebaut, Kabel oder Leitungen verlegt werden.

Im Ersten Weltkrieg hatte Stinnes auf Sieg gesetzt. Nach der Kapitulation 1918 betrug die Stromabgabe das Zweieinhalbfache des letzten Vorkriegsjahres, obwohl die Rüstungsindustrie als Großabnehmer ausfiel. Mitten im Krieg hatte das RWE seinen Aktionären regelmäßig acht Prozent Dividende auszahlen können. Doch 1919 versuchten Politiker zum erstenmal, ernsthaft nach dem Versorgungsmonopol zu greifen. Die üppige Mehrheit aus Sozialdemokraten, Zentrum und Linksliberalen in der Weimarer Nationalversammlung beschloß am 31. Dezember 1919 das Gesetz zur Sozialisierung der Elektrizitätswirtschaft. Alle Hochspannungsleitungen ab 5000 Volt und alle Kraftwerke, deren

Leistung 5000 Kilowatt überstieg, sollten in ein Reichsmonopol eingehen. Die Einzelheiten waren noch nicht festgelegt, sie sollten in Ausführungsbestimmungen geregelt werden.

Gegen diesen Vorstoß wehrten sich Kraftwerksbetreiber und Stromverkäufer in seltener Einheit. Vorreiter der Abwehrfront war der Siemens-Konzern. Seinem Vorstand gelang das propagandistische Kunststück, die Regierung als Vaterlandsverräter zu brandmarken, indem er das Sozialisierungsgesetz mit dem »Schandfrieden von Versailles« verknüpfte. Da die Siegermächte auf das Vermögen des Deutschen Reichs zurückgreifen konnten, wenn Reparationszahlungen nicht pünktlich gezahlt wurden, stand für die Stromwirtschaft fest: »Die Überführung irgendwelcher Unternehmen aus Privat- in Reichsbesitz ist ein Verbrechen am deutschen Volk.«

Die Hetzkampagne hatte Erfolg. Ein halbes Jahr nach der Verkündung des Sozialisierungsgesetzes verlor die Koalition ihre Mehrheit — und das Imperium schlug zurück. Hugo Stinnes zog als Abgeordneter in den Reichstag ein, außerdem Dr. Ernst Scholz, Geschäftsführer des Zentralverbandes der Elektrotechnischen Industrie (ZVEI). Siemens und AEG endsandten ihre Chefs in das Parlament. Scholz wurde Reichswirtschaftsminister, der Posten des für die Sozialisierung zuständigen Finanzministers wurde mit Dr. Joseph Wirth besetzt, einem treuen Gefolgsmann des Multimillionärs Stinnes. Diese mächtige Lobby sorgte dafür, daß das Sozialisierungsgesetz schlicht vergessen und Ausführungsverordnungen nie erlassen wurden. Das RWE hatte sich ohnehin nicht betroffen gefühlt, denn, so Stinnes, die Kommunen seien ja schon mehrheitliche Miteigentümer, das Unternehmen befinde sich also in öffentlicher Hand.

»Der Assyrer« sicherte sich das Wohlwollen der Kommunen mit einer scheinbar großzügigen Geste: Als der Finanzmagier Hjalmar Schacht 1924 die an die Goldmark gefesselte, von immer neuen Inflationsschüben geschüttelte reichsdeutsche Wirtschaft mit der Umstellung der Währung auf die Rentenmark in ruhigere Gewässer leitete, waren die städtischen und gemeindlichen Teilhaber in finanzielle Schwierigkeiten geraten und hatten ihre Aktienmehrheit am RWE verloren. Damit die Kommunen bei der Stange blieben, wurde ihnen das Mehrfachstimmrecht eingeräumt.

Stinnes starb noch im selben Jahr, sein gewaltiges Wirtschaftsimperium aus insgesamt 2888 Betrieben zerfiel. Aber dem RWE ging es immer besser. So gut, daß der Staat mit seiner Preußenelektra gegenzusteuern versuchte. Es kam 1927 zum »zweiten Elektrofrieden«, in dem sich die beiden Versorgungsriesen auf eine Demarkationslinie von der Nordseeküste entlang der Weser bis zum Main bei Frankfurt einigten. Das RWE zog sich aus Schleswig-Holstein zurück, im Gegenzug überließ die PREAG dem RWE die ergiebigen Braunkohlegebiete im Rheintal, wo noch heute Dörfer, Städte, Felder und Wälder von den Schaufeln der riesigen Tagebaubagger gefressen werden.

Als die Weimarer Republik mehr und mehr von den Vorreitern des Hitlerfaschismus untergraben wurde, fehlte es nicht an Stimmen, die davor warnten, daß der Griff nach der Energieaufsicht eine ungeheure Gefahr in sich bergen könne. So mahnte Professor Dr. Dr. W. Windel: »Niemals darf aber der Lebensnerv unserer Wirtschaft weder direkt noch indirekt zu einem Mittel politischer Macht werden oder dem Ziel zu ihrer Erlangung dienen. Die Elektrizitätsversorgungspolitik muß von diesen Möglichkeiten unbedingt ferngehalten werden.«

Vergebens. Nach Hitlers Machtergreifung 1933 ging es mit der Elektrizitätswirtschaft rapide aufwärts, obwohl die Stromer zunächst verunsichert waren, welchen Kurs der Führer mit seinen Blut-und-Boden-Truppen steuern würde. Am 20. Februar 1933 machten 25 Vertreter der Großindustrie ihren Antrittsbesuch bei Reichskanzler Adolf Hitler. Hermann Göring empfing die Herren, assistiert von dem versierten Finanzmann Hjalmar Schacht.

Zunächst hielt Hitler eine wolkige Rede, dann Göring, wie immer derb und unverhüllt. Die NSDAP, so erklärte er den Topmanagern, habe im gerade begonnenen Wahlkampf die meiste Arbeit zu leisten, und da sei es wohl nur recht, daß andere, nicht im politischen Kampf stehende Kreise die nun mal erforderlichen finanziellen Opfer bringen müßten. Ein solches Opfer würde der Industrie um so leichter fallen, wenn sie wüßte, daß die Wahl am 5. März die letzte sicherlich für zehn Jahre, voraussichtlich aber für hundert Jahre sei. »Dafür versprechen wir«, verdeutlichte Göring das Programm der NSDAP, »daß Eingriffe in die Wirtschaft so weit wie möglich vermieden werden sollen, daß der Unternehmer wieder Herr im Hause sein wird und die freie Unternehmerinitiative erhalten bleibt.«

Die Herren der Industrie hatten verstanden und zeichneten hohe Geldbeträge für Schachts Wahlkampfkasse. Schnell kamen drei Millionen Mark zusammen. Die Wirtschaftsbosse zeigten Hitler ihr Vertrauen und sahen glänzende Geschäfte auf sich zukommen. So wurde die Industrie im ersten Vierjahresplan schon 1933 aufgefordert, innerhalb von vier Jahren kriegsfähig zu sein. Dafür wurden eine weitgehend autarke Energiewirtschaft und eine Großraumverbundwirtschaft als Voraussetzung angesehen. Diese Verbundwirtschaft hatte die Aufgabe, kriegsfähige Produktionsanlagen miteinander zu verbinden und zu vernetzen, so daß bei der Zerstörung einer Leitung oder eines Kraftwerks die Energie aus noch intakten Quellen über unversehrt gebliebene Drähte herangeführt werden konnte.

Der Wille zum Krieg hatte schon vor Hitlers Machtergreifung in einschlägigen Kreisen Platz ergriffen. Das Heereswaffenamt hatte bereits 1930 gefordert, daß die heimische wehrwirtschaftliche Rohstoffproduktion von Treibstoffen, Erz, Gummi und vielen anderen Gütern verstärkt ausgebaut werden müsse. Hitlers Einsatz war es zu verdanken, daß der richtige Mann auf diese schwierige Aufgabe angesetzt wurde. Der wendige Bankier und Wahlkämpfer Hjalmar Schacht löste am 16. März 1933 Dr. Hans Luther als Reichsbankpräsidenten ab, wurde ein Jahr später auch noch Reichswirtschaftsminister und übernahm den Posten des Generalbevollmächtigten für die Kriegswirtschaft am 21. Mai 1935.

Von seiner ersten Besprechung mit dem Reichsbankpräsidenten Luther war Hitler höchst enttäuscht gewesen. Luther, ehemaliger Kanzler der Weimarer Republik, hatte ihm nur hundert Millionen Reichsmark aus »patriotischen Gründen« für die Wiederaufrüstung zur Verfügung stellen wollen. Er wurde mit einem Jahresgehalt von 50 000 Reichsmark als deutscher Botschafter nach Washington abgeschoben. Schacht war da von anderem Kaliber. »Er hat erkannt«, sagte Hitler während eines Mittagessens am 22. April 1942 auf der »Wolfsschanze«, »daß ohne Milliardenbeträge jeder Versuch einer deutschen Aufrüstung lächerlich ist. Schacht ist daher auch bei Summen bis zu acht Milliarden mitgezogen.« Was Hitler von Schacht hielt, machte er den Teilnehmern der Tafelrunde drastisch klar: »Bemerkenswert war, daß er von den acht Milliarden eine halbe Milliarde von vornherein als Zins einbehalten hat. Er ist ein unerhört intelligenter Mensch im Bescheißen. Aber wegen seiner Großartigkeit im Beschwindeln anderer Leute war er seinerzeit nicht zu entbehren gewesen.«
Besonders beeindruckt zeigte sich Hitler von einem Husarenstück, mit dem Schacht die gesamte internationale Finanzwelt und die deutsche Industrie aufs Kreuz gelegt hatte. Der Finanzjongleur ließ im Ausland gehandelte oder als Reparationsleistungen verpfändete Aktien entwerten und durch Strohmänner für 12 bis 18 Prozent des vormaligen Werts aufkaufen. Und dann zwang er die deutsche Industrie, die erbeuteten Aktienpakete zum Pari-Kurs zurückzukaufen. Auf diese Weise beschaffte der Reichswirtschaftsminister das für den Angriffskrieg notwendige Devisenpolster und ermöglichte der deutschen Großindustrie mehr Bewegungsfreiheit. Ihre Bilanzen und unternehmerischen Entscheidungen blieben fortan der Einflußnahme ausländischer Interessen verschlossen.
Gleichwohl ärgerte den Führer die leicht hochmütige Distanz, die ihm sein Finanzier entgegenbrachte. Bei Tisch mokierte sich Hitler darüber, daß Schacht als einziger an ihn schrieb: »Sehr geehrter Herr Hitler« statt »Mein Führer« und »Mit bestem Gruß, Ihr ergebener Schacht« statt des

sonst allgemein üblichen »Heil Hitler« oder »Mit deutschem Gruß«.

Schacht bog gleich nach seinem Amtsantritt als Wirtschaftsminister alle Versuche des sozialistisch eingefärbten Parteiflügels der NSDAP ab, der die Stromwirtschaft durch staatliche Aufsicht in ein »nützliches Glied im Volksganzen« verwandeln wollte. Das industrielle Hemd seiner Freunde aus der Hochfinanz war ihm stets näher als die braune Hose der Parteiideologen. Und Hitler hatte Schacht mit dessen Ernennung zum Generalbevollmächtigten für die Kriegswirtschaft mit üppigen Machtmitteln ausgestattet. Er war nicht nur der Chef des Wirtschaftsministeriums, ihm unterstanden auch das Ministerium für Ernährung und Landwirtschaft, der Reichsforstmeister, das Reichsarbeitsministerium, der Preiskommissar, das Reichsfinanzministerium und die Reichsbank.

Freilich geriet Schacht mit einem anderen Machtmenschen des Hitlerregimes aneinander, mit Hermann Göring, dem Beauftragten für den Vierjahresplan. Die Unterkommission III B der politischen Zentralkommission der NSDAP legte einen Bericht vor, in dem für die Stromkonzerne unannehmbare Forderungen erhoben wurden. Der Strompreis sollte auf zehn Pfennig pro Kilowattstunde eingefroren und die E-Werke zu einer Betriebsgemeinschaft unter staatlicher Kontrolle zusammengefaßt werden. »Arbeitsbeschaffung und Landesverteidigung bilden Fragenkomplexe, die in der Elektrowirtschaft überhaupt noch gar nicht umfassend behandelt worden sind. Sie sind offene Wunden am Körper der Energiewirtschaft«, formulierten die Parteielektriker.

Schachts Gefolgsmänner konterten mit einem Gegengutachten, das vom RWE-Vorstand Arthur Koepchen maßgeblich mitformuliert wurde. Die Konzerne forderten darin nicht weniger als die stromtechnische Vierteilung des Deutschen Reichs. Die Ostmarken und Mitteldeutschland sollten die Elektrowerke übernehmen, das Wesertal und die Küstengebiete von der Preußenelektra unter Strom gesetzt, Bayern und Baden-Württemberg an das Bayernwerk angeschlossen und Westdeutschland samt Baden und der Saarpfalz vom RWE bedient werden. Die Stromfürsten wollten darüber hinaus den Zwischenhandel ausschalten und das Energiegeschäft von der Produktion im Kraftwerk bis zur Abgabe in die Steckdose des Endabnehmers in die Hand bekommen.

Aus dem Braunen Haus, der Münchener Parteizentrale der NSDAP, kam wütender Protest. Wegen zu erwartender Luftangriffe sollten überhaupt keine neuen Großkraftwerke mehr gebaut werden, und auf Höchstspannungsleitungen war aus Gründen der Luftsicherheit auch kein Verlaß. Statt dessen setzte sich die Nazipartei dafür ein, daß auch die kleinsten Kraftwerke weiterarbeiten und darüber hinaus Industriebetriebe eigene Anlagen zur Selbstversorgung bauen sollten. Die im Deutschen Gemeindetag vertretenen Kommunen stießen in das Horn der Partei. Sie befürchteten, daß die großen Stromkonzerne ihnen die Kraftwerke abnehmen und so eine wichtige Quelle für Geld und Prestige rauben könnten und damit ein wichtiges Stück Selbständigkeit und Lebensfähigkeit.

In der Geschichte der deutschen Energieversorgung hatte es kurz nach dem Ersten Weltkrieg eine Periode gegeben, in der die kommunale Kraftwirtschaft eine einsame Blüte erlebte. Schuld war die Fehlkalkulation des AEG-Direktors Georg Klingenberg, der während des Kriegs damit begonnen hatte, große Kraftwerke mit Hochspannungsleitungen zu verbinden. Dieses extrem zentralistische System, das nach den Vorstellungen des AEG-Gründers Emil Rathenau den gesamten deutschen und später sogar den gesamteuropäischen Stromverbrauch von wenigen Großkraftwerken aus decken sollte, erwies sich bald nach Kriegsende als technisch und wirtschaftlich nicht machbar.

Den kommunalen Betreibern gelang es in dieser Phase, mit neuen, wieder in die Nähe der Städte gerückten mittleren und großen Anlagen den von hohen Festkosten belasteten Fernstrompreis zu unterbieten. Die regionalen Stromerzeuger versorgten darüber hinaus industrielle Betriebe mit Heißdampf oder verbanden den Kühlkreislauf der Kraftwerke über Rohrsysteme mit Stadtteil- und Städteheizungen. Bei der herrschenden weltweiten Kohleknappheit erwuchs aus der »Wärmeökonomie« erstmals eine ernsthafte Ingenieurwissenschaft. Dadurch gewannen ganzheitliche Konzeptionen regionaler, verkoppelter Energienetze an Bedeutung. Zum Gegenbild der elektrischen Großraumverbundwirtschaft entwickelte sich die »Energiezentrale«, ein Mehrzweckkraftwerk, das mit Wärme-Kraft-Kopplung, Mehrstoffprozessen und anderen energiesparenden Techniken einen Gesamtwirkungsgrad von bis zu achtzig Prozent erreichen konnte — gegenüber dem vergleichsweise miserablen Ausnutzungspotential zentraler Großkraftwerke ohne Wärmeauskopplung von nur rund zwanzig Prozent.

Das dezentrale Programm wurde von einer kleinen Gruppe betrieben. Kraftwerksingenieure kommunaler Unternehmen, Heizungsingenieure, vereinzelte Hochschullehrer der Maschinenbaufakultät und die gerade zur Berufsgruppe gewordenen Wärmeingenieure schufen sich 1920 mit der »Hauptstelle für Wärmewirtschaft« ein Zentrum, in dem neue Systeme vorgestellt und Ideen ausgetauscht wurden. Doch mit dem Ende der Kohleverknappung vergilbte auch die Blüte der Wärme-Kraft-Kopplung, die Großwirtschaft setzte sich durch.

Angelockt durch den sozialistischen Anstrich im Programm der NSDAP, witterten die Dezentralisten erneut eine Chance. Die kommunalen Kraftwerker versuchten, die Gunst der Stunde zu nutzen und den Großverstromern den Zwischenhandel für Elektrizität zu entreißen. Aber der Clan der großen Stromunternehmen, seit 1928 in der »Aktiengesellschaft für Deutsche Elektrizitätswirtschaft« zusammengeschlossen, setzte gegen den Widerstand der Parteikriegsplaner und Kommunen die Verbundwirtschaft durch, denn die Interessenlage der Industrie, mit billiger Energie versorgt zu werden, deckte sich vorzüglich mit dem Geschäftsziel der Großverstromer, möglichst flächendeckend zu versorgen.

Hitler, der lange gezaudert hatte, erinnerte sich an die Bedeutung der Großindustrie für seine Kriegspläne. Am 24. Februar 1934 unterschrieb er das »Gesetz zur Vorbereitung des organischen Aufbaus der deutschen Wirtschaft«. Damit ermächtigte er Hjalmar Schacht, sich die Führer der Wirtschaftsverbände auszusuchen, die als Obleute ihrer Branchen die verschiedenen Wirtschaftszweige in eine nationalsozialistische Zukunft steuern sollten. Leiter der Reichsgruppe Energiewirtschaft wurde Carl Krecke, Direktor der Berliner Elektrizitätswerke (BEWAG).

Schacht machte die Nazikommissare glauben, er habe ihre Lektion gelernt: »Die Wehrhaftmachung«, sagte er 1935 in einer Rundfunkrede, »die uns Adolf Hitler wiedergegeben hat, sichert uns den Broterwerb, jetzt und für die Zukunft. Es gibt keine Arbeit ohne Wehrhaftmachung.« Für die Energiewirtschaft gab es reichlich zu tun. Das Leitungsnetz dehnte sich zwischen Ende 1934 und 1939 um 5000 Kilometer aus. Die zunehmende Verbundwirtschaft führte zu einem Stromzuwachs um 163 Prozent in diesem Zeitraum.

Das Reich saß zwar auf Kohlen im Überfluß, verfügte aber kaum über nennenswerte Ölquellen. Also mußte der dringend benötigte Treibstoff aus Kohle verflüssigt werden — unter enormem Einsatz von Energie. Strom wurde auch gebraucht, um aus dem minderwertigen Eisenerz von Salzgitter hochwertigen Waffenstahl zu schmieden.

Die Industrie mußte das Geld für die teuren Produktionen aber erst einmal auf dem Weltmarkt verdienen. Mit direkten Subventionen konnte der Hitlerstaat nicht eingreifen. Seine Devisen schwanden derart, daß Hitlers Startschuß für den Zweiten Weltkrieg schon 1939 fiel, statt, wie geplant, erst 1942/43. Über die Steuerschraube konnte Schacht die nötigen Mittel auch nicht eintreiben, Preis- und Lohnstopps verhinderten das. Der wehrwillige Finanzmann besann sich auf eine verdeckte Subventionsmethode, die in früheren Jahren von den großen Stromkonzernen schon angewendet worden war. Zur besseren Auslastung ihrer Kraftwerke für den Rund-um-die-Uhr-Betrieb hatten die Stromriesen einigen Größtabnehmern billige Sondertarife eingeräumt, die manchmal unter den Erzeugungskosten lagen. Den Verdienstausfall ließen sich die Stromer vom Heer der Kleinverbraucher reichlich ersetzen. Dieser Praxis verhalf Schacht

ELEKTRIZITÄTSWIRTSCHAFT

ZEITSCHRIFT DES REICHSVERBANDES DER ELEKTRIZITÄTS-VERSORGUNG (R.E.V.)
MITTEILUNGSBLATT DER REICHSGRUPPE ENERGIEWIRTSCHAFT
UND DER WIRTSCHAFTSGRUPPE ELEKTRIZITÄTSVERSORGUNG

| 38. JG. | BERLIN, 25. APRIL 1939 | NR. 12 |

SCHRIFTLEITUNG: DIPL.-ING. KONRAD MEYER, BERLIN W 62, EINEMSTR. 1, FERNRUF: 25 96 81

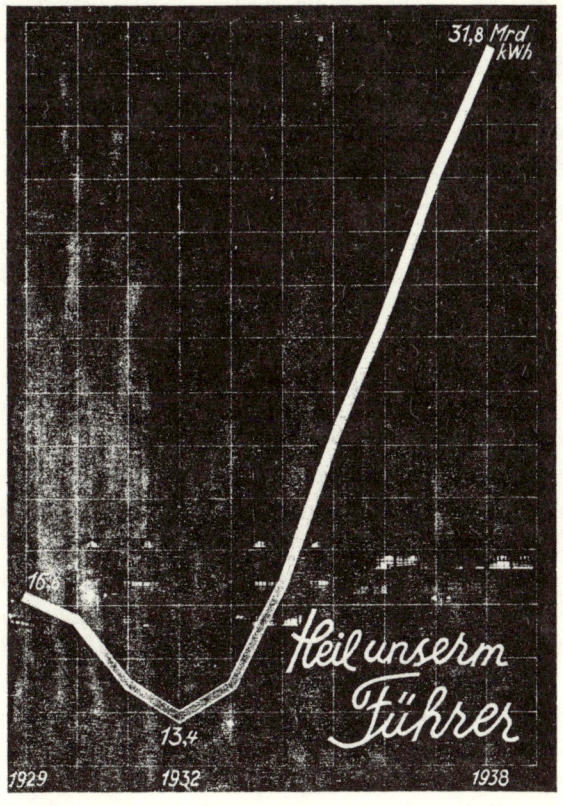

Quelle: Weltwirtschaftsinstitut, Kiel

zu einer gesetzlichen Grundlage. Gegen Nazipartei und Gemeinden ging er zur Sache: Am 13. Dezember 1935 haben Hitler, Schacht, Reichsinnenminister Frick und Reichskriegsminister Blomberg das von Schacht ausgetüftelte »Gesetz zur Förderung der Energiewirtschaft« unterschrieben, drei Tage später trat es in Kraft. Es ist seinen Schöpfern so vortrefflich gelungen, daß es Krieg, Kapitulation, Wiederaufbau, Wirtschaftswunder und Waldsterben überlebt hat.

Carl Krecke, der Leiter der Reichsgruppe Energiewirtschaft, jubelte: »Durch das Energiewirtschaftsgesetz ist in Deutschland das Verhältnis zwischen Staat und Energiewirtschaft in einer Weise geregelt worden, die der nationalsozialistischen Staats- und Wirtschaftsauffassung entspricht. Diese Regelung wird die gesamte wirtschaftliche und soziale Entwicklung nachhaltig beeinflussen.« Zwar hatte sich der Hitlerstaat — wie NSDAP und Gemeinden es gefordert hatten — die Energieaufsicht angeeignet, Schacht gab seine Macht jedoch nicht aus der Hand. Im Gegenteil. Mit seinem Paragraphenwerk sicherte er seinem Ministerium die Vormachtstellung. Noch waren allerdings das Reichsministerium des Inneren, der Generalbevollmächtigte für die Energiewirtschaft und der Reichskommissar für die Preisbildung an den Entscheidungen beteiligt. Schacht konzentrierte die Aufpasserfunktion zunächst in seinem Wirtschaftsministerium und übertrug sie dann der handverlesenen Reichsgruppe Energiewirtschaft.

Seit der Verkündung des Energiewirtschaftsgesetzes konnte sich der Reichswirtschaftminister Bauunterlagen oder Bilanzen aus den Chefetagen der Stromwirtschaft kommen lassen. Das Ministerium behielt sich ein Untersagungsrecht vor, doch Eingriffe wurden nie notwendig, denn das Verhältnis zwischen Schacht und der Reichsgruppe Energiewirtschaft gedieh weiterhin vorzüglich nach dem Motto »Leben und leben lassen«. »Nicht das ist im nationalsozialistischen Staat von grundsätzlichem Interesse«, wiegelte Schacht in einer Rede zum neuen Gesetz ab, »ob die Energieversorgung von privater oder öffentlicher Hand befriedigt wird, sondern die Unterordnung jeglicher Erzeugung

unter das Interesse des Gesamtwohls von Volk und Staat, ganz einerlei, ob die Wirtschaftsführer Verwalter und Betriebsführer privaten oder öffentlichen Vermögens sind.«
In der amtlichen Begründung zum Energiegesetz wurde er noch deutlicher: »Das Gesetz geht davon aus, daß die energiewirtschaftlichen Unternehmen in erster Linie selbst dazu berufen sind, die Aufgaben aus eigener Kraft zu lösen. Der Reichswirtschaftminister will sich grundsätzlich darauf beschränken, nur da einzugreifen, wo die Wirtschaft selbst die gestellte Aufgabe nicht zu meistern vermag. Die Vorbereitung der erforderlichen Maßnahmen soll soweit wie möglich von der Wirtschaft selbst getroffen werden.« Das bedeutete für die großen Stromkonzerne weitermachen wie bisher. In der Präambel für das neue Gesetz fanden die Stromer sogar einige Passagen aus ihrem von der NSDAP so wütend bekämpften Gutachten wörtlich wieder, in jenem Bandwurmsatz, auf den sich die Planer noch heute berufen, wenn sie private Grundstücke enteignen, für Hochspannungsleitungen breite Schneisen durch Wälder schlagen oder wenn sie begründen, warum ein neues Atomkraftwerk dringend gebaut werden muß: »Um die Energiewirtschaft als wichtige Grundlage des wirtschaftlichen und sozialen Lebens im Zusammenwirken aller beteiligten Kräfte der Wirtschaft und der öffentlichen Gebietskörperschaften einheitlich zu führen und im Interesse des Gemeinwohls die Energiearten wirtschaftlich einzusetzen, den notwendigen öffentlichen Einfluß in allen Angelegenheiten der Energieversorgung zu sichern, volkswirtschaftlich schädliche Auswirkungen des Wettbewerbs zu verhindern, einen zweckmäßigen Ausgleich durch Verbundwirtschaft zu fördern und durch all dies die Energieversorgung so sicher und billig wie möglich zu gestalten, hat die Reichsregierung das folgende Gesetz verkündet.«
Die Stromkonzerne hatten sich voll durchgesetzt. Das »so sicher und billig wie möglich« stammte aus der Marketingabteilung des RWE. Und die »schädlichen« Auswirkungen des Wettbewerbs hatten in der Vergangenheit schon zweimal einen »Elektrofrieden« notwendig werden lassen. Die

Weichen für das Kartell waren gestellt, Demarkationslinien und Gebietsmonopole standen fest. Vom 3. September 1939 an regelte der »Reichslastverteiler« in Brauweiler bei Köln die überregionale Stromverteilung. Nach Grad der Dringlichkeit wurden von hier aus schon mal ganze Städte und Dörfer abgeschaltet, wenn kriegswichtige Betriebe vorrangig beliefert werden mußten. Auch der Lastverteiler wurde mit seinen weitreichenden Kompetenzen — nach Bedarf jeden Verbraucher abzuschalten — in der Nachkriegszeit übernommen und nur mit einer neuen Vorsilbe versehen, er heißt »Bundeslastverteiler«.

Jetzt konnte es losgehen. Ein führender Industrieller der Schwerindustrie gab im März 1939 in humoriger Weise die Seelenlage der deutschen Industriellen in einem Vortrag »Über wehrwirtschaftliche Notwendigkeiten« zum besten: »Der Wirtschaft selbst ist es einerlei, ob sie vom Helm oder vom Zylinderhut regiert wird, aber für eine der beiden Kopfbedeckungen sollte man sich doch entscheiden.« Die Wirtschaftsbosse wählten den Helm, denn unter der Obhut der Wehrmacht versprachen sie sich eine dauerhafte Auslastung ihrer Fabriken.

»Kriegswirtschaftliche Gründe« bescherten den Stromfürsten im Jahr 1940 ein zusätzliches Riesengeschäft und verliehen der Verbundwirtschaft erst den wirtschaftlichen Sinn. Nach einer Durchführungsverordnung zum Energiewirtschaftsgesetz wurde die industrielle Eigenerzeugung von Strom in den großen Rüstungsbetrieben so weit wie möglich zurückgedrängt. Die energiefressenden Fabriken mußten die eigenen Kraftstationen stillegen und wurden jetzt direkt aus den zahlreichen Großkraftwerken über die Hochspannungsleitungen beliefert. Auch diese Verordnung gilt noch heute.

Aber die im Gemeindetag versammelten Vertreter der kommunalen Kraftwerksbetreiber wollten das Feld der Stromversorgung den Großkonzernen nicht gänzlich überlassen. Sie wußten genau, was auf sie zukommen würde, wenn die großen Stromfabrikanten das Heft in die Hand bekommen würden. Über den mächtigen Reichsinnenminister Wilhelm

Frick übten die Stadtwerker weiter Druck aus. Zusammen mit Göring gelang es Hitlers Paladinen zwar, den ungeliebten Banker Schacht aus dem Ministerium zu vertreiben, sie änderten damit aber in keiner Weise den Kurs der industriefreundlichen Reichsbehörde.

Walter Funk, Schachts Nachfolger im Amt des Wirtschaftsministers, hatte schon 1937 eine Denkschrift zur Neuordnung der Energieversorgung anfertigen lassen, die beim Deutschen Gemeindetag auf heftige Abneigung stieß. Das Wirtschaftsministerium wollte den Großkonzernen mit der sogenannten Reichssammelschiene ein reichsumspannendes Verbundnetz knüpfen und mit der »Reichsgasringnetz AG« das gesamte Gasgeschäft in ihre Hände legen. Damit hätten die privaten Verbundriesen auch den Reichslastverteiler kontrollieren und über willkürliche Abschaltungen die Energiepolitik der Gemeinden torpedieren können.

Reichsleiter Karl Fiehler, Oberbürgermeister von München, der »Hauptstadt der Bewegung«, und Vorsitzender des Deutschen Gemeindetages, schickte am 12. Oktober 1940 ein 19 Seiten langes Memorandum über den Entwurf aus dem Wirtschaftsministerium an seinen Innenminister. Die gesamte Elektrizitäts- und Gasversorgung, beklagte sich Fiehler, solle nach Methoden der kapitalistischen Wirtschaftsgestaltung so organisiert werden, daß sämtliche Unternehmen die Form der Aktiengesellschaft haben und ausnahmslos untereinander kapitalistisch mit dem Mittel der konzernmäßigen Kapitalverflechtung verbunden seien. »Das Eigentum und der Betrieb der Instrumente übergebietlichen Verbundbetriebes würden innerhalb der bestehenden Konzerne verbleiben. Daß sogar an eine ausdrückliche Ermächtigung bestehender Gebietsunternehmer zur Durchführung des Verbundbetriebes gedacht ist, ergibt sich aus den Ausführungen, wonach vorhandene Unternehmen durch entsprechende Konzessionserteilung zur Reichssammelschienen-AG umgewandelt werden können.« Die Tendenz der Denkschrift, erkannte Fiehler klarsichtig, bestand darin, die Energieversorgung den Konzernen zu überlassen, statt sie staatlich zu kontrollieren.

Mit dem Strategiepapier des Wirtschaftsministeriums im Rücken, wagte sich der Syndikus Dr. A. Kreitner aus München zu weit aus dem Fenster. Flugs ließ er einen Formbrief entwerfen, mit Datum vom 12. Oktober 1940, der an die Eigentümer aller Kraftwerke gesandt wurde, die im Geltungsbereich seines Arbeitgebers bis dahin noch unabhängig wirtschafteten:

.... Elektrizitätswerksbesitzer ....
Sehr geehrter Herr! ....
Auf Anordnung des Reichswirtschaftministeriums müssen sich demnächst die privaten Elektrizitätswerke an Großverbände anschließen und ihre Selbständigkeit aufgeben. Als Vertreter eines der größten Konzerne erlaube ich mir die Anfrage, ob Sie sich nicht schon jetzt zu Verkaufsverhandlungen Ihres Werkes bereit erklären können. Insbesondere möchte ich betonen, daß Ihnen mein Konzern heute noch ein äußerst großzügiges Angebot machen kann, während die Verkäufe zu einem späteren Zeitpunkt nur mehr zu amtlich festgesetzten Zwangskursen erfolgen. Ferner möchte ich daran erinnern, daß Sie sich bei einem freiwilligen Anschluß selbstverständlich den gut bezahlten Direktorposten mit festen Gehaltsbezügen vorbehalten können. Auf Wunsch kann auch der Kaufpreis in Aktien oder Obligationen, die durch riesigen Besitz im ganzen Reich dinglich gesichert sind, bezahlt werden.
Teilen Sie mir bitte umgehend mit, ob Sie sich unter diesen Gesichtspunkten zu Verkaufsverhandlungen entschließen; gleichzeitig wollen Sie mir Ihre letzte Monatsstromerzeugung angeben.
Strengste Diskretion wird zugesichert.
Heil Hitler!
gez. Dr. A. Kreitner

Dieser plumpe Erpressungsversuch wurde nicht nur ruchbar, sondern er sorgte sogar für einen Tobsuchtsanfall des Führers. Dr. Hans Heinrich Lammers, Reichsminister und Chef der Reichskanzlei, erhielt am 31. Oktober eine Abschrift des Erpressungsbriefes aus dem Führerhauptquartier zusammen mit einem Schreiben, in dem Martin Bormann die Meinung Hitlers verkündete:

Sehr geehrter Herr Dr. Lammers,
Der Führer lehnt die nach dem beiliegenden Schreiben angestrebte oder sogar angeordnete Entwicklung, wie ich Ihnen im Auftrage mitteile, restlos ab; er überlegt sich sogar, ob er den Syndikus Dr. Kreitner nicht auf längere Zeit in ein Konzentrationslager verbringen lassen soll. Die nach dem Schreiben vom 12. 10. angestrebte Entwicklung ist, wie der Führer betonte, völlig unnationalsozialistisch! Der Führer wünscht, daß jedes Dorf und jede Gemeinde, sofern kleinste Wasserkräfte zur Verfügung stehen, diese auch selbst nutzbringend verwertet. Ich teile Ihnen dies mit, damit Sie Herrn Reichsminister Funk unterrichten können.
Heil Hitler!
Ihr
gez. Martin Bormann

Nun war Hitler kein früher Prophet der Grünen. Im Licht des angestrebten Endziels, des Sieges in Europa und der späteren Weltherrschaft, waren für den selbsternannten Führer die Wünsche der Rüstungsindustrie »kriegsentscheidend«. Jede Verschwendung von Rohstoffen, die für die Rüstung gebraucht wurden, galten ihm und seinem Bürokraten als Sabotage. Da er nach der Maxime »Teile und herrsche« vorging und mit der Großindustrie streng vertraulich vereinbart hatte, ihr freie Bahn für die Steigerung der Rüstungsproduktion zu verschaffen, störte ihn das Vorpreschen des Münchener Syndikus Dr. Kreitner ganz erheblich. Denn auch die PGs sollten motiviert bleiben, an den Beutezügen teilzunehmen.
Die Reichsleitung der NSDAP kannte nur die eine Seite der Medaille und witterte bei der Lektüre des Bormann-Briefs Morgenluft. Das Hauptamt für Technik setzte sich mit dem Hauptamt für Kommunalpolitik in Verbindung, um eine gemeinsame Strategie zu entwickeln, wie der Einfluß der großen Stromgiganten zurückgedrängt werden könnte. Die

künftige Führung der Reichssammelschiene sollte nach Auffassung der Parteielektriker »hinsichtlich der volkswirtschaftlichen Notwendigkeiten absolut gleichlaufend denken mit der höchsten Instanz der staatlichen Überwachung und Lenkung«.

Der Staat griff nach dem Versorgungsmonopol. Um die Streitereien zwischen den verschiedenen Interessengruppen zu beenden, wurde auf Hitlers Befehl ein Ausschuß beauftragt, die zukünftige Energiepolitik zu entwerfen. Der nach seinem Vorsitzenden benannte Gramsch-Ausschuß aus Vertretern des Reichswirtschaftsministeriums, des Innenministeriums, des Generalbevollmächtigten für die Energiewirtschaft, dem Stellvertreter des Führers sowie dem Beauftragten für den Vierjahresplan Hermann Göring nahm die Arbeit unter strikter Geheimhaltung auf. Während die Energieplaner noch tagten, kam es zu einem hektischen Briefwechsel zwischen den Fachleuten des Deutschen Gemeindetages und dessen Führung. Innenminister Frick unterrichtete die Energiereferenten des kommunalen Verbandes. Mit Nachdruck ersuchte sein Ministerium darum, »die Kenntnis des Ergebnisses der Arbeit des Gramsch-Ausschusses streng vertraulich zu behandeln, weil andernfalls die ernste Gefahr bestünde, daß durch Eingreifen der Großkonzerne die kommunalpolitisch erfreulichen Ergebnisse gefährdet werden«.

In einem vertraulichen Schreiben unterrichtete Dr. Heinrich Apfelstedt, Fachreferent des Deutschen Gemeindetages, seinen Chef Karl Fiehler über den Stand der Dinge: »Das Endbild der vorgesehenen Neugestaltung«, vermeldete er froh, »stellt sich so dar, daß nunmehr tatsächlich mit der Übernahme der Instrumente des übergebietlichen Verbundbetriebes in die Hand des Reiches Ernst gemacht werden soll.«

Ganz ohne Protest lief diese Entscheidung freilich nicht ab. Zwar waren sich alle Mitglieder des Gramsch-Ausschusses einig, daß der Bau neuer großer Wasserkraftwerke wegen der kriegsbedingten Versorgungsengpässe dringend notwendig war, über die zukünftigen Besitzverhältnisse dieser neuen Kraftwerke jedoch kam es, »was als besonders vertraulich zu behandeln ist, zu Meinungsverschiedenheiten, ob diese Neubauten vom Reich selbst oder auch von einer bestimmten Gruppe der Großindustrie errichtet und betrieben werden sollten«.

Das Ergebnis der Ausschußarbeit muß auf die Vertreter der privaten Stromindustrie beim ersten Lesen wie ein Schlag ins Gesicht gewirkt haben, bei gründlicherem Studium allerdings konnten sie sich beruhigt in ihren Sessel zurücklehnen — der Kelch des staatlichen Zugriffs war noch einmal an ihnen vorübergegangen. Der Energieausschuß war von dem Grundsatz ausgegangen: »Es ist die Aufgabe der Elektrizitätsversorgung, die deutschen Betriebe und Haushalte so ausgiebig, so billig und so sicher wie möglich mit elektrischer Energie zu beliefern. Die Organisation muß allein auf dieses Ziel gerichtet sein.« Die Mitglieder machten als wichtigstes Ziel den beschleunigten Ausbau von Wasserkraftwerken aus. Die Strompreise sollten stark ermäßigt und in Stadt und Land weitgehend angeglichen werden. Zwar erkannten die Experten übereinstimmend an, daß eine sinnvolle Verbundwirtschaft die Sicherheit der Versorgung erhöht. Aber »bei der Schlüsselstellung der Elektrizität für die gesamte Wirtschaft und breiteste Teile der Verbraucherschaft ist der öffentlichen Hand in den Versorgungsunternehmen der entscheidende, auch wirtschaftliche Einfluß zu sichern«.

Bau und Betrieb großer Kraftwerke sollten von nun an Sache des Reichs werden. Besonders der »nationale Wasserschatz« sollte nur noch vom Staat genutzt werden dürfen. Kleine Wasserturbinen wurden nicht nur geduldet, ihr Ausbau war ausdrücklich erwünscht und durfte der Initiative einzelner überlassen bleiben. Neben der Wasserkraft galt auch die Entwicklung moderner Windkraftanlagen zur Deckung des Strombedarfs ländlicher Gemeinden und Gehöfte als besonders förderungswürdig, auch hinsichtlich einer direkten Einspeisung ins Netz. Reine Kondensationskraftwerke waren nur noch in Sonderfällen genehmigungsfähig, um die nationalen Kohlevorräte zu schonen.

Selbstverständlich übernahmen die Gramsch-Tüftler die in der Großverbundwirtschaft schon eingeführte Methode, die Stromtarife zu verbilligen und einheitlicher zu gestalten. Dieses Finanzierungssystem funktioniert unverändert bis zum heutigen Tag. Originalton des Berichts vom 25. Januar 1941: »Es liegt der Gedanke nahe, die Verbilligung für den Klein- und Mittelverbraucher in einem Aufschlag für die Großverbraucher zu suchen — und in der Tat werden solche Vorschläge gemacht. Das ist aber nur sehr beschränkt möglich. Im Hinblick auf andere Länder mit besonders günstigen Stromkosten werden bestimmten Großverbrauchern, wie der Großchemie und der Elektrometallurgie, wegen des besonders hohen Anteils der Stromkosten an den Gesamtkosten, zusätzliche Belastungen nicht zugemutet werden dürfen. So beschränkt sich die Aussicht auf Verbilligung der Strompreise im wesentlichen auf den Kreis der mittleren und kleineren Industrie.«

Bei allen Versuchen der Hardliner, die Macht der Konzerne zu beschneiden, war zwischen den Zeilen des Ausschusses deutlich die Handschrift des Wirtschaftsministers zu erkennen, der seine Klientel nicht verkommen ließ. Funk wollte seine Schäfchen nach dem Ausschußgewitter wieder um sich versammeln. Die Energieaufsicht des Reichs, so forderte der Gramsch-Ausschuß, sei zu vereinheitlichen und zu verstärken. Deshalb solle dem Reichswirtschaftsministerium ein Reichsamt für Energieversorgung unterstellt werden. Damit hätte das konzernfreundliche Wirtschaftsministerium die politische Kontrolle über die Energieversorgung völlig in die Hand bekommen. Aber Innenminister Frick ließ sich und seine Gemeinden nicht ausbooten.

Während an den Fronten die Soldaten siegten und starben, setzte ein erbitterter, mit allen Regeln der Bürokratie geführter Kampf um den Schlüssel zur Macht, die Energieversorgung, ein. Das RWE, den gemeindlichen Kraftwerken immer noch ein Dorn im Auge, sollte nach dem Gramsch-Plan völlig ungeschoren bleiben, denn über das von Stinnes durchgesetzte Mehrfachstimmrecht für die kommunalen Aktionäre war die Öffentlichkeit ja an diesem Riesenunternehmen beteiligt. Originalton des Ausschußberichtes: »Soweit schon heute besonders große Verteilungsunternehmen vorhanden sind, wird ihre Aufteilung in Bezirksunternehmen davon abhängen, ob diese den Verbraucher nicht zu schlechteren Bedingungen beliefern können; denn auch hier kann nicht der organisatorische Grundsatz, sondern nur das Interesse des Verbrauchers im Vordergrund stehen.«

Die neu zu gründenden Bezirksunternehmen sollten vom Kuchen der Großen nichts abschneiden, dafür aber die Mehrzahl der 1941 vorhandenen rund 15 000 kleinen Energieversorgungsbetriebe aufsaugen. Das konnten sich die kommunalen Kraftwerker unmöglich gefallen lassen. Der einflußreiche Chef des Deutschen Gemeindetages, Karl Fiehler, begab sich erzürnt zu Hitler-Sekretär Martin Bormann. »Die Vorschläge enthalten ein Todesurteil über wesentliche Teile der kommunalen Energiewirtschaft«, sagte er. »Bis auf die Städte mit über 100 000 Einwohnern verschwinden alle kommunalen Elektrizitätswerke ohne Rücksicht auf ihre Lebensfähigkeit von der Bildfläche.« Von der Beseitigung der Konzernwirtschaft sei dagegen keine Rede, die Verschachtelung werde im Gegenteil verstärkt, und die politische Steuerung solle ausschließlich nach dem kapitalistischen Prinzip der Kapitalbeteiligung angewendet werden. »Das geplante Reichselektrizitätsamt scheint mir nichts anderes als die nun mehr unumschränkte Energieabteilung des Reichswirtschaftsministeriums zu sein.« Der Innenminister dagegen solle seinen Einfluß verlieren und nur noch als einer von vielen im völlig bedeutungslosen Beirat sitzen.

Bormann ließ sich überzeugen. Er lehne die Denkschrift des Gramsch-Ausschusses aufs schärfste ab, teilte er Fiehler mit. Am 28. Februar 1942 erhielt der Deutsche Gemeindetag ein dringendes Fernschreiben aus Berlin (»vertraulich! sofort!«). Reichsleiter Bormann kündigte darin an, innerhalb der nächsten 14 Tage werde der Führer selbst eine grundlegende Entscheidung über die Gestaltung der Energieversorgung treffen.

Am 2. April 1941 ging bei allen Gauleitern des Reichs ein Rundschreiben aus dem Führerhaupquartier ein: »Schon vor dem Weltkrieg«, schrieb Martin Bormann darin, »vor allem aber auch in der Demokratie wurde rücksichtslos und mit allen Mitteln eine Unzahl kleiner Brauereien durch die Großbrauereien unterdrückt und aufgekauft, kleine Mühlen durch die Großmühlen, kleine kommunale oder private Elektrizitätswerke durch die kapitalstarken Elektrizitätsgesellschaften. Diese kapitalistischen Tendenzen lehnt der Führer rundweg ab. In einem nationalsozialistischen Staat kann nur der Nutzen für die Allgemeinheit, nicht aber die Profithöhe irgendwelcher Kapitalisten interessieren. Sollten sich ohne Rücksicht auf die tatsächlichen Bedürfnisse und Notwendigkeiten, die im Zuge der laufenden kriegswirtschaftlich bedingten Stillegungsaktionen der staatlichen Stellen allerdings in der Regel als gegeben angesehen werden müssen, in letzter Zeit oder auch jetzt noch Stillegungen kleiner Werke ereignen, so erbitte ich genaue Angaben über diese Einzelfälle. Im übrigen wird gemäß einer Absprache zwischen dem Führer und dem Reichsmarschall demnächst Reichsminister Dr. Todt die Leitung der gesamten Energie- und Wasserwirtschaft übernehmen.«

Reichsleiter Karl Fiehler witterte Morgenluft für seine kommunale Kraftwerkswirtschaft. Er traf sich am 29. April 1941 mit Minister Todt in dessen Büro und erfuhr, wie sich die Reichsleitung die Organisation der Stromwirtschaft gedacht hatte. Die Struktur der wasser- und energiespendenden Unternehmen würde für die Dauer des Kriegs nach der konzernfeindlichen Führererklärung grundsätzlich nicht angetastet werden. Auch nach dem Krieg — 1941 zweifelte in der Hitler-Bürokratie wohl kaum jemand am Endsieg — sollten alle Strom-, Gas- und Wasserwerke mit eigener Erzeugung ohne Rücksicht auf ihre Betriebsgröße erhalten bleiben. Das Reichsmonopol für den großen Verbundbetrieb von Strom und Gas sollte — nach Vorstellung von Rüstungsminister Todt — so abgewickelt werden wie Bau und Verwaltung der Reichsautobahnen. Damit kannte er sich aus, als »Reichswalter des Nationalsozialistischen Bundes Deutscher Techniker« und seit 1933 Generalinspektor für das deutsche Straßenwesen. Den Großkraftwerken stand die »Verreich-

46

lichung« ins Haus, wie Vergesellschaften in Nazi-Deutschland genannt wurde.

Doch Todt forderte auch von Fiehler Opfer. Er wollte Orte, Dörfer und Städte schrittweise um ihre einträglichen Konzessionsabgaben bringen, um den Strompreis zu senken. Zähneknirschend erklärte sich Fiehler bereit, auf die kräftigen Zahlungen der Elektrizitätswirtschaft zu verzichten. Aber Fritz Todt wollte noch mehr. Außer der Energie- und Wasserwirtschaft interessierte ihn auch die Aufsicht über die Häfen. Damit hätte er den Einfluß der Städte und Gemeinden noch weiter beschnitten, als es unter der Naziherrschaft ohnehin schon der Fall war. Fiehler intervenierte an höchster Stelle — mit teilweisem Erfolg. Wenigstens der Hafenbau blieb im Geltungsbereich der Städte und Gemeinden. In der Energiefrage jedoch wurden die Kommunen völlig entmachtet.

Im Paragraphen 1, Absatz 2, des Gesetzes zur Förderung der Energiewirtschaft hatten sich bislang zwei Ministerien die Aufsicht geteilt. Im Wortlaut hieß es: »Die Aufsicht (über die Elektrizitäts- und Gasversorgung, Anm. d. Verf.) übt der Reichswirtschaftsminister aus, und zwar, soweit Belange der Energieversorgung der Gemeinden und Gemeindeverbände berührt werden, im Einvernehmen mit dem Reichsminister des Innern in seiner Eigenschaft als Kommunalaufsichtsbehörde.« Die Chefbesprechung bei Hitler hatte ergeben, daß der Generalinspektor für Wasser und Energie jetzt allein die Aufsicht über die leitungsgebundene Energiewirtschaft ausüben würde. Damit wollte der Hitlerstaat die Führung der kriegsentscheidenden Energieversorgung straffen und die Streitereien zwischen den beiden Ministerien beenden. Vor allem ging es ihm auch darum, den Apparat seines Innenministers nicht allzu mächtig werden zu lassen.

Dr. Fritz Todt galt als technisch versierter Experte, dem jede Bürokratie ein Greuel war. In seiner Hand lag nun die Verantwortung für die Bereiche Straßen- und Wasserbau, die Regelung der Bauwirtschaft und die Kontrolle über die Energieversorgung. Ein »Reichsamt für Energieversorgung« als Unterabteilung des Wirtschaftsministeriums hätte wegen der überbordenden Bürokratie, die in allen Nazibehörden wucherte, »die Aufgabe nur nebenbei und deshalb unvollständig lösen können«, meinte Hitler. Ein Energieministerium wollte der Diktator nicht einrichten, aber dennoch sollte der Generalinspektor in seiner Entscheidungsbefugnis mit vergleichbaren Machtmitteln ausgestattet werden.

Der Erlaß kam am 29. Juli 1941: »Mit Rücksicht auf die besonderen Erfordernisse des Krieges und die Notwendigkeit einheitlicher Planung im großdeutschen Raum bestelle ich zur Führung und Neuordnung des Energieausbaus und der Energie- und Wasserwirtschaft einen Generalinspektor für Wasser und Energie. Er hat in seinem Geschäftsbereich die Stellung und Befugnisse eines Reichsministers. Seine Behörde ist Oberste Reichsbehörde und Preußische Oberste Landesbehörde. Zum Generalinspektor für Wasser und Energie ernenne ich den Generalinspektor für das deutsche Straßenwesen, Reichsminister Dr. Todt. Er soll sich«, erklärte Hitler in der Chefbesprechung, »von jeder Detailarbeit fernhalten, damit er die lebendige Kraft bleibt, die die ihr zugewiesenen Arbeiten forttreibt.« Dr. Todts Aufgabe als Generalinspektor bestand vor allem darin »zu befruchten«, mit der reinen Verwaltung aber hatte er nichts zu tun. »Der Generalinspektor«, sagte Hitler, »soll nur der Organisator sein, der über der ganzen Apparatur steht.«

Todts Führungsapparat entwickelte sich zu einer seltsamen Mischung aus Behörde und wirtschaftlichem Management. Er war ein Funktionsträger des Staats und dennoch der Kontrolle durch die Staatsverwaltung weitgehend entzogen. Weil er seinem treuen Vasallen die notwendige Sachkenntnis ebenso zutraute wie die Kunst, sich durchzusetzen, hatte Hitler Fritz Todt alle bürokratischen Hindernisse aus dem Weg geräumt. Der Generalinspektor war ein Element des Führerprinzips, der unmittelbaren Diktatur.

Die preußische Staatsverwaltung, nach der auch in der Weimarer Zeit die Regierungsbürokratie gearbeitet hatte, wurde durch diverse Sonderorganisationen der Nationalsozialisten überwuchert. Neben der normalen öffentlichen Verwaltung der Staatsgeschäfte installierten die Nazis immer mehr »Reichsleitungen«, »Sonderbeauftragte«, »Wehrwirtschaftsführer« und auch »Generalinspektoren«. Auf diese Weise boten sich der NS-Führung zunehmende Möglichkeiten, neben der öffentlichen, wenigstens der Form nach legalen Verwaltung ihre Macht über Geheimerlasse diskret, aber direkt auszuüben. Mit Hilfe der herangebildeten Sonderinstitutionen wurde die allgemeine Staatsverwaltung ausgeschaltet oder nur noch teilweise informiert und an Entscheidungen kaum noch beteiligt.

Am 7. Februar 1942 hatte Todt eine lange Auseinandersetzung mit Hitler im Führerhauptquartier in Rastenburg. Der Wortlaut des Gespräches ist nicht überliefert, zuverlässige Zeugen gehen aber davon aus, daß Todt, seit 1922 ein treuer Gefolgsmann Hitlers, seinen Führer beschwor, den Krieg mit Rußland zu beenden. Todt verhehlte bei aller Ehrfurcht vor dem Chef nie seine Meinung, »daß der Krieg mit Rußland ein nationales Unglück ist«. Ein Mitarbeiter Todts berichtete nach der Kapitulation, daß der Versuch, Hitler zu einer politischen Lösung des Kriegs zu bewegen, auch an diesem Abend Todts Thema war.

Am nächsten Morgen wollte Hitlers Cheftechniker in Sachen Rüstung und Energie nach Berlin zurückfliegen. Hitlers Architekt, Albert Speer, der sich ebenfalls in Rastenburg aufhielt, bat Todt, ihn in seiner Maschine mitzunehmen.

Todt stimmte zu, Start sollte am nächsten Morgen um acht Uhr sein. Doch Speer wurde erst gegen ein Uhr nachts von Hitler empfangen und blieb dort bis drei Uhr morgens. Danach stand ihm der Sinn mehr nach ausschlafen als danach, in aller Frühe zurückzufliegen. Speer sagte den Flug ab.

»Bei klarem Wetter startete Dr. Todt pünktlich am Morgen des 8. Februar. Das Flugzeug hob ab, doch noch in Sichtweite des Flughafens ging der Pilot abrupt in eine Steilkehre und steuerte die Maschine zurück. Im Sinkflug näherte sich die Heinkel-111 (HE 111) dem Rollfeld und versuchte mit dem Wind aufzusetzen, was auf einen Störfall an Bord schließen ließ. In diesem Augenblick stieß eine Stichflamme aus dem Vorderteil der Maschine senkrecht in die Luft. Aus 20 Meter Höhe schmierte das Flugzeug über die Tragfläche ab und krachte fast senkrecht, entgegengesetzt zur Flugrichtung, auf den Boden auf. Keiner der Insassen überlebte.« So weit die Schilderung im Abschlußbericht des Kommandierenden Generals im Luftgau I vom 8. März 1943 über den Verlauf des Unglücks. Über die Ursachen des Flugzeugabsturzes gibt es bis heute keine Klarheit. Todt starb nicht in seiner eigenen Maschine, sondern in einem geliehenen Flugzeug, das für den Fronteinsatz mit einer Selbstzerstörungsanlage ausgerüstet war. Hitlers Chefpilot Baur vermutet, daß Todt mit den Stiefeln seiner Pelzkombination einen sogenannten Flugzeugzerstörer ausgelöst hatte und daß der Pilot erst nach dem Start darauf aufmerksam wurde. Möglicherweise hatte auch der Flugzeugführer selbst die Explosion durch einen Fehlgriff verursacht, denn in Todts Maschine hatte der todbringende Hebel eine andere Funktion als in dem geliehenen Kriegsflugzeug. Die drei Minuten, die der Zeitzünder bis zur Detonation benötigte, hatten offenbar nicht für eine Notlandung ausgereicht. Nach dem Krieg wurde in einem Verfahren sogar die Möglichkeit untersucht, ob die SS oder gar Hitler selbst für eine Höllenmaschine an Bord gesorgt hatten.

Diese Vermutung jedoch dürfte kaum zutreffen, denn trotz seiner unbequemen Mahnungen hatte Hitler Todt für unentbehrlich gehalten. Daher zeigte sich die NS-Führung über den Tod des Multifunktionsträgers echt betroffen. »Dieser Verlust ist geradezu erschütternd«, notierte Joseph Goebbels in sein Tagebuch. »Was wir an ihm verlieren, das wird sich erst in den nächsten Monaten zeigen . . .« Todts Nachfolger in allen Ämtern wurde Hitlers Paladin, der verhinderte Mitflieger Albert Speer. Da Speer kein Fachmann für Waffen und Munition war, behielt Hitler de facto das Heft dieses wichtigen Ministeriums in der Hand. Speer sollte nach Architektenart Hitlers Wünsche in konkrete Bahnen lenken, die Arbeiten koordinieren, Arbeitskräfte und Rohstoffe optimal ausbeuten und seinen Chef mit Zahlenmaterial versorgen.

Speer besorgte sich am 6. Mai 1942 über Martin Bormann Hitlers Zustimmung, das Elektrizitätswesen in einem Reichsunternehmen — der Reichsbahn vergleichbar — zusammenzufassen. Hitler sprach sich ausdrücklich für diesen Plan aus, wie aus einem Randvermerk hervorgeht. »Wenn das Projekt gelänge«, schrieb Hitler, »dürfte damit eine weitere Verklammerung des Reichs geschaffen sein, die noch weitaus stärker wirkt als die der Straßen und der Schienenstränge.« In seiner Funktion als Cheflenker der Energiewirtschaft war der neue Generalinspektor auf sachkundige Hilfe angewiesen. Wenn er sich zum Rapport in die Wolfsschanze oder in das Führerhauptquartier begab, schleppte er gewöhnlich einen Troß von zehn bis zwanzig Beratern mit, um von Hitler die Befehle zu empfangen. Unter den Beratern befanden sich stets auch Teilnehmer aus den Chefetagen der großen Energiekonzerne, sogenannte Wehrwirtschaftsführer. Mitglied des »Kommandos Speer«, wie die Begleiter des Rüstungsministers und Generalinspektors im Führerhauptquartier genannt wurden, war unter anderen Hans-Günther Sohl, stellvertretender Vorstand der Vereinigten Stahlwerke und nach dem Krieg dreißig Jahre lang Aufsichtsratsmitglied des RWE.

Jetzt schrieb nicht mehr die Militärstrategie der Wirtschaft ihre Ziele vor, sondern das Speer-Ministerium konnte mit exakten Berechnungen nachweisen, daß die wirtschaftlichen Möglichkeiten zum bestimmenden Faktor der Strategie geworden waren. Damit erfuhr die »Eigenverantwortung der Industrie« eine neue Blüte, denn das Ziel der »Befehlswirtschaft« bestand darin, daß ein starker Staat die immer stärker werdenden wirtschaftlichen Kartelle kontrollieren sollte. So machte das Organisationsgenie Speer schließlich eine stattliche Anzahl von Industrieführern zu entscheidenden Lenkern der Kriegsmaschinerie. Er ernannte die willigen Wirtschaftsbosse zu »Rüstungsbevollmächtigten« und legte damit die Lenkung der deutschen Rüstung in die Hände der Industriellen.

Der wahre Charakter Nazi-Deutschlands trat im Lichte der »totalen Kriegsanstrengung« zutage. Produktionsmaximierung galt dem Nazismus über alles. Um die rasende Steigerung zu erreichen, gab es nur zwei Wege. Der Staat hätte die bürokratischen Kontrollen verstärken und damit größere Produktionsleistungen erzwingen können. Aber das war unmöglich, denn es fehlte an ausgebildeten Kontrolleuren, und die Arbeitskräfte wurden von der Wehrmacht aufgesaugt. Der einzig gangbare Weg war daher jener, der die Leitung der Wirtschaft den mächtigsten Monopolisten anvertraute und damit deren Macht noch stärkte. Das Wesen der Veränderung, die in der Schaffung des Generalinspektors für Wasser und Energie ihren Ausdruck fand, gliederte die gesamte industrielle Tätigkeit in eine monopolistische und autoritäre Struktur.

Natürlich führten diese »kriegswichtigen« Umstrukturierungen zu einer rapiden Konzentration und Zentralisierung des Kapitals. Denn das Recht auf Privateigentum war — für Nichtjuden — unter dem Nationalsozialismus erhalten geblieben und das Recht, für investiertes Kapital entsprechende Erträge zu erzielen, niemals bestritten worden. Die NS-Gesellschaft kontrollierte jedoch die Verwertung des Kapitals mit zahlreichen Restriktionen. Die Kontrolle wurde industriellen Dachorganisationen übertragen, deren Leitung in den Händen von Vertretern der mächtigsten Industrie- und Finanzkartelle lag. Über dieser Selbstverwaltung der Kriegswirtschaft stand der Generalinspektor als letzte Instanz des starken Staats.

Mitten im Krieg hatte der Hitlerstaat den Versuch unternommen, die Energiewirtschaft an die Leine zu nehmen; die Kommandostrukturen waren geschaffen, sie sollten nach dem Endsieg mit kompetenten Leuten ausgefüllt werden. Doch es kam ganz anders. Am 8. Mai 1945 kapitulierte die vernichtend geschlagene deutsche Wehrmacht, am 23. Mai wurde Speer in seiner Residenz Schloß Glücksburg von britischen Soldaten verhaftet. Die Mitglieder der Regierung des Hitler-Nachfolgers Großadmiral Dönitz trafen sich später in einem Flensburger Polizeirevier wieder.

Dieser Krieg war nicht mehr, was er für den Militärphilosophen Clausewitz bedeutet hatte, nämlich die Fortsetzung der Politik mit anderen Mitteln. Der Krieg hatte zum absoluten Zusammenbruch geführt. Das ausgebrannte europäische Staatensystem war endgültig zu einer Szenerie zweiter Ordnung im Konzert der Weltpolitik geworden, Deutschland als Macht vernichtet, als Nation geteilt. Das Reich lag in Trümmern, die politische Führung steckte im Gefängnis. Und jetzt hatten die Stromer freie Bahn.

Der Expansionstrieb des deutschen Kapitalismus hatte einen schweren Dämpfer erhalten. Der Klüngel aus Industriellen, Bankern und Großgrundbesitzern hatte sich von seinen politischen Führern trennen müssen. Die Alliierten hatten den Tisch umgestoßen. Um das Spiel nach alten Regeln fortsetzen zu können, mußten die Karten neu gemischt werden.

Die Spinne webt ihr Netz

Stromschnellen

Ein Bär — der fängt an solchen Stellen
im Strudel große Lachsforellen,
wenn sie vom Meer — und submarin —
im Strom der Flüsse aufwärtsziehn. —

Der »Bärenhunger« ist es nicht,
was uns beim Anblick so besticht.
Es ist Geschick, was wir beim braunen
und großen Bären so bestaunen.

Ein »Bärendienst« — so heißt es kraß:
»Wasch mir den Pelz — mach mich nicht naß!« —
Trotz Strom — mit vielen Hindernissen —,
für Bären sind es Leckerbissen! —

Was »Meister Petz« auch nie vergißt:
daß Strom sein »Tischleindeckdich« ist! —

Eine Fabel von Gerhard Tacke, dem »James Bond« der Energie-
versorgung des Dritten Reichs und langjährigen Siemens-
Vorstandsvorsitzenden

Die vielzitierte »Stunde Null« fiel aus, obwohl es an Versuchen nicht gefehlt hatte, den Nazismus aus der deutschen Volksseele herauszublasen und ihr die Demokratie einzuhauchen. Henry Morgenthau, der langjährige Freund des amerikanischen Präsidenten Franklin Delano Roosevelt, der als Wirtschaftsminister für die Finanzierung der amerikanischen Kriegsmaschinerie zuständig war, widersetzte sich den »sanften« Friedensideen, die während der

54

Schlußphase des Zweiten Weltkriegs im amerikanischen Außen- und Kriegsministerium kursierten. »Die deutsche Industrie«, mahnte er seinen Präsidenten, »mit ihrem Hunger nach neuen Märkten und billiger Arbeitskraft ist die Grundlage von Raub, Aggression und Versklavung gewesen. Hitler hätte eine Witzfigur bleiben müssen, wenn Krupp, Thyssen und Hugenberg nicht gewesen wären. Allein die Schwerindustrie erlaubte einem Mann, der für die Slapstickkomödie geboren schien, in Wagnersche Tragödien einzuziehen.« Wenn das Land seine Industrie behielte, würde es jederzeit über alle Mittel verfügen, den dritten Anlauf zur Welteroberung zu nehmen. Auch in Zukunft werde Deutschland die erste Wirtschaftsmacht in einer Umgebung von Habenichtsen bleiben.

Morgenthau wollte jedes Bergwerk und jede Fabrik zerstören, die geschlagene Nation in ein Agrarland umwandeln. Vor allem die Industriereviere an Ruhr und Saar sollten geschleift oder den Franzosen übergeben werden.

»So geht das nicht«, hielt Englands Außenminister Anthony Eden dagegen, und der britische Premier Winston Churchill knurrte: »Der Plan des amerikanischen Finanzministers würde England an einen Leichnam ketten.« Die Briten wußten, daß sechzig Prozent der deutschen Ausfuhren von der Industrie an Ruhr und Saar erwirtschaftet wurden. Dort sollten in der Nachkriegszeit die Güter produziert werden, mit denen die Kriegsschäden bezahlt werden konnten. Roosevelt folgte diesen Argumenten und beschloß im Frühjahr 1945, »die deutsche Industrie soll so weit wie möglich erhalten bleiben, wie es zur Versorgung der Deutschen nötig ist, damit sie uns nicht zur Last fallen. Sie müssen nur ihren kriegerischen Charakter ändern.« Und im Anschluß an die Konferenz von Jalta erklärten Roosevelt, Churchill und Stalin am 12. Februar 1945: »Wir sind entschlossen, die deutschen Streitkräfte zu entwaffnen und aufzulösen, die Macht des deutschen Generalstabs für alle Zeiten zu brechen, das Waffenarsenal zu beschlagnahmen oder zu vernichten, jegliche Industrie, die für Rüstungszwecke eingesetzt werden kann, zu zerstören oder zu überwachen. Alle Kriegsverbrecher sind einer gerechten und schnellen Bestrafung zuzuführen. Wir wollen die NSDAP, ihre Einrichtungen und Gesetze auflösen, nazistische und militaristische Einflüsse aus dem Behörden-, dem Kultur- und dem Wirtschaftsleben beseitigen.«

Die deutsche Wehrmacht ergab sich am 8. Mai 1945. Am 5. Juni kapitulierte nach der vernichtend geschlagenen Armee auch das politische Deutschland — ebenso bedingungslos. Es unterwarf sich, hieß es in der »Berliner Erklärung« der Siegermächte, »allen Forderungen, die ihm jetzt oder später auferlegt werden«.

Die alliierten Truppen befreiten das Reich nicht, sie besetzten es. Zu tief war der Nationalsozialismus in alle Bevölkerungsschichten gesickert. Aber für die Umerziehung hatten die Deutschen keine Zeit. Sie benötigten alle Kraft, um zu überleben, die notwendigsten Dinge zu besorgen und aufzuräumen. »Der Haupteindruck im Lande«, schrieb Alfred Döblin, »und er löste Ende 1945 bei dem, der hereinkommt, das größte Staunen aus, ist, daß die Menschen hier wie Ameisen in einem zerstörten Haufen hin und her rennen, erregt und arbeitswütig zwischen den Ruinen, und ihr ehrlicher Kummer ist, daß sie nicht sofort zugreifen können, mangels Materials, mangels Direktiven. Die Zerstörung wirkt auf sie nicht deprimierend, sondern als intensiver Reiz zur Arbeit: Ich bin überzeugt, wenn sie die Mittel hätten, die ihnen fehlen, sie würden morgen jubeln, nur jubeln, daß man ihre alten, überalterten, schlecht angelegten Ortschaften niedergelegt hat und ihnen Gelegenheit gab, nun etwas Erstklassiges, ganz und gar Zeitgemäßes hinzustellen. Und wenn einer glaubt oder früher geglaubt hat, das Malheur im eigenen Lande und der Anblick einer solchen Verwüstung würde die Menschen zum Denken bringen und würde politisch erzieherisch auf sie wirken, so kann er sich davon überzeugen, er hat sich geirrt. Hier lebt unverändert ein arbeitsames, ein ordentliches Volk. Sie haben, wie immer, einer Regierung, so zuletzt dem Hitler, pariert und verstehen im großen und ganzen nicht, warum Gehorchen diesmal schlecht gewesen sein soll. Es wird viel leichter sein, ihre

Städte wieder aufzubauen, als sie dahin zu bringen, zu erfahren, was sie erfahren haben, und zu verstehen, wie es kam.«

In der Nacht vom 21. auf den 22. Juli 1945 veranstalteten die Amerikaner in ihrer Zone eine Großrazzia unter dem Codewort »Tally-ho«. 80 000 Nationalsozialisten gingen den militärischen Fahndern ins Netz. Im »Automatically Arrest Handbook« standen Dienstgrade und Funktionen, die zu einer automatischen Verhaftung führten. Interniert wurden Gestapo-, SS- und SD-Angehörige, Ortsgruppenführer, Bürgermeister, Gauleiter, alte Kämpfer, der gesamte Sicherheitsapparat. Parteigenossen und Beamte wurden festgenommen.

Die Lager verwalteten sich nach kommunalen Regeln selbst, mit »Oberbürgermeistern«, »Gemeinderäten« und »Gemeindeältesten«. Auch der Komplize am Rathenau-Mord von 1923, der deutschnationale Freikorpskämpfer Ernst von Salomon, steckte in einem amerikanischen Internierungscamp. In seinem 1945 erschienenen Roman »Der Fragebogen« rechnet er mit den Entnazifizierungsversuchen der Amerikaner ab. »Sie wissen selber nichts«, schreibt er, »schlimmer noch: sie interessieren sich gar nicht dafür, sie sind so ungeheuer verschwiegen, weil ihnen so ziemlich alles völlig Wurscht ist — außer fucken vielleicht, das ist wahrhaftig so ziemlich das einzige, wovon sie reden.«

Wut, Verachtung und Berechnung vergifteten das Verhältnis zur allmächtigen amerikanischen Kommandantur. Aber im zerstörten Land begann eine neue Phase. Die alten Funktionäre saßen hinter Gittern oder durften sich nicht mucken. Wer nicht gefangen war, der mußte Kohlen, Holz, Nahrungsmittel oder Medikamente besorgen, im Improvisieren maßen sich die Überlebenskünstler.

Mit einer ähnlichen Liste wie dem Automatically Arrest Handbook säuberten die Besatzer das gesamte öffentliche Leben von den Würdenträgern des Nationalsozialismus. Wer in der Partei, ihren Organisationen, im Staatsapparat oder in öffentlichen Institutionen zum Rädelsführer der Nazis aufgestiegen war, der verlor seinen Job. Als den Amerikanern in einer Münchener Papiermühle die sechs Millionen Namen umfassende Mitgliederkartei der NSDAP in die Hände fiel, fegte eine Welle von Berufsverboten Schulen, Gerichte und Rathäuser leer. Der öffentliche Dienst wurde in einigen Städten regelrecht entvölkert. Unter den 309 Juristen des Bamberger Oberlandesgerichts besaßen 302 das Parteibuch, die Stadt Schweinfurt hatte überhaupt keinen Richter oder Staatsanwalt vorzuweisen, der nicht Nazi gewesen war. Auch von den 108 Lehrern der Stadt durften nur 20 an ihrer Arbeitsstelle bleiben, 88 Kollegen mußten wegen ihrer Vergangenheit den Dienst quittieren. Allein in Bayern wurde der Kollaps von 21 Finanzämtern gemeldet, deren Personal verhaftet war.

Die Franzosen dagegen brachten lediglich die großen Nazis hinter Schloß und Riegel, die kleinen aber ließen sie laufen, wenn sie sich ruhig verhielten. Sehr zum Ärger der Amerikaner fanden sogar Nazifunktionäre, die von ihnen gefeuert worden waren, Aufnahme in Ämtern und Dienststellen in der benachbarten Zone. Und die Briten kamen früher als die Amerikaner zu der Erkenntnis, daß »ein vollständiger und chaotischer Zusammenbruch droht«, wenn »wir die Denazifizierungsvorschriften zu drastisch und einseitig auslegen«, mahnte das Besatzungsblatt »British Zone Review«.

Insgesamt wurden 520 000 Nazis aus Verwaltungen, Justiz und Industrie entfernt. Vier Fünftel der 2500 Richter und Staatsanwälte mußten den Dienst quittieren und jeder zweite der knapp 40 000 Lehrer.

Der gewaltsame Versuch, das verwirrte Volk zur Demokratie zu erziehen, brachte aber keine durchschlagenden Erfolge. In den ersten zwei Nachkriegsjahren befürwortete noch immer mehr als die Hälfte der Bevölkerung den Nationalsozialismus, wie die Amerikaner durch Umfragen ermittelten. Im Winter 1946 schrumpfte die Zahl der Nazigegner sogar auf weniger als ein Drittel der Befragten. Nachdem die Funktionsträger des Nationalsozialismus und ein Großteil der Beamten mit den ersten Berufsverboten der Nachkriegszeit belegt worden waren, nahmen sich die Alliierten der »Wehrwirtschaftsführer« an. Im Gesetz Nr. 8 vom

26. September 1945 ordnete General Lucius D. Clay für die von ihm kontrollierte amerikanische Zone an: »Die Beschäftigung eines Mitglieds der NSDAP oder einer der ihr angeschlossenen Organisationen in geschäftlichen Unternehmungen aller Art, in einer beaufsichtigenden oder leitenden Stellung oder in irgendeiner anderen Stellung als der eines gewöhnlichen Arbeiters, ist gesetzwidrig.« Jeder Berufstätige mußte auf einem Fragebogen mit 131 Einzelposten der US-Militärregierung seine politische Vergangenheit erklären. Die amerikanischen Datensammler versanken bis zum Jahresende in einer Flut von 1 650 000 Formularen. Clay kabelte nach Washington: »Selbst wenn ihr mir 10 000 Mann für diese Aufgabe schickt, können wir die amerikanische Zone nicht wirklich entnazifizieren.«

Im Laufe des folgenden Jahres wurde deshalb die Entnazifizierung in den drei Westzonen deutschen Spruchkammern übertragen. Diese allseits unbeliebten Einrichtungen betrieben eine elende Entnazifizierung teils dilettantisch, teils engstirnig nach Parteiinteressen. Träumer und Eiferer saßen nebeneinander und urteilten nach völlig unzureichenden Maßstäben, das konnte nicht gutgehen. Bis 1949 wurden 3,6 Millionen Fälle bearbeitet. Ein Drittel davon fiel unter Amnestie, ein weiteres Drittel wurde »entlastet«. »Minderbelastet« erschienen den Richtern 150 425 Parteigenossen, »belastet« 23 060, und nur 1667 Altnazis galten als »hauptschuldig«. Lediglich knapp drei Prozent aller Mitglieder wurden wegen ihrer Zugehörigkeit zur NSDAP zur Rechenschaft gezogen.

In Bayern beispielsweise wurden von den deutschen Spruchkammerrichtern wundersamerweise 93,1 Prozent der Einwohner zu Nichtnazis erklärt: Wegen dieser Persilscheinverfahren waren 1949 bereits 60 Prozent der Richter und 76 Prozent der Staatsanwälte des Dritten Reichs wieder auf ihren Posten. »Die politische Säuberung muß als gescheitert betrachtet werden«, stellte die SPD-Fraktion im Nordrhein-westfälischen Landtag 1948 fest. »Die wirklich Schuldigen sind nicht angemessen zur Rechenschaft gezogen worden. Den Nutznießern des Nationalsozialismus in der Wirtschaft kommen die Erträge aus ihren Raubzügen noch immer zugute.«

Diese Entwicklung hatte sich schon im Herbst 1944 abgezeichnet, nachdem die Alliierten in Frankreich gelandet waren. Befreundete Manager aus Energiekonzernen der Kriegsgegner spielten dem Siemens-Prokuristen und späteren Vorstandsvorsitzenden Gerhard Tacke im neutralen Schweden eine streng geheime Deutschlandkarte zu, auf der die Grenzen der geplanten Besatzungszonen eingezeichnet waren. Der Prokurist lieferte das heiße Dokument bei seinen Chefs in Berlin ab. Die konnten aufatmen. Ihre Siemens-Stadt würde im zukünftigen britischen Sektor liegen und war somit nicht von einer Enteignung durch die Sowjets bedroht. Der politisch unbelastete Juniorchef Ernst von Siemens wurde mit der Führung der Geschäfte beauftragt, der Hauptsitz der Firma von Berlin nach München verlegt.

Dort funktionierte die Zusammenarbeit mit den Amerikanern von Beginn an reibungslos. Der neue Siemens-Chef stand auf keiner Fahndungsliste und konnte sich über das Kommunikationsnetz der US-Army gleich mit seinen Kollegen aus dem Weltkartell in Übersee kurzschließen. Aber auch für die linientreuen Wehrwirtschaftsführer standen die Aussichten nach dem Zusammenbruch glänzend. Von Im- und Export ließ es sich bequemer leben als von Überfall, Plünderung und Sklavenarbeit. Das übermächtige Kartell aus Militärs, Großgrundbesitzern, Bürokraten, Technokraten und Industriellen war zerschlagen. Mit ihm lösten sich die politischen Chimären der »Erbfeinde«, »Weltverschwörung«, »Einkreisungsängste« und der »Rassenkämpfe« in nichts auf, bis sie während des Koreakriegs durch »russische Welteroberungspläne« und die »kommunistische Gefahr« ersetzt worden sind.

Während die Offiziere noch hinter Stacheldraht saßen, die Bürokraten Berufsverbot hatten und die Politiker von den Militärgouverneuren Befehle empfingen, knüpften die Industriellen längst wieder als Gleichberechtigte Kontakte mit ihren Auslandspartnern. Freilich reagierten nicht alle Manager des Dritten Reichs so cool, Ausnahmen bestätigten auch

60

hier die Regel. Albert Vögler zum Beispiel, seit 1924 Aufsichtsratsvorsitzender des RWE, zeigte beim Einmarsch der Amerikaner in das Ruhrgebiet 1945 schwache Nerven, er erschoß sich in seinem Dortmunder Haus.

Dabei war er auch nur einer jener eiskalten Technokraten gewesen, die unter der Hitlerdiktatur ihr Bestes gegeben und von anderen — vorzugsweise von Juden — das Beste genommen hatten. Vögler saß seit 1933 als Abgeordneter der NSDAP im Reichstag und gehörte zu den Männern, die Hjalmar Schacht bei der Abfassung des Energiewirtschaftsgesetzes die Feder führten. Zuletzt war er als Generalbevollmächtigter des Rhein-Ruhr-Gebiets unter Albert Speer, dem Generalinspektor für Wasser und Energie, verantwortlich für die Aufrechterhaltung der Produktion von Rüstungs- und Kriegsmaterial. Außerdem fühlte sich Vögler dem Großindustriellen Friedrich Flick partnerschaftlich verbunden, der im Verwaltungsrat des RWE saß. Beide hatten zum »Freundeskreis des Reichsführers SS Heinrich Himmler« gehört und manchen Coup gegen jüdische Konkurrenten gedreht, was für sie überaus einträglich gewesen war. Flick saß für die Sünden seiner Vergangenheit im Kriegsverbrechergefängnis Landsberg fünf Jahre lang, bis er 1950 entlassen wurde.

Die Kartelljäger aus den Vereinigten Staaten erkannten bald, daß sie nach Don-Quichote-Manier gegen Windmühlenflügel kämpften, denn die internationalen Kapitalverflechtungen ließen selbst Kriegsverbrecher an ihren Sesseln kleben, die weltweiten Bankverbindungen machten es möglich. Angesichts der in Deutschland drohenden Hungersnot und der steigenden Kosten für den Unterhalt der Besatzungsarmee brauchten die Siegermächte den Willen zum Aufschwung, der im Temperament des deutschen Unternehmers steckte. Von der Potsdamer Erklärung, »in kürzester Frist das deutsche Wirtschaftsleben zu dezentralisieren mit dem Ziel der Vernichtung der bestehenden übermächtigen Kartelle, Syndikate, Trusts und anderer Monopolvereinigungen«, war bald nicht mehr die Rede, sehr zum Verdruß der amerikanischen Kartellentflechter.

Der US-Kartellkritiker James Martin schrieb einen Bericht an General Clay: »Die Industriellen sind überzeugte Chauvinisten, rassenbewußt, habgierig und rücksichtslos. Alle sind sie monopolistisch orientiert und antidemokratisch. Viele, wenn nicht die meisten, haben Hitler offen unterstützt. Es gibt keine Kraft in Deutschland, sei sie privat oder öffentlich, die fähig ist, den Willen der deutschen Monopolisten zu brechen.«

Derweil mußten sich Hitlers Chefbürokraten vor dem internationalen Tribunal in Nürnberg verantworten. Albert Speer, der ehemalige Rüstungsminister und Generalinspektor für Wasser und Energie, gab sich als völlig unpolitischer Technokrat, der von den Verbrechen der Nazidiktatur nichts gewußt haben will. Nachdem er das Urteil, zwanzig Jahre Gefängnis, vernommen hatte, erwies sich der »simple Befehlsempfänger« in seinem Schlußwort indes als überaus weitsichtig. »Dieser Krieg«, sagte er im September 1946, »endete mit ferngesteuerten Raketen, mit Flugzeugen von Schallgeschwindigkeit, mit neuartigen Unterseebooten und mit Torpedos, die ihr Ziel selber finden, mit Atombomben und der Aussicht auf einen furchtbaren chemischen Krieg. Der nächste Krieg wird zwangsläufig im Zeichen dieser neuen zerstörenden Erfindungen menschlichen Geistes stehen. Daher«, rief Speer aus, »je technischer die Welt wird, um so notwendiger ist als Gegengewicht die Förderung der individuellen Freiheit und das Selbstbewußtsein des einzelnen Menschen.«

Kurt Schumacher von der SPD dachte wohl ähnlich, als er im Sommer 1945 den Genossen den Weg wies: »Auf der Tagesordnung steht heute als der entscheidende Punkt die Abschaffung der kapitalistischen Ausbeutung und die Überführung der Produktionsmittel aus der Hand der großen Besitzenden in gesellschaftliches Eigentum.«

Am 7. August 1945 hatten sich die westlichen Besatzungsmächte darauf verständigt, die Bildung von Parteiorganisationen auf Kreisebene zuzulassen. General Lucius D. Clay, der amerikanische Militärgouverneur, mußte handeln, weil Stalin in seiner Besatzungszone schon am 10. Juni 1945 vier

Parteien die Lizenzen erteilt hatte. Amerika, das Musterland der Demokratie, konnte sich in der Gewährung demokratischer Grundrechte nicht gut von dem sowjetischen Diktator überflügeln lassen.

Selbst die frischgegründeten Christdemokraten gaben sich damals sozialistisch: »Die Vorherrschaft des Großkapitals«, hieß es in den Kölner Leitsätzen, »der privaten Monopole und Konzerne wird gebrochen.« Und das Ahlener Programm formulierte 1947 den Wendewillen in den Köpfen der bürgerlichen Gesellschaft. »Das kapitalistische Wirtschaftssystem«, heißt es dort, »ist den staatlichen und wirtschaftlichen Lebensinteressen des deutschen Volkes nicht gerecht geworden. Nach dem furchtbaren wirtschaftlichen und sozialen Zusammenbruch als Folge einer verbrecherischen Machtpolitik kann nur eine Neuordnung von Grund aus erfolgen. Inhalt und Ziel dieser sozialen und wirtschaftlichen Neuordnung kann nicht mehr das kapitalistische Gewinn- und Machtstreben, sondern nur das Wohlergehen unseres Volkes sein.« Die CDU forderte damals eine gemeinwirtschaftliche Ordnung unter anderem der Elektrizitätsversorgung: »Die Zeit von 1933 hat zu große Zusammenballungen industrieller Unternehmungen gebracht. Diese bekamen dadurch einen monopolartigen Charakter. Sie wurden für die Öffentlichkeit undurchsichtig und unkontrollierbar. Die zu dem engen Kreis der Vertreter der Großbanken und der großen industriellen Unternehmungen gehörigen Personen hatten infolgedessen eine zu große wirtschaftliche und damit zu große politische Macht.«

Der Vorsitzende der CDU in der britischen Zone, Konrad Adenauer, nannte das Ahlener Programm einen »Markstein in der Geschichte des deutschen Wirtschafts- und Soziallebens«. Aber natürlich gingen ihm die Absichtserklärungen seiner Parteifreunde entschieden zu weit. Schließlich hielt der Berufspolitiker schon 1930 — neben 13 weiteren — einen Aufsichtsratsposten beim RWE besetzt. Aber der »Alte« unternahm nichts gegen die revolutionären Bestrebungen in seiner Partei, um seine Machtposition nicht zu gefährden.

Den Ruf nach Verstaatlichung aus den Kreisen seiner Partei brachte der schlaue Fuchs Adenauer mit einem bewährten Trick zum Verstummen. Die drohende Vergesellschaftung wichtiger Schlüsselindustrien bog er mit jener Methode ab, die sich schon 1919 bewährt hatte, als die Stromindustrie sozialisiert werden sollte und das Menetekel von den Vaterlandsverrätern an die Wand gemalt wurde. Nur waren diesmal die Fronten noch klarer. Adenauer machte seinen Gefolgsleuten klar, daß eine Vergesellschaftung von Teilen der Wirtschaft vorerst nicht praktikabel sei, da die deutsche Industrie noch keine Freiheit genieße. Die Besatzer hatten den Daumen drauf.

Konrad Adenauer, bei Kriegsende 69 Jahre alt, stand als einer von 1500 Leuten auf der im Dezember 1944 erstellten amerikanischen »White List of Persons in Germany believed to be Anti-Nazi or Non-Nazi«, einer Liste von Menschen also, die entweder als Nazigegner oder als Nichtnazis angesehen wurden. Mitte März 1945 schon hatten die Amerikaner den ehemaligen Oberbürgermeister der Stadt Köln in seinem Rhöndorfer Haus ausgemacht. Im offenen Jeep wurde er nach Köln gefahren und erfuhr dort, daß er seinen Beruf wieder ausüben sollte.

Am 21. Juni 1945 aber fand in Köln die Wachablösung statt. Die Amerikaner rückten ab und die Briten ein. Mit den Engländern geriet der ehrgeizige Oberbürgermeister bald aneinander. Der Militärgouverneur im nördlichen Abschnitt der Rheinprovinz, John Ashworth Barraclough, hatte Ende September den Rausschmiß des Oberbürgermeisters schon fertig getippt in der Schreibmaschine liegen, nur das Datum fehlte noch. Der Fallschirmjägerbrigadier setzte es ein, nachdem Adenauer der amerikanischen Presseagentur Associated Press (AP) ein Interview gegeben hatte, in dem er forderte, daß die Deutschen als gleichberechtigte Partner in Westeuropa akzeptiert werden müßten.

Wegen dieses Vorpreschens in einem amerikanischen Medium verlor der »Alte« zwar am 6. Oktober seinen Posten als Oberbürgermeister, er wurde dadurch aber frei für höhere Aufgaben, für die ihn die amerikanischen Politstrategen schon längst ausgeguckt hatten. Eine dieser Aufgaben hatte mit der Energieversorgung zu tun.

Konrad Adenauer war der Energiewirtschaft nicht nur beruflich verbunden, auch verwandtschaftliche Bande machten ihn zu einem Förderer der Energiekonzerne, vor allem des RWE. Er hatte 1919 die 24jährige Gussie Zinsser geheiratet, die Tochter eines Kölner Universitätsprofessors. Gussies Onkel, Georg Zinsser, und dessen Kinder gehörten zu den »oberen Zehntausend« Amerikas. Gussies Vetter John Sherman Zinsser zum Beispiel war Direktor der Wallstreet Bank I. P. Morgan & Co., der »Zinsser-Chemical Co.« und Präsident des Pharmakonzerns »Sharp & Dohme«. Kusine Ellen Zinsser heiratete 1930 John McCloy, einen prominenten Rechtsvertreter der amerikanischen Großwirtschaft, Hauptaktionär der »Gilette-Gesellschaft«, später Direktor der Weltbank und ab 1950 Hoher Kommissar für die amerikanische Besatzungszone in Deutschland. Die dem Morgan-Trust nahestehende Dillon Read Bank war an der Deutschen Bank beteiligt. Im Aufsichtsrat der Deutschen Bank saß, nach eigenen Angaben, Konrad Adenauer.

Amerikanisches Kapital steckte auch im RWE. Größer noch als die amerikanische Kapitalbeteiligung waren allerdings die Anleihen, die das RWE bei einem amerikanischen Bankenkonsortium unter der Führung der New Yorker National City Bank aufgenommen hatte. Diese Verbindung half dem rheinischen Stromriesen zu überleben. Bei Kriegsende betrug die nutzbare Stromabgabe des Konzerns nur noch 187 Millionen Kilowattstunden, sie stieg aber schon einen Monat später auf 304 Millionen Kilowattstunden. In der Saison 1945/46 kletterte der Stromverkauf auf immerhin 4 Milliarden Kilowattstunden — rund zwei Drittel der Höchstabgabe während der heißen Produktionsphase im Krieg. Das erste Nachkriegsjahr blieb dann auch das einzige Bilanzjahr in der Geschichte des RWE, das mit einem Defizit endete.

Adenauers familiäre Beziehungen zum amerikanischen Kapital und sein persönlicher Einsatz haben dafür gesorgt, daß das RWE von jeglichen Entflechtungsmaßnahmen nach dem Zweiten Weltkrieg verschont blieb. Statt dessen verflocht sich die Familie, deren Oberhaupt 1949 zum ersten Bundeskanzler der jungen Republik gewählt wurde, immer tiefer mit dem Energieriesen. Dr. jur. Konrad Adenauer, des »Alten« Sohn aus erster Ehe, war Vorstandsmitglied des Rheinischen Elektrizitätswerkes im Braunkohlerevier AG (RWE), einer hundertprozentigen Rheinbraun-Tochter. Nachdem das RWE in der Muttergesellschaft aufgegangen war, wurde Konrad der Jüngere auch Vorstandsvorsitzender bei Rheinbraun und blieb es bis 1971. Er beriet zusätzlich die Vereinigung Deutscher Elektrizitätswerke (VDEW) als Vorstandsrat. Dr. jur. Max Adenauer, zweiter Sohn aus erster Ehe, taucht etwa 1954 im Verwaltungsrat des RWE auf, als Oberstadtdirektor von Köln. Er sitzt auch im Aufsichtsrat der Rheinbraun AG. Libeth Adenauer, die Tochter des ersten deutschen Bundeskanzlers, wurde am 2. Mai 1950 die Ehefrau des Großindustriellen Hermann Josef Werhahn. Diese Heirat besiegelte eine langjährige Freundschaft zwischen den Familienclans unter der Leitung von Peter Wilhelm Werhahn und Konrad Adenauer. Damit war der mächtigste deutsche Politiker der Nachkriegszeit mit dem größten privaten RWE-Aktionär verwandt.

Derartig mit Wohlwollen von höchster Stelle ausgestattet, machten die Energiekonzerne in der ersten Aufbauzeit bald wieder glänzende Geschäfte, nachdem sich herausgestellt hatte, daß die Bombenschäden bei weitem nicht so schlimm waren, wie die Kraftwerker befürchtet hatten. Rein technisch waren Strom-, Gas- und Wasserversorgung in den Griff zu kriegen. Doch fehlte noch eine gesetzliche und administrative Regelung.

Ganz im Sinne der um sich greifenden Restauration besannen sich die Versorgungsunternehmen daher auf die alten Kommandostrukturen der Nazizeit. Mit dem Gesetz zur Förderung der Energiewirtschaft konnten sie bestens weiterleben, denn der Generalinspektor für Wasser und Energie war ja von den Alliierten aus dem Weg geräumt worden. Die große Verbrüderung fand im Herbst 1948 statt, als sich die Abgesandten der neun größten »Stromfamilien«

trafen und auf Betreiben des RWE-Vorstandsmitglieds Heinrich Schöller am 15. November eine »ehrenwerte Gesellschaft« gründeten, die fortan die Energieversorgung planen, ausführen und kontrollieren sollte. Die Deutsche Verbundgesellschaft e. V. (DVG) übernahm im politischen Bermuda-Dreieck der Nachkriegszeit die Aufsicht über die Energiewirtschaft des Rest-Reichs, die einst der Generalinspektor unter sich hatte, gerade noch rechtzeitig, bevor die Bundesrepublik mit ihrem föderativen System gegründet wurde.

»Auf freiwilliger Grundlage«, heißt es im Selbstverständnis der DVG, »sprechen sich die Partner über wichtige energiewirtschaftliche Fragen ab — mit möglichst wenig Bürokratie und Zentralisierung. Die Verbundunternehmen haben sich verpflichtet, den Ausbau der Verbundwirtschaft zu fördern. Sie stimmen die Planung von Kraftwerken und Leitungen aufeinander ab.« In der Satzung beschlossen die Vereinsgründer, daß Beschlüsse nur einstimmig gefaßt werden dürfen, auch die Entscheidung, ob ein neues Mitglied aufgenommen wird. Die Eintrittskarte für eine mögliche Mitgliedschaft wurde freilich sehr hoch angesetzt: Wer sich um die Aufnahme in der Bundesrepublik Deutschlands exklusivsten Klub bemüht, so wurde später beschlossen, der muß im Besitz einer 380 000-Volt-Höchstspannungsleitung sein. Keinesfalls aber darf der Bewerber zu den kommunalen Versorgungsunternehmen gehören, das beschloß die schlagkräftige Verbindung am 25. Januar 1973 in einer Satzungsänderung — womit klar war, gegen wen sich die einflußreichen Stromkartellisten abgrenzen wollten. Ein Jahr später verlor der mächtigste deutsche Kleinverein den Status der Gemeinnützigkeit.

Die Deutsche Verbundgesellschaft ist gegründet worden, um möglichen Vergesellschaftungsplänen zukünftiger Regierungen eine Supermacht entgegenzustellen. Und die Sorgen der Energieriesen waren berechtigt, hatte doch der SPD-Politiker Carlo Schmid bei der Gründungsversammlung der SPD in Südwürttemberg am 10. Februar 1946 in Reutlingen klargemacht: »In einem wollen wir kategorisch sein. Wir wollen in Deutschland keinen Krieg mehr führen, und wir wollen darum auch keine Vorbereitungen treffen, die das Kriegführen ermöglichen könnten, weder im politischen noch im wirtschaftlichen ...Wir werden keinen Minister Hjalmar Schacht mehr dulden! Wir werden da heute aufpassen und politischer handeln, als unsere Väter es im Glauben an die eingeborene Vernunft des deutschen Volkes taten. Wir wollen nicht umsonst Lehrgeld bezahlt haben.«

Doch die Wirklichkeit sah ganz anders aus. Als die Väter der Verfassung um ihre Formulierungen rangen, hatten sie völlig andere Dinge im Kopf. Der Zusammenbruch von 1945 hatte für die Kraftwerksbetreiber und Stromverkäufer keine Stunde Null gebracht. Mitten in Not und Elend mußte zuerst die Energieversorgung wieder angekurbelt werden. Gefragt waren keine Vergangenheitsbewältiger, sondern Techniker und Ingenieure, die mit unzureichendem Material und praktisch ohne Kapital die zerstörte Versorgungsstruktur wiederherstellen konnten. Die Politiker begaben sich derweil auf die Suche nach den Bruchstücken des untergegangenen Reichs.

»Nachdem die Reichsgewalt weggefallen war und nur die Gemeinde, später auch Stadt- und Landkreise, als Einwohnerverband anerkannt wurde«, erinnert sich Dr. Reinhold Maier, ehemaliger Ministerpräsident von Baden-Württemberg und Bundestagspräsident von 1952 bis 1953, an den politischen Anfang der Bundesrepublik Deutschland, »verteidigten die Landräte die neu gewonnenen Reiche, der eine oder andere sah in sich einen König, wenn es auch nur ein Zaunkönig sein konnte. Nichts behagt so manchen Deutschen besser, als sich ganz im kleinen einzuspinnen. Auch weiter oben war manch einer glücklich, daß eine Autorität oberhalb von ihm selbst nicht mehr bestand. Wir suchten unentwegt Deutschland, ganz Deutschland. Der Länderrat in Stuttgart umfaßte außer Bremen nur die drei süddeutschen Staaten. Er hat sich — auf Ehre! — nie als die Organisation von Süddeutschland gefühlt, sondern immer und stets als ein Stück Deutschland. Das Geheimnis seines Erfolges lag in der außergewöhnlichen Vorschrift: Gültigkeit hat nur der einstimmig gefaßte Beschluß. Die vier Länder und ihre Vertreter wurden hierdurch sozusagen zusammengezwungen. Ein solches Sicheinigenmüssen war eine nützliche Vorübung zur Demokratie. Bei dieser Regelung kam einfach nichts zustande, wenn man sich nicht einigte. Aus lauter Not einigte man sich. Die Not von damals war eine Not von tausenderlei Einzelheiten.«

Alles, so Reinhold Maier, wurde von den Ministerpräsidenten unternommen und nichts versäumt, um Deutschland stückweise zusammenzubringen. Und er berichtete weiter: »Schnee und Eis lagen noch über der Norddeutschen Tiefebene, als eine Länderratsdelegation mit General Clays Flugzeug ›Susan Ann‹ im Februar 1946 nach Bremen flog. Wir unterbreiteten den norddeutschen Regierungschefs den Plan eines verlängerten Länderrats. Als die Deutschen im Begriff waren, sich in diesem Sinn zu vereinbaren, erhob sich ein englischer Oberst in ganzer Größe: ›Es gibt in der britischen Zone keine Regierungsautorität über die Provinz!‹ Und wie er sich setzte, sagte er halb laut, indem er auf mich deutete: ›These people dream‹ — diese Leute träumen ja!«

Unverdrossen blieben die Landespolitiker weiter auf der Suche nach Deutschland, ganz Deutschland. Maier: »Im Oktober 1949 kamen wir wieder mit neuem Mut und mit neuen Plänen nach Bremen. Wir beschlossen einen deutschen Länderrat, einen deutschen Volksrat. Die Deutschen waren einig. Die Besatzungsmächte konnten sich nicht einigen. Ihr Plazet blieb aus. Manches wäre uns erspart geblieben. Die deutsche Demokratie wäre auf diese Weise den natürlichen Weg gegangen. Sie wäre von unten nach oben gebildet worden. Die Amerikaner hatten eine Konzeption: Demokratie von unten nach oben. Wahlen zuerst in den kleinen, dann in den mittleren Gemeinden, dann in den Großstädten, Wahlen zu den Verfassungsorganen, Landtagswahlen und damit das Bundesland und darüber der Bund. Diese Konzeption stieß auf die total andersartige Organisation der britischen Zone von oben her über die Zentralämter. So wurde die Bundesrepublik in der Folge den westdeutschen Ländern, welche 1949 überwiegend staatliche Substanz schon gewonnen hatten, ziemlich unorganisch über den Kopf gestülpt.«

Im Sommer 1947 erlitt die Ministerpräsidentenkonferenz in München einen ersten Rückschlag. Sämtliche 17 Ministerpräsidenten und Regierungschefs aller vier Zonen, einschließlich der Sowjetzone, waren erschienen. In dem Sitzungssaal blickten Jahrhunderte auf sie. An den Wänden hingen, von Meistern des Mittelalters gemalt, die Porträts von Männern der deutschen Vergangenheit. In den dunklen Ecken des Saals geisterte in jener Mitternachtsstunde die neudeutsche Zwietracht. Um drei Uhr morgens verließen die fünf Sowjetzonenministerpräsidenten den Beratungsraum. Die Methode, eine Konferenz zu sprengen, indem man eine Einigung über die Tagesordnung verhindert, wurde hier zum erstenmal vorgeführt. Dr. h. c. Peter Altmeier, damals rheinland-pfälzischer Ministerpräsident, stellte fest, »daß die Ereignisse im Sommer 1948 in bestürzender Folge und in geradezu bedrängender Eile kamen, die nicht nur der Volkswirtschaft den belebenden Impuls, sondern auch dem politischen Schicksal eine neue Wendung gaben«.

Das deutsche Protokoll der Konferenz der Militärgouverneure und der Ministerpräsidenten am 26. Juli 1948 in Frankfurt am Main macht deutlich, daß sich die Verhandlungspartner aus Siegern und Besiegten schnell einig wurden, als es um die Formulierung des Grundgesetzes ging, das an Stelle einer Verfassung geschaffen werden sollte. Und Bremens Bürgermeister Max Brauer, SPD, mahnte die alliierten Kommandeure, nicht kleinlich zu sein, damit der Marshallplan zum Wiederaufbau der europäischen Wirtschaft schnell durchgeführt werden könne.

Nach dem Verständnis seiner Schöpfer sollte das Grundgesetz nie echten Verfassungsrang erhalten. Eine Verfassung wollte man erst beschließen, wenn die deutsche Nation wieder vereint sein würde. Das Grundgesetz benötigten die Ministerpräsidenten »für die einheitliche Verwaltung des Besatzungsgebietes der drei Westmächte, als gemeinsame Institution der Länder auf Grund einer von ihnen selbst zu schaffenden Ordnung«.

Offengeblieben war bis zu dieser Konferenz, wie die deutsche Ersatzverfassung heißen, wer sie beschließen und wie die notwendigen Änderungen der Ländergrenzen durchgeführt werden sollten. Ministerpräsident Ehard vom Freistaat Bayern flunkerte den drei Generälen vor: Zwischen dem Grundgesetz und der von den alliierten Rechtskundlern geforderten Verfassung bestehe überhaupt keine Differenz. »Hier ist gar kein sachlicher Unterschied, sondern nur eine terminologische Verschiedenheit zufolge unzureichender Übersetzung.«

Die Konferenzteilnehmer schlossen einen Kompromiß. Das Grundgesetz sollte als provisorische Verfassung ausgearbeitet werden. Auf welchem Weg das deutsche Volk über seine vorläufige Verfassung abstimmen durfte, sei von den Regierungen der Siegermächte zu bestimmen. Später einigte man sich darauf, das Grundgesetz durch Landtage verabschieden zu lassen — nicht durch eine Volksabstimmung.

In damals üblicher Einigkeit hatten sich die westdeutschen Ministerpräsidenten gegen die von Zweifeln befallenen Besatzer durchgesetzt. Jetzt bekamen die Deutschen grünes Licht für die Wahl des Parlamentarischen Rates, der die vorläufige Verfassung ausarbeiten sollte.

Der Rat wurde aus den Landtagen gewählt, sein Vorsitzender wurde Konrad Adenauer. Unter seiner Leitung nahm der Rat die Aufgabe ernst, mit dem Grundgesetz nur ein Provisorium zu schaffen. Viele Regelungen des Dritten Reichs blieben weiter in Kraft, so auch das Gesetz zur Förderung der Energiewirtschaft.

Auf diese Weise schufen die Verfassungstüftler mit dem Grundgesetz lediglich ein Notdach auf den Mauern des zerbombten Reichs, unter dem der wirtschaftliche Aufschwung beginnen konnte mit den alten Dampfkesseln aus dem Keller Nazi-Deutschlands. Je älter das Gesetzeswerk wurde, desto mehr bekam es den Rang eines Heiligtums, an das man nicht rühren, das niemand in Frage stellen darf. Dabei konnte den Deutschen nicht verborgen bleiben, wie löchrig dieses Notdach ist, das doch immerhin für jeden Lokführer,

Lehrer oder Postboten, der Beamter werden will, den festen Boden der freiheitlich-demokratischen Grundordnung darstellen soll — das Bundesverfassungsgericht begründete die fortdauernde Gültigkeit von Gesetzen aus der Hitlerzeit am 26. März 1957 in den denkwürdigen Sätzen: »Gemessen an den Vorschriften der Weimarer Rechtsverfassung war das sogenannte Ermächtigungsgesetz ungültig. Es bedarf hierüber jedoch keiner näheren Ausführungen, denn über seine Gültigkeit kann nicht nach den Bestimmungen dieser Verfassung (gemeint ist das Grundgesetz, Anm. d. Verf.) entschieden werden. Das Ermächtigungsgesetz muß als eine Stufe der revolutionären Begründung der nationalsozialistischen Gewaltherrschaft angesehen werden. Es schuf an Stelle der bisherigen eine neue Kompetenzordnung. Die neue Kompetenzordnung war international anerkannt. Sie funktionierte auch nach innen.«

Vergeblich hatten SPD-Politiker in Hessen und Bremen die Verfassungsrichter daran erinnert, daß Hitlers Ermächtigung zwar mit der vorgesehenen Zweidrittelmehrheit des Reichstages verabschiedet worden war, daß aber das Parlamentsgebäude von Truppen der SA umstellt gewesen war und 109 Abgeordnete im Gefängnis saßen. Erst die Änderung der Geschäftsordnung hatte überhaupt die Beschlußfähigkeit des Parlaments herstellen können; unentschuldigt Fehlende wurden kurzerhand zu Anwesenden erklärt. Es half nichts, denn Recht ist gleich Ordnung, und Ordnung muß sein — wie auch immer. Und daß die Nazis Ordnung halten konnten, hört man auch heute noch immer wieder. Etwa, wenn im Gefolge von Kraftsprüchen gegen ungeliebte Minderheiten gesagt wird: »Bei Hitler wäre das nicht passiert.« Der ehemalige Ministerpräsident von Baden-Württemberg, Hans Filbinger, hat es auf den Punkt gebracht: »Was damals Recht war, kann heute nicht Unrecht sein.«

So blieb bis heute der gravierende Unterschied zwischen einem Rechtsstaat und einer Diktatur wie dem Dritten Reich juristisch ohne Bedeutung: Denn im Rechtsstaat kontrollieren die Gerichte die Verwaltung unter dem Gesichtspunkt der Gesetzmäßigkeit; im Dritten Reich jedoch kontrollierten die Polizeibehörden die Gerichte unter dem Gesichtspunkt der Zweckmäßigkeit. Zweckmäßig erschien es den Anheizern des Wirtschaftsaufschwungs zweifellos, die Energieversorgung nach den alten Regeln weiterlaufen zu lassen, Hauptsache, die Schornsteine rauchten.

Bei der Verteilung der Gelder aus dem Marshallplan bedienten sich die Stromer wie keine andere Branche. Von Grundgesetz und Kartellrecht ausdrücklich ausgenommen, begannen die Großen die Kleinen zu fressen. In allen Legislaturperioden der Nachkriegszeit verfügten die Lobbyisten der Stromwirtschaft über eine solide interfraktionelle Mehrheit, es gab keine nennenswerte politische Kraft mehr, die ihr entgegentreten konnte.

Dabei haben die Nachkriegspolitiker es bis heute nicht geschafft, die Rechtsnachfolge der Energieaufseher des Dritten Reichs auf eine verfassungsgemäße, gesetzliche Basis zu stellen. Zunächst hatte der frisch vereidigte Bundeswirtschaftsminister Ludwig Erhard am 1. Dezember 1949 versucht, mit einem Erlaß die Energieaufsichtsfunktion des verjagten Generalinspektors in sein Ministerium zu bekommen, das wurde von den Bundesländern aber nicht anerkannt. Daraufhin einigten sich die Kontrahenten im sogenannten Münchener Abkommen vom 13. März 1950 darauf, daß Energieentscheidungen, die mehr als ein Bundesland betreffen, vom Bundeswirtschaftsminister und den zuständigen obersten Landesbehörden im beiderseitigen Einvernehmen geregelt werden sollen. Weder der Erlaß des Wirtschaftsministers noch das nicht veröffentlichte Münchener Abkommen entsprechen der verfassungsrechtlichen Situation des Grundgesetzes. Zu dieser Bewertung sind nicht irgendwelche linken Juristen gekommen, sie findet sich im regierungsamtlich erstellten offiziellen Rechtskommentar zum Energiewirtschaftsrecht.

Der Aufstieg der Gesetzlosen

Ein Lehrstück in Sachen Strom-Monopoly wird, von den Medien nahezu unbeachtet, zur Zeit im Nordwesten Niedersachsens aufgeführt. Es zeigt die Ohnmacht eines kommunalen Selbstversorgers gegenüber einem Gebietsmonopolisten und einer gnadenlosen Justiz. Schauplatz ist die 10 000-Seelen-Gemeinde Wardenburg im oldenburgischen Land. Wardenburg ist eine Art ländlich geprägter Vorort südlich der Kreisstadt Oldenburg. Wenn die Berufspendler abends nach Hause kommen und das Licht anknipsen, Waschmaschinen, Fernseher oder Küchengeräte anschalten, ist das nicht dasselbe wie in den Nachbardörfern. Der Strom, mit dem die Wardenburger ihren Energiebedarf dekken, kommt von einer Genossenschaft. Im Jahr 1920 hatten einige Bauern die Lichtgenossenschaft Wardenburg eG gegründet. Bis in die fünfziger Jahre hatten die Wardenburger ihre Elektrizität aus einer Wassermühle bezogen und damit manchen Stromausfall vermeiden können, der in den frühen Aufbaujahren die Nachbargemeinden lahmgelegt hatte. Heute beherbergt die Wassermühle ein Ausflugslokal, und ein Teil des Speicherteichs ist zum Parkplatz gemacht worden.

Dennoch zahlen die Leute von Wardenburg für die Kilowattstunde einen Pfennig weniger, als die Stromabnehmer jenseits der Gemeindegrenzen an die hundertmal größere Energieversorgung Weser-Ems AG (EWE) entrichten müssen. Das Pikante an dem kleinen Preisunterschied: Auch die Stromgenossenschaft ist Kunde bei der EWE. Denn die Genossen produzieren den Strom nicht selbst, sondern kaufen ihn als »Sonderabnehmer« zu besonders günstigen Konditionen ein. Welche Gewinnspanne im Handel mit der Ware Strom steckt, beweist allein schon die Tatsache, daß die Genossenschaft sogar noch so viel Überschuß erwirtschaftet, daß für die 4500 Mitglieder jeweils am Jahresende eine Gewinnausschüttung drin ist.

Das war dem Gebietsmonopolisten EWE schon immer ein Dorn im Auge. Der Angriff begann am 1. März 1974, als die Genossen einen folgenschweren Fehltritt taten. Sie wollten das bewährte Organisationsmodell in ein kapitalistisches verwandeln. Aber die Wardenburger Stromherren im eigenen Haus bekamen bei dem Versuch, ihre Genossenschaft in eine GmbH & Co. KG umzuwandeln, Ärger mit der Gemeinde, die 1971 Mitglied geworden war. Denn der Bürgermeister und der Gemeindedirektor wandten sich an die EWE. Dort konnte man helfen. Erst einmal mußten die politischen Weichen gestellt werden. Besonders hilfreich war hier der Paragraph 8 des Energiewirtschaftsgesetzes: »Es gehört zu den Aufgaben der Energiewirtschaftsbehörde, dem betroffenen EVU im Rahmen pflichtgemäßen Ermessens bei der Behebung der Schwierigkeiten behilflich zu sein«, heißt es im offiziellen Kommentar zum Energierecht.

So beschloß der Kreistag des Landkreises Oldenburg, daß für den Fall der Auflösung der Genossenschaft Stromversorgung Wardenburg eG und der Übernahme des Gebiets durch die EWE die »Wegelagerergebühr«, wie der nordrhein-westfälische SPD-Fraktionschef Friedhelm Farthmann die Konzessionsabgabe nennt, an die Gemeinde anteilig überwiesen werden soll. Es wurde über Bares geredet. Mit dem Lockangebot, 195 000 Mark als Konzessionsabgabe jedes Jahr in den Gemeindeetat einzuzahlen, gewann die EWE 1975 die Gunst der Kommunalpolitiker. Am 24. April 1975 faßte der Gemeinderat von Wardenburg nach einer Empfehlung des gemeindlichen Verwaltungsausschusses den Beschluß, der Genossenschaft die Benutzung von Grund und Boden sowie des Luftraums der Gemeinde zu untersagen.

Der Bürgermeister und der Gemeindedirektor von Wardenburg reisten am 22. September 1976 ins nahe Oldenburg und unterzeichneten in den Räumen der EWE den Konzessionsvertrag mit dem Monopolunternehmen. Unter Paragraph 1 heißt es in dem Vertrag, daß die Gemeinde Wardenburg der EWE das alleinige Recht zur leistungsgebundenen Versorgung im Rahmen des Energiewirtschaftsgesetzes überträgt. Der dritte Paragraph regelte das Finanzielle: »Die EWE zahlt an die Gemeinde Wardenburg für die Überlassung der Rechte auf Lieferung von Elektrizität und für die ausschließliche Benutzung der dem Verfügungsrecht der Gemeinde unterliegenden öffentlichen Verkehrsräume für Zwecke der Versorgung mit Elektrizität im Vertragsgebiet eine Konzessionsabgabe, und zwar in Höhe von 10 Prozent der Entgelte aus Lieferungen von elektrischer Energie, die zu allgemeinen Tarifen an letzte Verbraucher abgegeben wird, und in Höhe von 1,5 Prozent der Entgelte aus Lieferungen von elektrischer Energie, die nicht zu allgemeinen Tarifen an letzte Verbraucher abgegeben wird (Sondervertragskunden).« In Paragraph 7 sicherten die beiden Vertragspartner einander die loyale Erfüllung des Übereinkommens zu. Die Herren von der Stromfirma gingen auf Nummer Sicher. Sie fügten einen Passus ein, eine sogenannte salvatorische Klausel, die in gewöhnlichen Geschäftsverträgen fast immer zu finden ist, die aber im Energierecht ein ganz besonderes Gewicht erhält: »Sollten einzelne Bestimmungen des Vertrages rechtsunwirksam sein oder werden, soll hieraus nicht die Rechtsunwirksamkeit des ganzen Vertrages hergeleitet werden können . . .«

Am 24. September 1976 kündigte die Gemeinde ihre Mitgliedschaft in der Genossenschaft. Die Stromversorgung Wardenburg eG sollte bis zum Januar 1982 liquidiert werden. Doch so leicht wollten sich die Einwohner, die mit ihrer Genossenschaft hochzufrieden waren, von den Politikern nicht entmündigen lassen. Und weil in Niedersachsen gerade die Landtags- und Kommunalwahlen von 1982 bevorstanden, wurde der geplante Ausverkauf der stromtechnischen Unabhängigkeit im Ort zum Wahlkampfthema erster

Güte. Walter Meyer, der Mann, der seit 33 Jahren in Wardenburg dafür sorgte, daß die Lichter nicht ausgingen, sammelte Unterschriften. 74 Prozent der Einwohner bekannten sich zu ihrer Stromgenossenschaft. Angesichts dieses politischen Kleinklimas gründeten die Gemeindevertreter flugs einen Ausschuß, der den alten Vertragszustand mit der Stromgenossenschaft wiederherstellen und den Verkauf des Stromnetzes an die EWE rückgängig machen sollte.

Doch da spielte die EWE nicht mit. Sie verklagte die Gemeinde auf Schadensersatz von 3,5 Millionen Mark aus »entgangenen Gewinnen«, wie EWE-Sprecher Helmut Stöwer den Millionenhunger seines Unternehmens begründete. Vor Gericht hatten die Genossen schlechte Karten, es kam knüppeldick. Zunächst hatte das Oberlandesgericht Celle festgestellt, daß die Genossenschaft ab dem 1. Januar 1982 die Straßen und Wege der Gemeinde nicht mehr benutzen durfte. Im zweiten Prozeß wurde Walter Meyer gar mit Ordnungsgeld oder Ordnungshaft bedroht, wenn er die Gemeinde weiterhin unter Strom setze. Das Versäumnisurteil wurde in zweiter Instanz durch das Celler Oberlandesgericht bestätigt.

In der Silvesternacht 1981 kam die einstweilige Rettung vor Geldstrafe oder Gefängnis für den Obergenossen Meyer. Der Gemeinderat faßte wenige Stunden vor Ablauf des Ultimatums den Beschluß, der Genossenschaft für weitere zwei Jahre das Wegerecht einzuräumen. Vergeblich legte der Gemeindedirektor seinen Einspruch ein, der Rat der Gemeinde überstimmte seinen Verwaltungsbeamten.

Jetzt mußte an höherer Stelle weitergedreht werden. Die Bezirksregierung Weser-Ems erklärte am 23. März 1983 die Gemeinderatsbeschlüsse für rechtswidrig. Doch die Gemeinde mochte nicht klein beigeben, sie legte Widerspruch gegen das Veto ihrer vorgesetzten Verwaltung ein. Völlig entnervt war der Gemeindedirektor, als am 16. Juni die Gemeinde Wardenburg wieder der Genossenschaft beitrat. Er legte dagegen nach der niedersächsischen Gemeindeordnung Widerspruch ein. Der Streit erreichte seinen Gipfelpunkt, als die Gemeinde Wardenburg der EWE am 2. Juli unter Hinweis auf einen entsprechenden Ratsbeschluß untersagte, das begehrte Stromnetz zu übernehmen. Mehr noch. Auch für die 35 Prozent des Netzes im Gemeindegebiet, das in der Vergangenheit schon von der EWE betrieben wurde, sprachen die Wardenburger die Kündigung der Überleitungsrechte aus. Vor dem Landesgericht Oldenburg verlangte die EWE daraufhin in einem Kartellverfahren, endlich den ursprünglich vereinbarten Vertrag samt Konzessionszahlung erfüllen zu können. Die Gemeinde Wardenburg hielt dagegen, daß der Konzessionsvertrag mit der EWE im Jahr 1976 überhaupt nicht rechtmäßig zustande gekommen sei, weil der für diese überaus wichtige Entscheidung zuständige Gemeinderat von Bürgermeister und Gemeindedirektor nicht zur Abstimmung herangezogen worden war.

Nun hatte die Sache noch einen Haken. Offiziell durfte die EWE überhaupt keinen neuen Konzessionsvertrag abschließen, denn — erinnern wir uns — Fritz Todt hatte als Generalinspektor für Wasser und Energie im Kriegsjahr 1941 den Gemeinden und Kommunen die Konzessionsabgaben entzogen. Nur solange der Krieg währte, sollten die bestehenden Verträge weitergelten.

Es wird wohl niemand behaupten, daß heute noch Krieg herrscht in Deutschland, obwohl es 1945 keinen Friedensschluß, sondern lediglich eine Kapitulation gab. Das Osnabrücker Gericht konnte aber keine demokratisch zustande gekommene Paragraphenkonstruktion heranziehen. Es teilte den streitenden Parteien vielmehr mit, daß Dr. Todts kriegswirtschaftliche Zwangsverordnung geltendes Recht ist.

Die Wardenburger Unterhändler warfen ihren Prozeßgegnern von der EWE arglistige Täuschung vor: »Die EWE hat von Anfang an gewußt, daß die Zahlung der Konzessionsabgabe unzulässig ist und von der zuständigen Behörde auch nicht genehmigt werden wird. Den Mitgliedern des Verwaltungsausschusses und der Verwaltungsspitze der Gemeinde ist das Recht nicht bekannt gewesen.« Darüber hinaus verstoße der umstrittene Vertrag gegen die guten Sitten und gegen das Gesetz gegen den unlauteren Wettbewerb, da er darauf abziele, »in einem unzulässigen Verdrängungswettbewerb mit nicht zulässigen Leistungen ein kleineres örtliches Stromversorgungsunternehmen zu liquidieren«. Inzwischen ist nach Ansicht der Gemeinde auch die Geschäftsgrundlage des Konzessionsvertrags weggefallen, ein Grund mehr, das Abkommen zwischen der EWE und Wardenburg für ungültig zu erklären. Der Oldenburger Oberkreisdirektor hatte nämlich erklärt, daß der Landkreis sich an die Beschlüsse nicht mehr gebunden fühlt, die Konzessionsabgabe an Wardenburg weiterzuleiten. Es half nichts, am 19. März 1985 verkündete das dreiköpfige Richtergremium am Landgericht Osnabrück sein Urteil. Darin wird die Gemeinde Wardenburg dazu verdonnert, der EWE die im Konzessionsvertrag vereinbarten Wegerechte einräumen und sich von ihm mit Strom versorgen zu lassen. In ihrer Begründung machten die Richter klar, daß die Bevölkerung selbst dann rechtswirksam aufs Kreuz gelegt werden kann, wenn ihre Vertreter eigenmächtig Kompetenzen überschreiten und folgenschwere Verträge abschließen, zu denen sie überhaupt nicht befugt sind: »Selbst wenn der Gemeindedirektor und der Bürgermeister seinerzeit ohne einen dahingehenden Ratsbeschluß gehandelt hätten, würde das die Wirksamkeit ihrer Vertretung und die Wirksamkeit des von ihnen abgeschlossenen Vertrages nicht berühren. Die Gemeinde muß auch solche rechtsgeschäftlichen Erklärungen ihrer Vertreterorgane gegen sich gelten lassen, die nicht auf einer nach dem Gemeindeverfassungsrecht ordnungsgemäß zustande gekommenen Willensbildung beruhen.« Auch den Trick mit dem Lockangebot der Konzessionsabgabe empfand das Gericht als rechtlich unbedenklich: »Der abgeschlossene Konzessionsvertrag kann auch nicht deshalb als sittenwidrig bezeichnet werden«, formulierten die Richter, »weil die Klägerin (die EWE, Anm. d. Verf.) darin der Beklagten (die Gemeinde Wardenburg, Anm. d. Verf.) eine Konzessionsabgabe versprochen hat, die nach § 1 KAE (vom 4. März 1941, Anm. d. Verf.) unzulässig war. Nach dem Ergebnis der Beweisaufnahme kann zwar nicht zweifelhaft sein, daß das Versprechen dieser unzulässigen Konzessionsabgabe maßgeblich dazu beigetragen hat, daß sich die Beklagte bereitfand, der Klägerin gegenüber dem kleineren örtlichen Stromversorgungsunternehmen den Vorzug zu geben. Es kann hier jedoch keine Rede davon sein, daß sich die Klägerin, indem sie in dem Vertrag eine gesetzlich nicht zulässige Konzessionsabgabe versprach, in sittenwidriger und unlauterer Weise zu Lasten des örtlichen Versorgungsunternehmens einen nicht gerechtfertigten Wettbewerbsvorteil verschafft hat.« Das Gericht hatte offenbar übersehen, daß sich das EWE strafbar gemacht hatte: » . . . ist das Anbieten einer preisrechtlich unzulässigen Leistung verboten und damit strafbar.« So der offizielle juristische Kommentar, § 11 KAE. Damit gewinnt das Argument der Gemeinde Wardenburg, der Konzessionsvertrag verstoße gegen die guten Sitten, neues Gewicht, denn auch für die Stromer sollte gelten, daß das, was strafbar ist, nicht zu den guten Sitten gehören kann.

Wardenburg soll also seine Genossenschaft liquidieren und sich ohne besondere Entschädigung von dem Gebietsmonopolisten versorgen lassen. Ausdrücklich machte das Gericht klar, daß der Vertrag — wegen der salvatorischen Klausel — auch dann gültig bleibt, wenn der Grund zum Vertragsschluß, nämlich die erhofften 195 000 Mark jährlich, wegfallen sollte.

Auch dem Argument vom unlauteren Wettbewerb gegenüber der gemeindlichen Genossenschaft mochten die Richter nicht folgen. »Einen besonderen Bestandsschutz für kleinere örtliche Versorgungsunternehmen gibt es nicht; insoweit waren weder die Klägerin noch die Beklagte zu einer Rücksichtnahme auf die örtliche Stromversorgungsgenossenschaft verpflichtet.«

Doch das Gericht entschied ebenfalls, daß die Verwalter von Wardenburg nicht — wie von der EWE gefordert — als Vollstrecker gegen die Stromgenossenschaft tätig werden müssen. So muß die Gemeinde zwar den Vertrag mit der EWE auch ohne das erhoffte Entgelt erfüllen, aber noch herrscht dort die Genossenschaft über Drähte und Kabel.

Obwohl das niedersächsische Wirtschaftsministerium und alle bisher damit beschäftigten Gerichte den Genossen an den Kragen wollen, klammern sich die Selbstversorger immer noch an den Strohhalm einer für sie günstigen Rechtsentscheidung. Dafür — so scheint es — muß allerdings das Energiewirtschaftsgesetz geändert werden.

Die EWE, das sei an dieser Stelle angemerkt, ist selber nur ein kleiner Fisch im Haifischbecken der Energiemultis. Als reines Verteilerunternehmen bezieht sie die Elektrizität vom Verbundriesen Nordwestdeutsche Kraftwerke AG (NWK). Die NWK beliefern über ihr 380-Kilovolt-Netz den gesamten nordwestdeutschen Raum vom Münsterland über Ostfriesland bis nach Schleswig-Holstein und haben Sitz und Stimme in der Deutschen Verbundgesellschaft.

Doch zurück in die Nachkriegsgeschichte der allesverschlingenden Verbundwirtschaft. Dr. Hans Luther, der Reichskanzler a. D., den die Weigerung, Hitlers Rüstungspläne mit Milliardenbeträgen zu unterstützen, um seinen Posten als Reichsbankpräsident gebracht hatte, hielt eine bemerkenswerte Rede auf der öffentlichen Tagung »Kommunale Wirtschaft« am 25. Oktober 1951 in Frankfurt. Schon damals erkannte der Altpolitiker aus der Weimarer Epoche die Stromzeichen der kommenden Zeit: »Sehr große und konkurrenzlos dastehende Investitionen haben schon wegen der Höhe des investierten Kapitals die Tendenz, sich selbst am Leben zu erhalten, auch wenn das in ihrer Geburtsstunde vorhandene technische und wirtschaftliche Optimum längst abgewandert ist oder anderen Erkenntnissen Platz machen mußte. Sollte für die Selbstverteidigung des Vorhandenen die eigene wirtschaftliche Stärke nicht ausreichen, so wird mit äußerstem Nachdruck die Hilfe der Staatsgewalt angerufen werden.«

Weitsichtig entlarvte Luther damit den Trend der großen Energiekonzerne, die Forderung aus der Präambel des Energiewirtschaftsgesetzes, den Strom »so billig wie möglich« zu erzeugen, allein nach dem eigenen betriebswirtschaftlichen Gutdünken auszulegen. Volkswirtschaftliche oder gar gesellschaftspolitische Bedenken gegen eine monopolistische Energiepolitik werden von den Stromkonzernen vom Tisch gewischt. Doch auch die zweite, wesentlich gewichtigere Forderung aus dem Vorspruch des Gesetzes ging der Reichskanzler a. D. sogleich an, das »so sicher wie möglich«.

Neben der Bedrohung zentralistischer Strukturen von außen als obligatorischer Bombenziele im Konfliktfall wies Luther auf die Schlüsselstellung der leitungsgebundenen Energieversorgung in jeder Industriegesellschaft hin: »Innerpolitisch ist daran zu erinnern, daß moderne Revolutionen nicht mehr vom Masseneinsatz ausgehen, sondern von der Inbesitznahme lebenswichtiger Schlüsselpositionen.« Auch die Sicherheit wird von der Stromwirtschaft technokratisch als Betriebssicherheit ausgelegt. Unter »so sicher wie möglich« verstehen die Elektrotechniker eben nur die technische Vorsorge, die Stromausfälle vermeiden hilft.

Wegen dieser bedeutsamen Versäumnisse plädierte der renommierte Finanzmann leidenschaftlich für eine radikale Entflechtung der Energiewirtschaft: »Die mit der Dezentralisierung verbundenen Vorzüge größerer Krisenfestigkeit gelten für alle Werke der Orts-, Kreis- und Regionalstufe, gleichgültig, in welcher rechtlichen oder wirtschaftlichen Form das einzelne Werk betrieben wird.« Hans Luther bestritt entschieden die von der Stromwirtschaft gern behauptete Eigengesetzlichkeit der leistungsgebundenen Versorgungsindustrie. Statt dessen forderte er den Gesetzgeber auf, die Energieversorgung schleunigst auf eine demokratische Grundlage zu stellen. Marktwirtschaftlicher Wettbewerb schien dem Altreichskanzler die beste Gewähr zu sein für eine gesunde Entwicklung mit echter Eigenverantwortlichkeit jedes einzelnen Unternehmens.

Angesichts der sich abzeichnenden Monopolstruktur der rapide wachsenden Verbundunternehmen machte Luther zwei bedrohliche Alternativen am Energiehorizont der jungen Republik aus: »Entweder wird die Elektrizitätserzeugung in Deutschland sehr bald in einer Zentralsozialisierung nach dem Vorbild Frankreichs oder Englands enden, oder eine nicht der parlamentarischen Kontrolle unterliegende gewaltige Macht würde von außen her imstande sein, in das Staatsgefüge und sein Arbeiten mit großer Wucht einzugreifen.«

Doch Luthers Warnungen verhallten im Lärm der Aufbaueuphorie. Schon 1951 war der politische Zwergstaat Bundesrepublik Deutschland mit seiner provisorischen Hauptstadt Bonn dabei, sich die Schlange am Busen selbst zu nähren, die ihm in den Folgejahren jede Entscheidungsbefugnis in Sachen Energie nehmen sollte. Im Gesetzentwurf über die Investitionshilfe, beschlossen am 21. Juni 1951, erklärte das Bundeskabinett die Energiewirtschaft für voll förderungswürdig. Die von allen unabhängigen Fachleuten geforderte Novellierung des Energiegesetzes aus der Nazizeit blieb freilich aus, obwohl politische Mahner aus dem Kreis des Verbandes kommunaler Unternehmen warnten: »Das Energiewirtschaftsgesetz ist ein nationalsozialistisches Gesetz, und wir sind bekanntlich nicht mit ihm einverstanden. Aber es ist weder von den Besatzungsmächten noch vom ersten Bundestag beseitigt oder auch nur in Frage gestellt worden; daher lebt die Verwaltung und leben wir alle unter ihm. Und das vom zweiten Bundestag erwartete neue Energieaufsichtsgesetz wird zweifellos deutlich machen, was unter ›Gemeinwohl‹ verstanden wird.«

Doch weder der zweite noch ein späterer Bundestag haben bis heute das Gesetz in seinen Grundzügen geändert. Statt der politischen Säuberung kam ein Riesenschluck aus der Marshallplan-Pulle. Auf einer Tagung im September 1947 in Paris ging das Marshallplan-Komitee von einer Steigerung des Strombedarfs auf etwa 270 Milliarden Kilowattstunden bis zum Jahr 1953 aus, also fast von einer Verdoppelung der Stromerzeugung gegenüber 1937. Da aber 1950 erst 28,5 Milliarden Kilowattstunden aus dem Stromnetz abgerufen worden waren, war ein gewaltiger Bauschub im Bereich der Kraftwerke und Überlandleitungen zu erwarten.

Der Bau von Großkraftwerken und Höchstspannungsleitungen erfordert hohe Investitionen, und das Kapital amortisiert sich äußerst langsam. Daher bindet sich die Energiewirtschaft mit ihren Anlagen für Generationen, um dadurch hoffnungslos hinter dem technischen Fortschritt herzuhinken. »Sind erst einmal die riesenhaften zentralen Kraftwerke vorhanden«, prophezeite Luther, »ohne daß gleichzeitig dezentrale Kraftwerke mitsamt ihren Verteilernetzen gebaut oder erweitert wurden, dann steht jener unbewegliche Klotz aus Stein und Metallen da, der die Entwicklung in Fesseln schlägt. Das Monopol der wenigen Großerzeuger ist fertig. Ihre überaus kapitalintensiven Zuleitungen drängen auf immer größere Ausnutzung, und die Verteilungswerke der Regional-, Kreis- und Ortsstufe werden hilflos und immer hilfloser dieser zusammengefaßten Übermacht von Stein, Stahl, Kapital und Einfluß ausgeliefert sein.«

Die Gemeinde- und Stadtvertreter sahen in der hektischen Aufbauzeit die dringende Notwendigkeit, die Weichen des gewaltigen Kapitalzuges auf ihre Gleise umzustellen und die erforderlichen Investitionen in dezentrale Kraftwerke zu stecken. Es ging ihnen dabei um schlichte Selbsterhaltung, denn Gemeinden und Gemeindeverbände durften ohne Genehmigung der Aufsichtsbehörde nicht einmal einen Dieselmotor aufstellen, wie das jeder Industrielle kann, um die Belastungsspitzen im Stromnetz selbst abzufangen und auf diese Weise günstigere Voraussetzungen für Strompreisverhandlungen zu schaffen.

Anfang der fünfziger Jahre erinnerten sich die Lokalverstromer wieder an die bereits seit 1920 erprobte Technik der Wärme-Kraft-Kopplung. Mit dem Bau von Kraftwerken, aus deren Kühlwasserkreislauf Fernwärme in Städte und Siedlungen ausgekoppelt werden kann, wollten sie die knappen Brennstoffe besser ausnutzen. Doch während Energiekritiker Luther seine mahnenden Thesen formulierte, waren die Stromriesen schon dabei, sich mit ihrem 380-Kilovolt-Netz überaus einträgliche Verbindungen zu knüpfen.

Mit dem 380-Kilovolt-Netz stießen die Kraftwerker gleichermaßen an die technische Obergrenze wie an die Schmerzschwelle der kommunalen Unternehmer, denn immerhin standen mehrere hundert Millionen Mark auf dem

Spiel, deren Investition die Energiepolitik und damit auch die Entwicklung der deutschen Volkswirtschaft auf Jahrzehnte, wenn nicht für alle Zeiten, festlegte. Die Großkonzerne der Deutschen Verbundgesellschaft dachten nicht daran, den kommunalen Versorgern auch nur einen kleinen Teil des elektrischen Felds zu überlassen. Im Gegenteil. Sie kleckerten nicht, sondern fingen gleich an zu klotzen.

Die politische Entscheidung für die Verbundwirtschaft im ganz großen Stil war schon 1951 gefallen, als die Bundesrepublik zusammen mit Belgien, Frankreich, Italien, Luxemburg, den Niederlanden, Österreich und der Schweiz die Union für die Koordinierung der Erzeugung und des Transports elektrischer Energie (UCPTE) gründete. Die UCPTE entwickelte sich zu einer westeuropäischen Über-DVG. Der Zweck dieser Vereinigung ist laut Satzung »die völlig freiwillige zwischenstaatliche Zusammenarbeit, um die bestehenden und zu schaffenden Kraftwerke und Höchstspannungsleitungen bestmöglich wirtschaftlich auszunutzen«.

Die UCPTE wird von den Direktoren und Vorständen der Unternehmen beherrscht, die zum illustren Kreis der Besitzer von Höchstspannungsleitungen gehören. Aus der Bundesrepublik haben das Badenwerk, die EVS, das Bayernwerk, das RWE und die Bundesregierung einen Vertreter entsandt, mit dabei ist auch immer der Geschäftsführer der Deutschen Verbundgesellschaft. Da alle Mitglieder dieser Organisation — mit Ausnahme des Vertreters der Bundesregierung — an der Führung ihrer Unternehmen beteiligt sind, können die von der UCPTE getroffenen Entscheidungen daheim sogleich in die Tat umgesetzt werden.

Hjalmar Schacht, der Schöpfer des unseligen Gesetzes zur Förderung der Energiewirtschaft, meldete sich wieder zu Wort. Während sein alter Gegenspieler Luther in die Niederungen der Energiefragen abgestiegen war, beschäftigte sich Hitlers abgehalfterter Finanzjongleur mit dem Gießkannenprinzip der Marshallplangelder und mit dem Brauch, durch Abschreibungen das Firmenkapital zu vervielfachen, ohne auf Fremdmittel zurückgreifen zu müssen. »Die Bereitstellung reichlicher und billiger Notenbankkredite«, so schrieb

Schacht 1957, »war zum Beginn der wirtschaftlichen Wiederankurbelung sicher richtig.« Aber das entscheidende Hemmnis in der Kapitalbildung machte Schacht in der Steuerpolitik der Adenauer-Regierung aus: »Sehr bald zeigte sich, daß die zu erwartenden Steuereingänge von Anbeginn an unterschätzt wurden. Die wirtschaftliche Erholung Deutschlands ging so rasch und so erfolgreich vor sich, daß die Steuereinnahmen sehr bald die Voranschläge weit überholten und zur Überschußansammlung führten. Dadurch wurden der privaten Wirtschaft Kapitalbeträge entzogen, die sich beim Fiskus ohne unmittelbare Verwendung anhäuften. Diese Geldhorte schlugen einer gesunden Kapitalmarktpolitik ins Gesicht.«

Das wußte natürlich auch die Regierung. Sie versuchte mit einer Reihe von Sondergesetzen gegenzusteuern. Über Sonderabschreibungen nach den Paragraphen 7c und 7d des Einkommenssteuergesetzes und über Paragraph 36 des Investitionshilfegesetzes flossen Milliarden zurück in die Wirtschaft. Aber in den Genuß des großen Geldes kamen nicht die kleinen, hart besteuerten Unternehmen, sondern vor allem die Riesenbetriebe, allen voran die Energiewirtschaft. Die steuerliche Behandlung der Kapitalempfänger war um so kulanter, je höher die Steuerstufe lag, in der die Großbetriebe veranschlagt waren. »Mit der degressiven Abschreibung«, ermittelte Schacht, »konnten die Großbetriebe in den ersten fünf Jahren mehr als 80 Prozent ihres Anlagenwertes steuerfrei abschreiben.«

Zwischen 1948 und 1957 hatte die deutsche Wirtschaft rund 220 Milliarden Mark investiert. Nur zehn Prozent davon stammten aus Geldern, die über Aktien oder Wertpapiere auf dem Kapitalmarkt aufgenommen wurden. Von 1951 bis 1957 sind über die steuerliche Subventionierung über 50 Milliarden Mark, die sonst dem Kapitalmarkt hätten zufließen müssen, den Besitzern der Produktionsmittel steuerfrei verblieben. Das bedeutet, daß die Großindustrie Kapital ansammeln konnte, ohne über die Ausgabe von Aktien andere am Besitz teilhaben zu lassen. »Die Bevorzugung bei den Abschreibungen«, so kritisierte Schacht, »hat dazu beigetragen, daß sowohl auf Sparsamkeit nicht gesehen wird, als auch daß viele nicht unbedingt nötige Ausgaben auf Unkostenkonto abgeschrieben wurden. Ferner hat sie dazu geführt, daß bei den Investitionen manche luxuriösen, nicht rein wirtschaftlich kalkulierte Anlagen erstellt wurden nach der Devise ›Die Hälfte der Kosten trägt der Finanzminister‹.«

Kleine und mittlere Betriebe kamen nicht in den Genuß des Füllhorns aus dem Abschreibungsparadies. Auch die kommunalen Energieversorger gingen weitgehend leer aus. Ihnen lag noch ein weiterer Stein im Weg. Weil die Haushalte der Gemeinden der Kommunalaufsicht der Landesminister unterliegen, konnten die auch sonst eher übervorsichtigen öffentlichen Bediensteten nicht immer soviel investieren, wie zum Modernisieren oder Erweitern ihrer Anlagen notwendig gewesen wäre. So manchem Stadtwerker hingen überdies unrentable Klötze am Bein. Die lukrativen Sonderabschreibungen zur Kapitalvermehrung waren bei den Verkehrsbetrieben nicht und bei den Wasserwerken nur in wenigen Fällen möglich. Weil aber der Nahverkehr Verluste einfuhr und die Wasserversorgung die Gemeinden auch nicht reich werden ließ, fehlten den meisten kommunalen Unternehmen die Erträge, um in den Genuß der Abschreibungen nach dem Investitionshilfegesetz zu kommen.

Einige Zahlen zeigen, wie stark die Schere zwischen den großen Energiekonzernen und ihren kommunalen Widersachern schon in den fünfziger Jahren auseinanderklaffte. Am Tag der Währungsreform, dem 21. Juni 1948, als gewöhnliche Sterbliche bundesdeutscher Staatsangehörigkeit mit vierzig Mark pro Kopf anfangen durften, besaßen die 118 privaten, gemischtwirtschaftlichen und kommunalen Aktiengesellschaften ein Vermögen an Sachanlagen im Wert von 3,12 Milliarden Mark. Bis 1954 vergrößerte die Energiewirtschaft ihren Buchwert auf rund 5,5 Milliarden Mark. Alle anderen Industrie- und Wirtschaftszweige besaßen in dieser Zeit einen Buchwert von 28,3 Milliarden Mark. Die Aktiengesellschaften der Energiewirtschaft besaßen 1954 also rund 20 Prozent aller Sachanlagen der BRD.

Um den Buchwert auf 5,5 Milliarden Mark zu erhöhen, mußten die Energiekonzerne 5,9 Milliarden Mark aufwenden. 3,55 Milliarden Mark davon wurden durch Abschreibungen erzielt, nur 160 Millionen Mark durch Kapitalerhöhungen, und lediglich 2,14 Milliarden Mark fremdes Kapital mußten aufgenommen werden. Die fehlenden 50 Millionen Mark brachten die Energiebetriebe aus laufenden Einnahmen auf. Keine Branche hat ihr Eigenkapital über die steuerliche Abschreibung so stark vergrößert wie die Stromkonzerne.

Dort freilich gab es gravierende Unterschiede. Während die Großunternehmen vom Zuschnitt des RWE oder der PREAG zum Beispiel 1953 Abschreibungen in Höhe von 17 Prozent ihres Anfangsbestandes verbuchten, betrug die Rate bei den kommunalen Eigenbetrieben nur 9,9 Prozent. Entsprechend wuchs der Bestand an Kraftwerkseinrichtungen und Hochspannungsleitungen bei den Großkonzernen im selben Jahr um 24,7 Prozent gegenüber dem Bestand am Tag der Währungsreform, die Betriebe im Besitz der öffentlichen Hand legten im selben Zeitraum nur um 16,7 Prozent zu.

Weil die kommunalen Betriebe keine eigenen Aktien ausgeben durften, um Gelder aufzunehmen, waren sie auf Kapital aus den Girozentralen, Sparkassen und Versicherungsgesellschaften angewiesen, die kräftige Zinsen kassierten, da wegen der im großen Stil geübten Kapitalvermehrung durch Abschreibung das Geld an der Börse knapp und teuer wurde. Die mit Kapital überaus üppig ausgestatteten Energieriesen nutzten ihren Vorsprung und bauten ihn hemmungslos aus. Mit Dumpingpreisen und einer expansiven Verkaufsstrategie veranlaßten die Stromkonzerne die Kunden aus Gemeinden und Industrie, ihre Eigenversorgung aufzugeben. Wer sich nicht freiwillig in die Herde der Stromabnehmer einreihen wollte, der wurde gezwungen wie schon zu Stinnes' besten Zeiten.

Die Gemeinden und Städte wurden ihrer angestammten Versorgungsgebiete beraubt, indem die großen Stromerzeuger den bisherigen Abnehmern der kommunalen Stromlieferanten in den umliegenden Gemeinden die geforderte Energie zu Billigstpreisen anboten und sie mit Konzessionsabgaben von gelegentlich über zehn Prozent der Bruttostromeinnahmen an ihrer schwächsten Stelle packten — am Geld. So wurden die kommunalen Lieferanten aus dem Rennen geworfen, bis sie ihre Kraftwerke verschrotten oder an die aggressiven Großstromer verkaufen mußten. Entsprechend reduzierte sich die Bedeutung der kommunalen Kraftwerke an der Entwicklung der bundesdeutschen Energiebilanz. Wurden die Gemeinden 1953 erst zu 41,7 Prozent durch gemischtwirtschaftliche Energieversorgungsunternehmen beliefert, lag deren Anteil 1982 schon bei 73,9 Prozent. Im selben Zeitraum sank die Zahl der Gemeinden, die ihren Strom von der öffentlichen Hand bezogen, von 47,9 Prozent (1953) auf 16,9 Prozent (1982). Diese Zahlen veranschaulichen, daß der Konzentrationsprozeß in der Elektrizitätswirtschaft weitgehend abgeschlossen ist. So mag sich der Verband der kommunalen Unternehmen der DVG heute nicht mehr in den Weg stellen. Die Geschäftsführer beider Verbände wollen in enger Verbindung bleiben. In einem Schreiben vom 16. Oktober 1980 machte die Deutsche Verbundgesellschaft ihre Rolle als Meinungsführer unmißverständlich klar: »Beide Seiten stimmen überein, auch in Zukunft eng und vertrauensvoll zusammenzuarbeiten, um Angriffen auf die bewährte Struktur der Elektrizitätswirtschaft gemeinsam entgegentreten zu können.«

Wie schon zur Hitlerzeit begründen die Megawattmonopolisten ihren Drang zum Verbund unverdrossen mit zwei technisch-wirtschaftlichen Argumenten. Zum einen sei das weitgespannte Höchstspannungsnetz notwendig, um die standortgebundene Wasserkraft im Alpenraum mit den ebenso bewegungsunfähigen Braunkohlekraftwerken im Rheintal zu verbinden. Ein gutgespanntes Stromnetz mache zum anderen teure Reservekraftwerke überflüssig, die so lange als totes Kapital in der Gegend herumstehen, bis sie bei technischen Störungen zugeschaltet werden.

Diese beiden Argumente waren allerdings bei weitem nicht so stichhaltig, wie sie sich anhörten. Angesichts des stürmisch wachsenden Stromverbrauchs versickerte die immobile Energiequelle aus den süddeutschen Wasserkraftwerken bald in den Steckdosen der näheren Umgebung, in Nordrhein-Westfalen erging es dem Braunkohlestrom nicht anders. Auch wurde deutlich, daß eine Verbundwirtschaft, an der immer größere Kraftwerksblöcke hängen, auch immer größere Einheiten als Reserve bereithalten muß, falls eines der Großkraftwerke ausfällt. Ein echtes Verbundsystem dagegen, zusammengeschlossen aus allen erdenklichen Kraftquellen jeder Größenordnung, kommt mit viel weniger Reservekapazität aus.

So erkannten die Energieberater des Deutschen Gemeindetags schon bald, daß die beiden technischen Behauptungen für die Notwendigkeit des Verbundnetzes von den Stromriesen nur vorgeschoben waren, um in den ganz großen Stromhandel mit der Industrie einsteigen zu können und die kleinräumige Kraftwirtschaft endgültig an die Wand zu drücken. Und bei der energiehungrigen und ständig um Kapital verlegenen Industrie gingen die Gigawattgiganten sogleich zur Sache. Industrielle Betriebe wurden über die Preispolitik zwangsverpflichtet — nach der Maßgabe: Wenn ihr euer eigenes Kraftwerk unbedingt behalten wollt, kommt euch das im Fall eines Stromausfalls teurer zu stehen als einem Kleinabnehmer, weil wir unsere Kapazität ohne euch berechnet haben. Wenn ihr dann doch versorgt werden wollt, müßt ihr einen hohen Leistungsbereitstellungspreis bezahlen.

Und die bundesdeutsche Wirtschaft folgte den Verbundriesen willig auf die Stromschiene. Konnte die Industrie 1950 noch stolze 48,6 Prozent ihres Stromhungers aus eigener Leistung stillen, so wurden 1981 nur noch 20,2 Prozent des Strombedarfs von den Betrieben selbst gedeckt. Entsprechend verlief auch die Entwicklung im Bereich der installierten Kraftwerksleistung am »öffentlichen Netz«; dort verringerte sich der Anteil der Industriekraftwerke von 37,8 Prozent im Jahr 1950 auf 16,4 Prozent 1981.

Eine Verordnung aus dem Krieg, die heute noch gilt, erleichterte den Stromgiganten das Aushungern der industriellen Kraftmaschinen. Die Durchführungsverordnung zum Energiewirtschaftsgesetz wurde 1940 erlassen, »die aus kriegswirtschaftlichen Erwägungen den Zweck verfolgte, die industrielle Erzeugung (von Elektrizität, Anm. d. Verf.) so weit wie möglich zurückzudrängen«. Damit wollten Hitlers Rüstungsmanager die Industriellen zwingen, sich auf das für sie Wesentliche zu konzentrieren, die Produktion von Kriegsmaterial.

Stromverkäufer und Industrielle wurden sich jedoch meist ohne Grollen einig, obwohl die Waffen längst schwiegen, weil beide voneinander kräftig profitierten. Die beiden Interessengruppen befanden sich in geradezu biblischer Eintracht von Geben und Nehmen.

Zu den Verkaufsinteressen der Energieunternehmer gesellte sich das Interesse der Industriellen an einer möglichst billigen Versorgung mit elektrischem Strom. Die Großfabrikanten hatten schon immer eine relativ starke Verhandlungsposition. Sie waren für die absatz- und verkaufsorientierten Geschäftemacher der Strombranche äußerst attraktive Kunden und konnten, zumal viele Großunternehmen die Möglichkeit der Selbstversorgung durch industrieeigene Kraftwerke hatten, mit dem nötigen Druck in die Preisverhandlungen einsteigen.

Daher kommen die Stromer ihren Vorzugskunden sehr weit entgegen, bis unter die eigenen Gestehungskosten. Zwei Beispiele aus der jüngsten Zeit dazu: Die britische Chemiefirma ICI wurde für ihre Entscheidung, im strukturschwachen Wilhelmshaven zu bauen, mit einem Kilowattpreis von 4,3 Pfennig im Jahr 1981 belohnt. Die Hamburger Aluminiumwerke (HAW), hervorgegangen aus dem amerikanischen Aluminiummulti Reynolds, brauchten als Größtabnehmer für die Kilowattstunde bei ihrer Ansiedlung 1973 nur 2,8 Pfennig zu berappen, die Laufzeit des Billigtarifes betrug zwanzig Jahre. Nun kostete aber jede im Atomkraftwerk Stade erzeugte Kilowattstunde 6,3 Pfennig. Das Aluminiumwerk verbraucht mit 1,7 Milliarden Kilowattstunden rund 17 Prozent des Stromverbrauches der Stadt Hamburg. Das Defizit von fünfzig Millionen Mark jährlich mußten die

zahllosen kleinen Kunden des DVG-Mitglieds Hamburgi-
sche Electricitäts-Werke (HEW) tragen, bis ein Hamburger
Gericht die beiden Kontrahenten HAW und HEW zu einem
Vergleich überreden konnte, der das Defizit in Zukunft auf
die Hälfte schrumpfen läßt.

Weil die Stromer aber um so besser leben, je mehr Strom ab-
gesetzt werden kann, stört sie das Gerede über die teure
Elektrizität ganz erheblich. So beschäftigt die Branche
hochbezahlte Spezialisten, um ihre verschwendungsför-
dernde Politik einzunebeln und die leitungsabhängigen
Schäfchen in der Stromherde zu verdummen. Die Strom-
kunden sollen auf keinen Fall den Eindruck gewinnen, daß
der Saft aus der Steckdose teurer ist. Das Institut für Energiewirtschaft an der Kölner Universität beispielsweise er-
teilte den Strommanagern unter dem Titel »Marketingstra-
tegien in der Elektrizitätswirtschaft« Nachhilfeunterricht im
Bauernfangen: »Das Problem der Stromrechnung«, heißt es
in der Schrift, »hat besonders für die Haushalte Bedeutung.
Es besteht einmal die Möglichkeit, Strom als Ware monatlich mit dem Einkommensrhythmus abzurechnen. Diese
Zahlungsweise kann sich nachteilig auf den Stromabsatz
auswirken, da der Kunde einen Vergleich mit dem Verbrauch des Vormonats anstellen kann und höheren Verbrauch eventuell durch Einsparungen im folgenden Monat
auszugleichen versucht. Wird der Abrechnungszeitraum
weiter ausgedehnt, etwa auf zwei oder drei Monate, so sind
negative Folgen durch Engpässe in der Haushaltskasse des
Kunden zu erwarten. Die Vorstellung, Strom sei teuer, deren Abbau Teilziel der Preispolitik sein muß, wird eher verstärkt, indem der ›teure Strom‹ für den Finanzengpaß verantwortlich gemacht wird. Ein weitaus besseres Verfahren
wird von den EVU angewendet. Dabei ist man der Überlegung gefolgt, elektrische Energie als Dienstleistung abzurechnen, das heißt, der Strompreis erlangt gegenüber der
Hilfe und Bequemlichkeit, die Strom bietet, sekundäre Bedeutung. Entsprechend wird monatlich oder in größeren
Abständen ein fester Betrag vom Kunden eingezahlt. Einmal pro Jahr werden die Zähler abgelesen und die Konten

ausgeglichen. Hier ergeben sich Vorteile für das EVU. Der Möglichkeit, daß ein Kunde am Ende seines Abrechnungszeitraums eine Nachzahlung tätigen muß und somit das Preisproblem wieder aktualisiert würde, kann das EVU entgegenwirken, indem es den Pauschalpreis so ansetzt, daß dem Kunden noch ein kleiner Betrag zurückerstattet werden kann.«

Die öffentlichen Stromtarife für Haushalte und Kleinverbraucher müssen von den Wirtschaftsministern der Länder genehmigt werden. Die Abschlüsse mit den Größtabnehmern jedoch bleiben das wohlgehütete Geheimnis der Geschäftspartner. Der Wirtschaftsminister bekommt also nur die »Fassade« der Tarifstruktur zu Gesicht. Wie das Fundament der Finanzkonstruktion aussieht, bekommt die Genehmigungsbehörde nicht zu sehen. Mit dieser Ohnmacht können viele Wirtschaftsminister gut leben, denn oftmals sitzen — wie schon gezeigt — die politischen Kontrolleure selbst im Aufsichtsrat der Unternehmen, die sie überwachen sollen.

Obwohl die Stromverträge zwischen den Verbundunternehmen und der Großindustrie top secret gehalten werden, hat eine Studie des Bundesministeriums für Forschung und Technologie einen Durchschnittswert geschätzt: Die industriellen Stromverbraucher bekommen die hochwertige Energie aus dem Netz zu Preisen geliefert, die 20 bis 25 Prozent unter den Grenzkosten der Stromerzeuger liegen.

Der Verzicht auf die firmeneigene Kraftstation zahlte sich also aus, und die Umstellung auf die Stromversorgung von außen bot den Fabrikanten mehrere Vorteile. Sie gewannen Spielraum, um ihre Industrieanlagen auszudehnen, ohne auf die Grenzen der eigenen Stromversorgung zu stoßen. Außerdem konnten sie freigewordene Mittel für andere Zwecke nutzen. Der Kapitalumschlag beschleunigte sich, und die Gewinne wuchsen. Bei ständig steigenden Bodenpreisen konnten die Unternehmen den Platz, der sich nach Abriß der Industriekraftwerke bot, gut anderweitig gebrauchen. Ein weiterer Vorteil für die Großunternehmer war, daß das Risiko bei einer konjunkturellen Flaute nicht mehr bei ihnen lag, sondern auf seiten des Stromlieferanten, der dann die Kosten auf andere Verbrauchergruppen abwälzen konnte.

Aufgefangen wird das Defizit durch den »Kleinverbraucher«, der tiefer in die Tasche greifen muß. Die einzigen Nutznießer dieser Strompolitik sind also die Industrie, die Energiekonzerne, die großen Banken und deren Eigentümer, während mittlere und kleine Betriebe, Haushalte und Kleinverbraucher dieses Verschwendungssystem durch überhöhte Tarife subventionieren.

Das 380-Kilovolt-Verbundnetz war und ist für die Deckung der Nachfrage nach elektrischem Strom in der Bundesrepublik Deutschland in diesem Umfang nicht notwendig. Es dient den Stromversorgern und ihrer Klientel hauptsächlich dazu, ihre machtpolitischen und marktbeherrschenden Positionen zu erhalten. Das Verbundnetz wird damit zu einem System, das nicht nur der Zentralisierung, der Umweltzerstörung und der Verschwendung Vorschub leistet, sondern vor allem energiepolitisch und ökologisch sinnvolle Projekte verhindert.

Allmählich wächst die Kritik an den überhöhten Strompreisen. Neue ehrgeizige Projekte der Stromwirtschaft werden nicht mehr kritiklos hingenommen, Bedarfsprognosen in Frage gestellt. Aber die Marketingstrategen der Milliardenbranche haben in unseren Köpfen auch für Kurzschlüsse gesorgt. So haben sie Wortschöpfungen wie »Kernkraftwerk« in das Bewußtsein der Menschen gehämmert — die drei grundguten Begriffe »Kern«, »Kraft« und »Werk« sind die ideologische Tarnkappe für das äußerst riskante Unternehmen, radioaktive Substanzen zu erzeugen, deren Beseitigung keineswegs geklärt ist. Und »Entsorgungspark« nennen sie einen Ort, wo wir auf Jahrmillionen die Sorgen über eine radioaktive Verseuchung nicht loswerden.

Die Dinosaurier fressen sich selbst

Die vornehmste Aufgabe eines Energieplaners in der Deutschen Verbundgesellschaft ist der akkurate Umgang mit Bleistift und Lineal. Mit diesen beiden Instrumenten üben sich die Stromer in der Kunst des »Fortschreibens«. Dazu legen sie das Lineal auf ein Blatt mit den Energiedaten der vergangenen Jahre und verlängern die aufstrebende Linie. So einfach ist das. Und weil es keine Autorität über der Deutschen Verbundgesellschaft gibt, ist es unwichtig, ob diese Fortschreibung des Strombedarfs mit der Realität übereinstimmt — in der Regel ist sie viel zu hoch gegriffen.

Mit sorgenvoller Miene unterrichtet dann ein Mitglied aus dem exklusiven Zirkel den jeweiligen Bundeskanzler über drohende Stromausfälle, den Zusammenbruch der Wirtschaft und den Rückfall in die Steinzeit, wenn nicht schnellstens neue Großkraftwerke gebaut und neue Stromtrassen in die Landschaft geschlagen werden. Der amtierende Bundeskanzler beauftragt dann seinen Pressesprecher, die neue Energiebedarfsprognose der Bunderegierung zu verkünden, jene »Fortschreibung« eben, die just aus der Feder des Zeichners im Zentrum der starkstrompolitischen Macht stammt.

Unverändert gilt die Maxime in der deutschen Politik, welche von der Wirtschaftsministerkonferenz 1982 ausgegeben worden ist: »Die Versorgungslast liegt bei den Energieunternehmen, die dafür erhebliche Investitionen tätigen müssen. Gerade darum muß bei diesen Unternehmen die verantwortliche Entscheidungskompetenz sowohl bei der Erarbeitung als auch bei der Realisierung der Konzepte liegen.« Dagegen sei es nicht Aufgabe der Raumordnung oder der Regionalplanung, Energieversorgungskonzepte zu entwikkeln.

Erinnern wir uns an die Satzung der Deutschen Verbundgesellschaft, daß Entschlüsse nur einstimmig gefaßt werden, dann wird verständlich, warum das umstrittene Braunkohlekraftwerk Buschhaus ohne Entschwefelungsanlage ans Netz gehen soll, obwohl acht der neun DVG-Mitglieder für eine Rauchgaswäsche eintraten.

Üblicherweise finden die Abstimmungen in der DVG unter strengster Diskretion statt. Die lautstarke Diskussion über das Waldsterben jedoch veranlaßte 1984 einen Teilnehmer der exklusiven Runde, aus dem Nähkästchen zu plaudern. Die Energieversorgung Schwaben AG (EVS) schrieb an Olfert Dorka von der Freudenstädter Aktionseinheit gegen das Waldsterben, daß acht der neun DVG-Mitglieder die PREAG zum Umweltschutz überreden wollten: »Die DVG-Mitglieder haben gegenüber ihren Kollegen von der PREAG deutlich machen müssen, daß die Inbetriebnahme von Buschhaus ohne Rauchgasentschwefelung einfach nicht in die ökologische Landschaft paßt. Bei einer der letzten DVG-Sitzungen haben alle acht übrigen Energieversorgungsunternehmen auf Vorstandsebene sehr deutlich zum Ausdruck gebracht, daß sie die Haltung der Preußenelektra nicht verstehen und eine Belastung der gesamten deutschen Elektrizitätswirtschaft daraus befürchten.«

Mit Genugtuung nämlich hatten die Vorstände der Stromkonzerne festgestellt, »daß ihre Bereitschaft, die in der Großfeuerungsanlagenverordnung festgesetzten Entschwefelungswerte früher zu erreichen, in der Öffentlichkeit gut aufgenommen worden ist, diese Image-Komponente aber sehr rasch durch eine Position wie die von Buschhaus wieder zunichte gemacht werden könnte«. Der Brief endete mit den Worten: »Bitte verstehen Sie aber, daß derartige Meinungsäußerungen nicht in der Öffentlichkeit erfolgen. Wenn sie in den zuständigen Fachgremien ausgetragen werden, ist die Aussicht einer positiven Beeinflussung nach unserer Erfahrung größer.« Das funktioniert wie bei der Mafia. Ganz geheim wird hinter verschlossenen Türen verhandelt. Wie unbeweglich Deutschlands Energiefürsten sind, ergibt sich aus der Satzung: Wenn alle anderen weiter wollen, aber einer stehen bleibt, kommt der ganze Verein zum Stillstand. So schalten und walten die Strommonopolisten völlig ungehindert nach eigenem Gutdünken. Und wenn die Politiker tatsächlich eine Begründung hören wollen, warum ein neues Großprojekt unbedingt und sofort in Angriff genommen werden muß, ist den Vertretern der Verbundgesellschaft schon immer etwas eingefallen. Gelegentlich mahnten sie sogar Versäumnisse aus der nationalsozialistischen Vergangenheit an: »Aufgrund falscher Voraussetzungen und aus übergroßer Vorsicht beging man im Anfang der 30er Jahre den Fehler, Energieerzeugungsanlagen nur sehr zögernd auszubauen. Die Folge war, daß die Steigerung der installierten Leistung der Kraftwerke mit dem stark ansteigenden Stromverbrauch nicht mehr Schritt halten konnte. Die deutsche Elektrizitätsversorgung stand deshalb den erhöhten Anforderungen der Kriegsproduktion ohne jede Reserve gegenüber. Manche Produktionsprogramme konnten damals nicht verwirklicht werden.«

Dieses deutliche Bedauern über nicht erreichte Kriegsziele durch die Begrenzung des »Rüstungswunders« veröffentlichte die von der DVG beherrschte Vereinigung Deutscher Elektrizitätswerke (VDEW) im Jahre 1953. Jetzt stand keine NSDAP mehr im Weg, die aus Angst vor Luftangriffen den Neubau von Kraftwerken und das Knüpfen des Verbundnetzes behinderte. Ganz im Gegenteil begrüßten die Pusher des Wirtschaftswunders den Hang der Energiewirtschaft zu einsamer Größe. So wurden lästige Nörgler ausgegrenzt, Trittbrettfahrer beim großen Absahnen abgeschüttelt.

Übertriebene Rücksichtnahme auf die Interessen der Normalbürger und Kleinabnehmer war für die Verbundriesen nicht notwendig, denn die Großraumverbundwirtschaft hatte ja nur ganz am Rande etwas mit der billigen und sicheren Versorgung des stromtechnischen Kleinviehs zu tun. Direkt an das Höchstspannungsnetz angebunden sind eben nur die Größtabnehmer der sogenannten Grundlast, die zwischen fünfzig und sechzig Prozent der gesamten Stromerzeugung beträgt. Indem die Stromer aber in den fünfziger Jahren die großindustriellen Verbraucher zum Abbau ihrer eigenen Kraftwerke überredet oder gezwungen hatten, machten sie den Bau der Großraumverbundwirtschaft überhaupt erst notwendig, damit die energieintensiven Grundstoffbetriebe mit Strom versorgt werden konnten. Das Verbundsystem hat sich somit zu einer Überstruktur entwickelt, die außerhalb marktwirtschaftlicher oder kartellrechtlicher Gesetze, vom Grundgesetz ganz zu schweigen, ihr Eigenleben führt und in vielen Bereichen einer demokratischen Entwicklung entgegensteht.

Diese Gefahr hatte nicht nur Altkanzler Hans Luther frühzeitig erkannt. Während er die gesellschaftspolitischen Risiken der zentralistischen Energieerzeugung geschildert hatte, nahm im selben Jahr, 1951, der Ingenieur Professor Dr. Dr. Marguerre die wirtschaftlich-technischen Argumente der Verbundunternehmen unter die Lupe und zerpflückte sie. In seiner Studie über »die verbrauchsorientierte Stromerzeugung« entwickelte er völlig neue Vorschläge für den künftigen Ausbau der deutschen Elektrizitätswirtschaft.

Gegen die herrschende Auffassung stellte Marguerre fest, daß Kraftwerke, die transportfähige und dadurch marktfähige Steinkohle verbrauchten, »zweckmäßiger in den Zentren des Verbrauchs« errichtet würden, wodurch der Bau neuer großdimensionierter Verbundleitungen eingespart werden könne. Strom über Freileitungen zu transportieren, das stellte Marguerres Arbeitsgruppe fest, ist teurer, als den Brennstoff Kohle mit Binnenschiffen oder mit der Bahn an entlegene Standorte zu bringen. Jedes Kilowatt, das durch eine Hochspannungsleitung in die Ferne geschickt wird, verschlingt fünfzig bis hundert Prozent mehr Kapital als ein in dezentralen Verbrauchsschwerpunkten erzeugtes.

Marguerre machte in einer Zeit, da eine dezentrale Entwicklung der westdeutschen Energieversorgung noch möglich war, auch die volkswirtschaftliche Gesamtrechnung auf, als es um den Zubau in der Größenordnung eines halben Atomkraftwerks der Biblisklasse ging: »Um die bis 1953/54 notwendigen 740 Megawatt an zusätzlicher Kraftwerksleistung zu erreichen«, rechnete er vor, »müßten bei der zentralen Lösung rund 444 Millionen Mark, bei der dezentralen Lösung lediglich 196 Millionen Mark aufgewendet werden.« Die eingesparte Viertelmilliarde wollte der Experte für die Rationalisierung der Stromerzeugung im Bergbau einsetzen. So hätte das energiehungrige Land jährlich 1,3 bis 1,5 Millionen Tonnen Kohle einsparen können.

Um die Einsparung des wertvollen Rohstoffs Kohle ging es Marguerre auch beim Vergleich zwischen der Verbundwirtschaft großer zentraler Kraftwerke mit dem Neubau von Heizkraftwerken mit Fernwärmeauskopplung. Die Untersuchung ergab für 1951, daß durch den Ausbau solcher Heizkraftwerke in allen Städten mit mehr als 100 000 Einwohnern im Bundesgebiet jährlich rund dreieinhalb Millionen Tonnen Kohle gespart werden könnten. Die Anlagekosten für diese dezentralen Verbundwerke wären überdies niedriger gewesen als die für zentralisierte Kraftwerke einschließlich Fernwärmeübertragung.

Heute verschlingt der Bau des Höchstspannungsnetzes, mit dem die Leistung eines neuen Kraftwerks abgeführt wird, etwa ebensoviel, wie investiert werden muß, um ein Großkraftwerk zu errichten, rund zwei Mark pro installiertem Watt. Abhängig von den Leitungstypen betragen die Anlagekosten für einen Kilometer des 380-Kilovolt-Netzes zwischen 560 000 und 1 162 000 Mark. Diese Beträge können durch Entschädigungskosten um bis zu zwanzig Prozent höher ausfallen.

Dennoch gilt nach der Weltanschauung der Stromdealer das eherne Gesetz, je größer ein Kraftwerk ist, desto billiger ist die daraus abgegebene Kilowattstunde. Daß es sich hier um einen Trugschluß handelt, hat der Bremer Professor Hans Dieter Hellige bewiesen. Er fordert in seiner Studie »Zur Dimensionierung von Elektrizitäts- und Wärmeversorgungssysteme als technikgeschichtliches Problem« die Verantwortlichen auf, die Stichhaltigkeit der historischen Argu-

mente zu überprüfen und mit einer komplexeren Langzeit-
bilanz der Energieentwicklung zu konfrontieren: »Wenn
man Kraftwerkstechnik oder Energieszenarios betrachtet«,
sagt er, »erscheint die Entwicklung der elektrischen Energietechnik als eine notwendige Stufenfolge von sehr kleinen
dezentralen Anlagen mit schlechtem Wirkungsgrad zu immer wirtschaftlicheren, größer dimensionierten und stärker
zentralisierten Kraftwerksaggregaten in immer großflächi-
ger vernetzten Versorgungssystemen.« Dieser technokrati-
sche Irrweg konnte sich nur durch die Scheuklappensicht
und das Schweigekartell der Ingenieure zu einer »Gesetzmäßigkeit« ausprägen. Die so gewonnene Steigerung der
Effizienz werde zur technisch-ökonomischen Logik, die nur
durch die Fortschreibung einer einmal beschrittenen Entwicklung begründet werden könne. Der Prozeß verselbstän-
dige sich so weit, daß die zunehmende Einheitsgröße als ge-
setzmäßig betrachtet werde. Dabei tritt nur die Stromerzeugung in den Vordergrund, die dabei anfallende Wärme ver-
kommt zu naturbelastendem Abfall, der unter hohen Kosten beseitigt werden muß.

So wird ein jahrzehntelanger Trend zum Naturgesetz. Die
Trendkurven werden schlicht hochgerechnet und zu pro-
gnostischen Studien verarbeitet, mit dem Resultat, daß sich
Elektro- und Maschinenbauingenieure auf Leistungsgrößen
von 2500, 3000 oder gar 5000 Megawatt nach 1990 einzustellen haben.

In der Diskussion um die Entwicklung der Energiewirtschaft nach dem Zweiten Weltkrieg nahmen auch die
Technikhistoriker das dezentrale »Energiewerk« nicht zur
Kenntnis und ergriffen Partei für die Stromriesen. Fasziniert
von Größenrekorden und Grenzleistungen, haben sie ange-
paßtere Energiespartechniken mit einem geringem »level of
sophistication« kaum beachtet. Je größer die Anlage, desto
höher der thermische Gesamtwirkungsgrad — so lautet ein
Argument, dem das kleine Kraftwerk zugunsten der groß-
technischen Entwicklung weichen muß. Diese einfache For-
mel hält jedoch der historisch-statistischen Überprüfung
nicht stand.

Während der mittlere Wirkungsgrad der öffentlichen Kraftwerke in der Bundesrepublik 1983 nur um 85 Prozent über
dem des Jahres 1937 liegt, hat sich ihre durchschnittliche
Nennleistung seitdem von etwa acht Megawatt auf heute
rund achtzig Megawatt gesteigert, also nahezu verzehnfacht,
und das, obwohl seit 1976 der Hauptteil der Elektrizitätserzeugung von den großen Blöcken getragen wird. Der spezifische Brennstoffeinsatz hat sich seit 1975 nicht mehr verändert. Die Betriebserfahrungen mit Blockgrößen von 600
Megawatt aufwärts haben zudem gezeigt, daß minimale
Verbesserungen des Wirkungsgrads nur noch um den Preis
eines verringerten Verfügbarkeitsgrads zu erlangen sind.
Immer mehr Energietechniker sehen daher keinen Anreiz
mehr, bei konventionellen Kraftwerken zur nächsthöheren
Leistungsklasse überzugehen.

Das Argument für die Vergrößerung der Kraftwerksleistung, die kontinuierliche Senkung der spezifischen Anlagekosten, bedarf ebenfalls der Überprüfung. Denn die Ko-
stendegression wirkt keineswegs in allen Phasen gleichmä-
ßig, sie läßt sich deshalb auch nicht linear fortschreiben.

In der westdeutschen Elektrizitätswirtschaft ist besonders
beim Sprung von der 300- zur 600-Megawatt-Einheits-
größe ein erheblicher Rückgang des spezifischen Einspar-
effekts zu verzeichnen. Wegen zunehmender Probleme mit
der Verfügbarkeit der Kraftwerke und Schwierigkeiten bei
der Kühlung und der Reservebereitstellung gehen die finanziellen Vorteile der Größendimensionierung zu einem erheblichen Teil wieder verloren.

Eine Reihe von Kraftwerksingenieuren unterstützt deshalb
den Trend zu kleineren, dezentralen Einheiten. Vor allem
die emissionsärmere und primärenergiesparende Wärme-
Kraft-Kopplung gewinnt wieder an Interesse.

Doch was Professor Hellige von den Hochschulen berichtet,
setzt sich noch lange nicht in der betrieblichen Praxis um.
Der Hochschullehrer hat trotz positiver Ansätze darüber
hinaus den fatalen Hang seiner Studenten ausgemacht, sich
zu Fachidioten zu entwickeln. Trotz der drängenden Umweltprobleme und der zunehmenden Gesellschaftskritik an

der zentralistischen Stromstruktur läßt sich bei Helliges Studenten eine »doppelte Hemmschwelle gegenüber außertechnischen, sozial- und geisteswissenschaftlichen Denkweisen und gegenüber der historischen Perspektive nicht überwinden«. Auf der Suche nach einem Arbeitsplatz mühen sich die studentischen Energietechniker lediglich um das technisch-wissenschaftliche Know-how. Das Lernfach Technikgeschichte, in dem der Bremer Professor lehrt, wird degradiert zum sozialen Marketing bloßer Akzeptanzförderung neuer Technologien.

Aber im Bewußtsein der Experten soll nach Helliges Meinung der Wertewandel ansetzen. Die Technikgeschichte sollte nicht als Zuarbeiterin auf der Ebene technischer Verfahren verstanden werden, sondern das soziale, wirtschaftliche Umfeld schildern und vor allem auch die Umweltprobleme berücksichtigen. Der Bremer Technikhistoriker hat jedoch erkannt, daß die Romantik auf dem trockenen Gebiet des Erfindens und Konstruierens im Zuge der industriellen Entwicklung verweht ist. In seiner Sprache liest sich das so: »Auf den ersten Blick scheint der Bereich des Planens, Konzipierens und Entwerfens von technischen Gebilden und Verfahren ein Reservat technikimmanenter Entscheidungen zu sein, zumal die traditionelle handwerklich-intuitive Methode des Erfindens und Konstruierens längst weitgehend von der Konstruktionswissenschaft und von der Wertanalyse, einem Managementinstrument zur Reduzierung von produktbezogenen Entwicklungskosten, verdrängt wurde. Infolge ihrer Abhängigkeit von den Zielvorgaben des jeweiligen Unternehmens bleiben die Bewertungen fast ausschließlich auf momentane betriebswirtschaftliche Kostenrelationen fixiert und führen durch Ausblendung gesamtgesellschaftlicher Folgekosten zu Pseudooptimierungen und Fehlrationalisierungen.«

Immer wieder hat die starkstrompolitische Macht der Verbundunternehmen nach dem Zweiten Weltkrieg die technischen Ziele weitergesteckt. Nachdem 1957 die erste 380-Kilovolt-Leitung zwischen Rommerskirchen und Hoheneck in Betrieb genommen worden war, jagte in der Bundesrepublik ein Megawattrekord den nächsten. Und die Politiker räumten den Stromern die lästigen Mitbewerber aus den Gemeinde- und Stadtwerken aus dem Weg — mit dem sogenannten »300-Megawatt-Erlaß« vom 21. Juli 1964. »Unter Berücksichtigung der derzeitigen Versorgungsverhältnisse in der Bunderepublik«, heißt es dort, »und des Erfordernisses einer weitgehenden Standardisierung und Kostensenkung beim Bau von Kraftwerken wird bis auf weiteres die Leistung von 300 MW als Richtgröße für die Aufstellung neuer Maschineneinheiten zugrunde gelegt.«

Damit waren die finanzschwachen Kommunen überfordert. Der Bundeswirtschaftsminister und die Länderwirtschaftsminister machten unter dem Begriff »Sonderfälle der Notstandsvorsorge« den kommunalen Kraftwerken klar, daß sie auch vor Gericht keine Chance hätten, gegen den 300-Megawatt-Erlaß anzugehen. »Bauvorhaben, die diesen Grundsätzen nicht entsprechen, werden nicht freigegeben. Sollte ein anzeigendes EVU eine rechtsmittelfähige Entscheidung verlangen, so wird das Vorhaben untersagt, weil Gründe des Gemeinwohls es erfordern.«

1965 wurde der erste 300-Megawatt-Turbosatz zugeschaltet, sieben Jahre später ging ein doppelt so großes Kraftwerk ans Netz. 1975 erreichte die Höchstmarke erstmals 900 Megawatt und legte zwei Jahre später auf 1300 Megawatt zu, die derzeitige Standardgröße neuer Atomkraftwerke.

Als besonders kostengünstig für die Elektrizitätswirtschaft erweist sich hier der Brauch, daß nur die reinen Anlagekosten zu Buche schlagen, nicht aber die gesellschaftlichen Folgekosten durch Schadstoffemissionen, Wasser- und Landschaftsverbrauch oder durch die noch offene Frage der endgültigen, sicheren Beseitigung radioaktiver Abfälle.

Mit den Riesenkraftwerken von 1300 Megawatt installierter Leistung wirft die Verbundwirtschaft zunehmend die eigenen Argumente über den Haufen, die sie zum Strippenziehen in den fünfziger Jahren angeführt hatte. Weil die Atomkraftwerke überall mit Uranbrennelementen gefüttert werden können, lassen sie sich auch auf der grünen Wiese fernab der Verbrauchsschwerpunkte irgendwo in die Landschaft stellen, wenn nur genügend Kühlwasser zur Verfügung steht. Die Erfahrung der Ansiedlungspolitik neuer Industriebetriebe hat aber gezeigt, daß die Größtverbraucher den Atomkraftwerken in die Einsamkeit folgen, so daß die langen Leitungen für die Fütterung der Industrie vor Ort nicht nötig sind. Aber wehe, eines dieser gigantischen Kraftwerke fällt plötzlich aus.

Reserve ist in der Elektrotechnik nicht gleich Reserve. Da Strom eine hochverderbliche Ware ist, die in dem Moment erzeugt werden muß, in dem sie verbraucht wird, muß der Ausfall eines 1300-Megawatt-Klotzes sekundenschnell abgefangen werden. Die sogenannte Sekundenreserve übernimmt das Hochspannungsnetz. Seine Kapazität wird durch einen Ausfall dieser Größenordnung aber fast vollständig aufgebraucht. Sofort muß daher die Minutenreserve angeworfen werden, damit das notwendige Sicherheitspolster wiederhergestellt wird. Diesen Job übernehmen in der Regel Gasturbinen und Pumpspeicherkraftwerke. Bei länger anhaltenden Störungen — wie bei der Sprengung eines Überlandmastes beim Atomkraftwerk Krümmel vor den Toren Hamburgs am frühen Morgen des 25. Januar 1985 — muß die Stundenreserve einspringen, in der Regel konventionelle Kohlekraftwerke.

Die Mitgliedsunternehmen der DVG haben vereinbart, daß jedes von ihnen in seinem Monopolgebiet selbst für die notwendige Reserve sorgen muß. Das ist eine teure Angelegenheit. Obwohl internationale Stromexperten davon ausgehen, daß acht Prozent der am Netz hängenden Gesamtleistung als Reservekapazität ausreichen, argumentiert die DVG heute, daß sie eine Sicherheitsreserve von 20 bis 25 Prozent benötige. Ausdrücklich weisen die Stromer darauf hin, daß der Ausfall von 1300-Megawatt-Kraftwerksblöcken anders auf die Dauer nicht aufzufangen sei.

Das Paradoxon ist perfekt: Der Betrieb von Riesenkraftwerken wurde überhaupt erst durch das Verbundnetz ermöglicht, das genügend Ausfallreserve bereitstellte. Und wegen dieser Großkraftwerke, die eben viel zu groß geraten sind, müssen die Verbundunternehmen ihre Reservekapazität kräftig erhöhen. Weil sie überdies jederzeit ausfallen können, läßt sich das Hochspannungsnetz nicht auf »Volllast« fahren. So wird das teure Netz im Normalfall nur zu zwei Drittel bis drei Viertel seiner Kapazität belastet, damit im Störfall noch genügend »Saft« übertragen werden kann. Die Grenzen des selbstgewählten Wachstums sind überschritten worden, die überzüchtete Dinosauriertechnik beginnt ihre Lebensgrundlagen aufzufressen. Aber was soll's? Die Zeche zahlt schließlich der Verbraucher und nicht der Verursacher. Und wenn nicht der Stromkunde zur Kasse gebeten wird, dann übernimmt Vater Staat die Rechnung.

Seid verschlungen, Millionen!

»Die sogenannten Umweltschützer, die gegen das Waldsterben demonstrieren, müssen für Atomkraftwerke sein«, hat der bayrische Ministerpräsident Franz Josef Strauß 1984 verlangt. Dabei befindet sich der Ex-Atomminister in der alten Tradition der sprachlichen Vernebelungskunst, die von den Marktstrategen der Energiewirtschaft so vorzüglich beherrscht wird. Mit dem platten Argument, ein Atomkraftwerk vergifte die Umwelt weder mit Schwefeldioxid noch mit Stickoxiden, soll der Nukleartechnik eine strahlende Zukunft geschaffen werden. Aber selbst die Fachleute der Stromwirtschaft streiten nicht ab, daß folgende Regel gilt: Je mehr Atomkraftwerke ans Netz gehen, desto mehr Kohle-, Gas- und Ölkraftwerke müssen dazugebaut werden. Das hängt mit der »Dreifaltigkeit« der Stromerzeugung zusammen. Atomenergie ist aus technischen Gründen nur für die Erzeugung des Grundlaststroms geeignet. Die Grundlast bildet gewissermaßen den »Tortenboden« des alltäglichen »Stromkuchens«. Hauptsächlich Kohlekraftwerke übernehmen in der Bundesrepublik die Mittellast, um den von Stunde zu Stunde steigenden Strombedarf abzudecken. Die plötzlich auftretende Spitzenbelastung wird aufgefangen von Pumpspeicheranlagen, Schwerölkraftwerken oder Gasturbinen, die ihre Leistung sekundenschnell bereitstellen können.
Diese drei einander ergänzenden Arten, den Strom zu erzeugen, müssen immer in einem bestimmten Verhältnis zueinander stehen. So kam die Enquete-Kommission des

Deutschen Bundestags über die zukünftige Nutzung der Kernenergie zu dem Schluß, daß der Energiepfad, der den vehementesten Zubau von Atomkraftwerken vorsieht, mit Abstand auch am meisten Kohle- und Gaskraftwerke benötigt, um das Verhältnis zwischen Grund-, Mittel- und Spitzenlast ausbalancieren zu können.

Schon heute sitzen die Stromkonzerne auf einer »Halde« von Grundlaststrom, der angesichts stagnierender Verbrauchsziffern schwer an den Kunden zu bringen ist. Damit wird die angeblich konkurrenzlos billige Atomkraft auch ohne die ausgeklammerten, von der Gesamtgesellschaft aufzubringenden Kosten der Entsorgung schon rein betriebswirtschaftlich immer teurer.

Waren denn der ganze Polizeiapparat, die Gerichte und Überwachungsorgane umsonst bemüht worden? Zur Erinnerung: 1978 befanden sich die Ordnungshüter dieser Republik auf dem besten Weg in den Atomstaat. Die Bundestagsparteien fürchteten damals die wachsende Mündigkeit des Bürgers, der nicht nur mitreden wollte, sondern auch — ungefragt — handelte. So hatten es die Inhaber der Macht auf unserem Staatsschiff nicht gemeint. Das Ruder wurde hart steuerbord gelegt, der Gegenkurs war klar. Das Bundeskriminalamt hatte in einem Fernschreiben die Landeskriminalämter angewiesen, alle Demonstranten gegen den Plutoniumbrüter in Kalkar, die irgendwie polizeilich auffällig würden, und sei es durch das Verteilen von Flugblättern, erkennungsdienstlich zu behandeln und die Daten in den zentralen Polizeicomputer einzuspeisen. Nordrhein-Westfalens Innenminister Burkhard Hirsch hatte diese Anweisung für seinen Dienstbereich außer Kraft gesetzt. Von den übrigen Innenministern und Senatoren wurde dies nicht bekannt.

Sieben Jahre später, im Frühsommer 1985, kann Ernst Albrecht bei der Einweihung des Atomkraftwerks Grohnde feierlich behaupten, mit diesem Kraftwerk sei in Niedersachsen eine vorbildliche Preisstabilität auf dem Stromsektor erreicht worden, ohne daß Tausende von Kernkraftgegnern dagegen protestieren. Ist die Anti-Atomkraft-

Bewegung am Ende, fragte das »Deutsche Allgemeine Sonntagsblatt« zu diesem Anlaß: »Atomkraft — nein danke! — eine Losung, die dieser Tage zum Müll der Geschichte wanderte? Die niemand mehr anspornt, außer Unentwegte wie jene 45jährige Bäuerin, die sich gegen die Betriebserlaubnis von Ohu II wehrt? Ist die Anti-AKW-Bewegung also bereits gestorben, während sich andere soziale Strömungen in den nahen Tod zu schicken scheinen — die zersplitterte Friedensbewegung etwa, die erlahmende Frauenbewegung, der zerstrittene Dachverband der Bürgerinitiativen? Veränderte sich also in Sachen Energie nichts, außer daß wir nun wissen, wo in der Provinz Wyhl, Kalkar oder Gorleben liegen?

Dies zumindest haben die Atomkraftgegner geschafft: Ihr Anliegen wirkt in den Natur- und Umweltschutzverbänden und bei den Grünen fort. Auch die etablierten Parteien — allen voran die SPD — nahmen die ökologische Kritik in ihr Gedankengut auf. Schließlich wurden mögliche Alternativen ins öffentliche Bewußtsein getragen, die Verbraucher energiepolitisch sensibilisiert.

Wenn die Tiere sich auf Wanderschaft begeben, ist die Schildkröte bereits losgezogen, lehrt ein afrikanisches Sprichwort. Die Überkapazität an Energie, die sich nun abzeichnet, hat die ökologische Schildkröte dazu bewogen, andere energiepolitische Ziele anzusteuern — durch langsameres, qualitatives Wirtschaftswachstum. Insofern hat sie die Lernspielräume genutzt, die laut Jürgen Habermas notwendig sind, um die Innovationsfähigkeit einer Gesellschaft zu erhalten.«

Hamburgs Bürgermeister Hans Ulrich Klose mußte gehen, weil er die Hamburgischen Electricitäts-Werke zwingen wollte, aus dem Atomkraftwerk Brokdorf auszusteigen. Statt dessen wollte der SPD-Bürgermeister die Fernwärme in der Stadt vorantreiben. Kloses Nachfolger, Klaus von Dohnanyi, einigte die über die Energiefrage zerstrittene Hamburger SPD mit dem »Sowohl-als-auch-Konzept«, dem Wunsch, die Fernwärme auszubauen, und dem teilweisen Ausstieg aus Brokdorf. Folgerichtig übergab im Jahr

1984 das Verbundunternehmen HEW dreißig Prozent seines Besitzes an Brokdorf an die NWK.

Abgeordnete der Grün-Alternativen Liste (GAL) forderten im Sommer 1985 die Hansestadt auf, ihre verbleibenden zwanzig Prozent an dem im Bau befindlichen Reaktor zu verschenken. Für diese absurd anmutende Forderung führte die Fraktion stichhaltige Gründe an: »Nachdem die Stromlieferungen an Schleswig-Holstein vom 1. Juli 1985 an fortfallen werden, würde Hamburg zu 88 Prozent von Atomstrom versorgt werden, wenn Brokdorf in Betrieb geht.« Da Atomkraftwerke aber nur zur Grundlastversorgung geeignet sind und die norddeutsche Hafenstadt allenfalls fünzig bis sechzig Prozent dieses Dauerstroms wirtschaftlich verkraften kann, würde sich die finanzielle Lage der HEW durch den Brokdorfstrom erheblich verschlechtern.

Die GAL errechnete, daß eine entschädigungslose Aufgabe des Brokdorfengagements den Stadtstaat billiger kommen würde als die Übernahme des teuren Atomstroms. Bis zur geplanten Fertigstellung im Jahr 1986 wird der Meiler an der Unterelbe 3,894 Milliarden Mark verschlungen haben. Wenn die HEW ihre zwanzig Prozent behält, wird das Unternehmen bis Mitte 1986 noch 322 Millionen Mark in den Betonklotz von Brokdorf investieren müssen. Diese gewaltige Summe wird das Hamburger Verbundunternehmen durch eine Kapitalerhöhung von 74 Millionen Mark und durch ein Gesellschaftsdarlehen in Höhe von 118 Millionen Mark auftreiben müssen. Außerdem muß die HEW noch »Verlustübernahmen« in Höhe von 97 Millionen Mark finanzieren. Hinter diesen Kosten verstecken sich Aufwendungen für das Personal, die Bewachung der Baustelle, Steuern und die Verzinsung des Kapitals. Gäbe das Versorgungsunternehmen jedoch seinen Anteil auf, könnten die Aktionäre der HEW 289 Millionen Mark Verluste vermeiden.

Doch auch im Normalbetrieb wird der ungeliebte Reaktor nach der GAL-Kalkulation nur Verluste einfahren. Die finanziell nicht erfaßbaren Risiken der Zwischenlagerung oder eventuellen Wiederaufbereitung und Einlagerung der ausgebrauchten Brennelemente nicht gerechnet, würde der Strom aus Brokdorf Jahr für Jahr die Bilanz der HEW mit 130 Millionen Mark Verlust belasten. Der rund 250-Megawatt-Grundlaststrom aus Brokdorf ist im Hamburger Stromnetz nicht unterzubringen. Da die Brokdorfer Kilowattstunde 15 Pfennig kostet, wird die HEW bei einer geschätzten Ausnutzungsdauer von 6500 Stunden jährlich 244 Millionen Mark aufwenden müssen.

Weil Hamburg den Grundlaststrom nicht mehr aufnehmen kann, muß das hanseatische EVU den Brokdorfstrom an seine Verbundkollegen verkaufen. Die zahlen aber nur rund sieben Pfennig pro Kilowattstunde. So kommt es, daß die Verluste aus dem zwanzigprozentigen Brokdorfanteil der HEW schon nach drei Jahren die bisher investierten Kosten von 457 Millionen Mark um rund 30 Millionen übersteigen werden.

An dieser Stelle soll daran erinnert werden, daß auch beim Bau dieses überflüssigen, umweltzerstörenden Reaktors die Präambel des alten NS-Gesetzes herangezogen worden ist, in dem es heißt, die Bevölkerung solle so sicher und so billig wie möglich versorgt werden.

Beim Verkauf des dreißigprozentigen Brokdorfanteils war der Käufer, die NWK, in einer sehr starken Verhandlungsposition, das Nachsehen haben die Hamburger Stromabnehmer. Denn sie wurden während der Bauzeit des umstrittenen Reaktors stets zur Kasse gebeten. Der Hamburger Senat bewilligte der HEW die Tariferhöhungen wie verlangt. Diese von der Masse der kleinen und mittleren Konsumenten aufgebrachten Kosten mußte die NWK jedoch nicht rückvergüten.

Bei näherer Betrachtung ist das Preisverhalten der HEW geradezu skandalös. Der GAL-Abgeordnete Karl-Heinz Schlüter gewann einen tiefen Einblick in die Verkaufspraktiken des vom Hamburger Senat majorisierten Unternehmens: »Im Stromliefergeschäft nach Schleswig-Holstein hat es die HEW in den vergangenen Jahren unterlassen, von der NWK den ihr zustehenden Preis zu fordern. Dadurch verzichtete die HEW auf Einnahmen in der Größenordnung von bis zu 100 Millionen Mark.« Statt dessen ließ sich der städtische Stromer die Deckungslücken von je etwa 45 Millionen Mark in den Jahren 1983 und 1984 durch Preiserhöhungen von den Verbrauchern auffüllen. Schlüter untersuchte langfristige Verträge zwischen den Verbundkollegen HEW und NWK. Diese Verträge regelten den Lieferumfang und die Preise jener Strommengen, die Hamburg in das Nachbarland Schleswig-Holstein und damit in den Hoheitsbereich der NWK exportierte. Die beiden Verbundkollegen waren darin übereingekommen, daß sich der Strompreis eng an demjenigen orientieren soll, den die NWK ihrem Tochterunternehmen SCHLESWAG berechnet. Die SCHLESWAG erzeugt außer in einem kleinen Wasserkraftwerk mit 1,6 Megawatt Leistung keinen eigenen Strom. Sie ist als reiner Verteilerbetrieb der Gebietsmonopolist im nördlichsten Bundesland und bezieht ihre Energie zu 98,6 Prozent von der NWK.

Nun fand der alternative Energieexperte heraus, daß die HEW für die Kilowattstunde von der NWK von 1982 bis 1985 nur 8,26 Pfennig gutgeschrieben bekam, die SCHLESWAG mußte dagegen 1982 immerhin 12,6 Pfennig und in den Folgejahren sogar 13,3 Pfennig für jede von der NWK gelieferte Kilowattstunde berappen. Doch diese Erkenntnis kommt zu spät, denn Hamburgs Teilausstieg aus dem Brokdorffiasko ließ sich die NWK fürstlich honorieren. Überdies mußte das hanseatische Unternehmen sein ins Schleswig-holsteinische reichende Netz an die NWK abtreten.

Heute stellen sich die ehemals mächtigen HEW als eine Enklave dar, die in dem Moment zur Bedeutungslosigkeit verkümmert, wenn die Veba-Tochter PREAG mit ihrem eigenen Kind, der NWK, wie geplant fusioniert. Die beiden Unternehmen, eine Tochter und eine Enkelin des Energieriesen VEBA, wollen ihren gemeinsamen Hauptsitz nach Hannover verlegen. Der zusammenwachsende Verbundriese wird in der Zukunft ein gutes Drittel der bundesrepublikanischen Fläche und rund zwölf Millionen Einwohner unter Strom setzen. Mit dem Abzug der NWK-Zentrale aus Hamburg in die niedersächsische Hauptstadt wird die Hansestadt jährlich etwa 45 Millionen Mark an Steuern verlieren. Und was mit den 350 Arbeitskräften der NWK nach dem Umzug geschieht, ist noch nicht geklärt.

Aber es kommt noch schlimmer. Durch ihre Atompolitik in die Enge getrieben, steht der HEW das Wasser bis zum Hals. Die Hamburger CDU hat das geeignete Rezept schon griffbereit: Sie schlug vor, daß die NWK die HEW übernehmen solle. Doch auch wenn dieser Coup nicht gelingen sollte, würde der neue Doppelmonopolist noch einen anderen Vorteil besitzen: Wenn erst einmal der vereinte Stromriese von Hessen und Niedersachsen bis an die dänische Grenze herrscht, dann lassen sich kleine Ärgernisse in den politischen Niederungen auch viel besser abfedern, wie etwa rot-grüne Experimente in Hessen oder ein Wahlsieg der SPD in Niedersachsen.

Denn obwohl der Generalinspektor für Wasser und Energie noch immer im Gesetz zur Förderung der Energiewirtschaft steht, als oberstes Aufsichtsorgan des Staats, sind sich die Nachkriegspolitiker alle im klaren darüber, daß dieser Posten zur Zeit nicht von einem einzelnen Politiker besetzt ist. Manche Politiker, wie der nordrhein-westfälische Wirtschaftsminister Reimut Jochimsen, haben erkannt, daß de facto die Deutsche Verbundgesellschaft das politische Vakuum nach Speers Verhaftung gefüllt hat. Bei der Abfassung des Grundgesetzes und im sogenannten Münchener Abkommen hatten sich die Politiker darauf verständigt, daß die Energieaufsicht Ländersache ist. Allerdings wurde dieser Beschluß nicht einstimmig gefaßt und auch niemals gesetzlich fundiert. Dennoch verhalten sich die Verbundunternehmen nach bester Multiart, wenn sie ihren Einflußbereich über Ländergrenzen hinwegspannen, sicher ist sicher. So können sie schalten und walten, wie sie wollen.

Beispiel Hannover: Dort hat die Preußenelektra kürzlich ein städtisches Energiekonzept per Diktat von oben gekippt. Die niedersächsische Hauptstadt wollte mit einem Heizkraftwerk die Versorgung ihrer Bürger sicher, billig und umweltfreundlich machen. Drei Gutachten von Instituten, die irgendwelcher Sympathien zu grünem Gedankengut gewiß nicht verdächtig sind, hatten die Wirtschaftlichkeit des Vorhabens belegt. Doch es zählte nicht, was das Frankfurter Battelle-Institut, das Energiewirtschaftliche Institut aus Köln und die zum Siemens-Konzern gehörende Kraftwerksunion (KWU) errechnet hatten. Wirksam wurde allein der Wunsch der PREAG, in deren Aufsichtsrat die niedersächsische Wirtschaftsministerin Birgit Breuel, CDU, sitzt. Die PREAG, zu fünfzig Prozent am Atomkraftwerk Grohnde beteiligt, dessen Strom seit 1984 auf der Suche nach Abnehmern durch das Hochspannungsnetz flitzt, machte ein Dumpingangebot. Sie werde den Strom auf jeden Fall um fünf Prozent billiger nach Hannover liefern, als er dort in einem Heizkraftwerk erzeugt werden könnte. Das Wirtschaftministerium untersagte daraufhin der Stadt den geplanten Heizkraftwerksbau.

Beispiel München: Oberbürgermeister Georg Kronawitter machte Anfang 1985 mit der Ankündigung Schlagzeilen, die Stadt werde aus ihrer Beteiligung am Kernkraftwerk Isar II aussteigen. Aber der SPD-OB hatte die Rechnung ohne das bayrische Wirtschaftsministerium gemacht, die Veräußerung wurde verboten.

Auf der Suche nach Verwendungsmöglichkeiten für den immer teurer werdenden Atomstrom helfen die staatlichen Bürokraten mit, denn die Atomwirtschaft gehört zu den überaus kostspieligen Bereichen, in welchen der Staat versucht hatte, sich in die Entscheidungen der Verbundwirtschaft einzumischen. Das politische Deutschland hatte zwar freiwillig oder aus Unfähigkeit darauf verzichtet, das Steuer der Energiewirtschaft in die Hand zu nehmen, es hat jedoch nie seinen Ehrgeiz abgelegt, am technologischen Wettrennen teilzunehmen. Und die Nutzung der Atomenergie galt schließlich schon während des Kriegs als ein äußerst reizvolles Spielfeld für Wissenschaftler, Ingenieure und Militärs.

Nachdem die Alliierten am 5. Mai 1955 der Bundesrepublik Deutschland die Souveränität gegeben hatten, wurde auch das Verbot der Besatzer aufgehoben, atomtechnische Versuche anzustellen. Bei dem frühzeitig verhätschelten Kind mit dem Namen »friedliche Nutzung der Kernenergie« hat der Staat sich von Anfang an mit seiner Rolle als Zahlvater abgefunden.

Der Vorläufer des heutigen Bundesministeriums für Forschung und Technologie (BMFT) hatte nach seiner Gründung im Oktober 1955 zunächst die Bezeichnung »Bundesministerium für Atomfragen« erhalten. Im Oktober 1957 wurde es umbenannt in »Bundesministerium für Atomkernenergie und Wasserwirtschaft«. Sollte da der Generalinspektor für Wasser und Energie wiederauferstanden sein? Hatte das neue Ministerium tatsächlich endlich das Ruder der Energieversorgung an sich gerissen? Mitnichten.

Die politische Impotenz seiner Dienststelle gab der ehemalige Bundesminister für Atomkernenergie, Siegfried Balke, unumwunden zu: »Die öffentliche Verwaltung, selbst wenn sie über eine Reihe von ausgezeichneten Fachleuten verfügt, ist heute nicht mehr in der Lage, die ihr von Regierung und Parlament gestellten Aufgaben nur mit der Hilfe ihrer Beamten zu bewältigen. Sie ist auf die Beratung durch Sachverständige aus Wissenschaft, Technik und Wirtschaft angewiesen.«

In einer vom Bundesministerium für wissenschaftliche Forschung 1964 herausgegebenen Festschrift mit dem Namen »Atomenergie in Deutschland« gibt der Minister seine Machtlosigkeit freimütig zu. Unter dem Kapitel: »Wer bestimmt die deutsche Atompolitik?« steht zu lesen: »Die Deutsche Atomkommission ist ein reines Beratungsgremium des Bundes, praktisch des Bundesministeriums für wissenschaftliche Forschung. Die Deutsche Atomkommission hat offiziell keinerlei Entscheidungs- und Machtbefugnisse oder Verantwortlichkeit gegenüber dem Parlament. Doch das moralische Gewicht ihrer Empfehlungen ist sehr groß, da in ihr alle maßgeblichen Fachleute aus Forschung und Industrie vertreten sind. Das Ministerium für wissenschaftliche Forschung wird also nicht gegen eine Entscheidung der Atomkommission handeln und dürfte versuchen, die Empfehlungen der Kommission zu realisieren.«

Zu der atomtechnischen Entwicklung in der Bundesrepublik — so heißt es weiter — gehört auch das Deutsche Atomforum. Es vereinigt die führenden Persönlichkeiten der Wirtschaft, sofern sie an der Atomenergieentwicklung interessiert sind. Es ist dabei aber weit mehr als nur eine industrielle Interessenvertretung. In besonderer Weise nimmt sich das Deutsche Atomforum der Öffentlichkeitsarbeit an. Als zum Beispiel bei der Errichtung des Kernforschungszentrums Karlsruhe aus Angst vor »Atomschäden« in den angrenzenden Gemeinden erhebliche Widerstände der Bevölkerung zu überwinden waren, da war es vor allem der Aufklärungsarbeit des Deutschen Atomforums zu verdanken, daß »schließlich eine realistische Betrachtung der vermeintlichen Gefahren um sich griff«.

Das Deutsche Atomforum, dem nahezu alle naturwissenschaftlichen, technischen und wissenschaftlichen Vereinigungen angehören, will nach seinem Selbstverständnis aber auch dazu beitragen, »mit Hilfe seiner zahlreichen Mitglieder in Parlamenten und gesetzgebenden Körperschaften Sympathie und Verständnis für das große und wirtschaftliche Ziel zu gewinnen«.

Und vor lauter Sympathie kommen die kühlen Planer schon mal ins Schwärmen: Professor Dr. Kurt Fränz zum Beispiel, von 1968 bis 1976 verantwortlich für die Forschung beim ehemaligen Reaktorbaubetrieb der AEG, wandte sich gegen die verbreitete Angst der Bevölkerung vor neuen Techniken mit den Mut machenden Sätzen: »Wenn die menschliche Gesellschaft in hundert Jahren noch irgendwo zivilisiert ist, wird man sich mit einer gewissen Wehmut an die lieben Druckwasser- und Siedewasserreaktoren erinnern, etwa so, wie man heute gern an die großväterliche Dampflokomotive denkt.« Und Alvin M. Weinberg, Direktor des amerikanischen Oak Ridge National Laboratory, mischte sich gar unter die Denkmalspfleger:»In der Geschichte der Menschheit«, so sagte er, »ist es schon immer zu rational nicht begründbaren Vergegenständlichungen eines bestimmten Zeitgeistes gekommen. Die ägyptische Hochkultur hat die Pyramiden entstehen lassen. Das Mittelalter hat die herrlichen Kathedralen geschaffen, und die Jahrhunderte der Neuzeit sind durch den Bau großer Schlösser hervorgetreten. Heute scheinen es die Atomstädte und Raketenstationen zu sein, die das Wollen und Können der modernen Industriegesellschaft darstellen.«

Die Raketen auf dem Boden der Bundesrepublik stammen bekanntlich aus dem Arsenal der Amerikaner. Beinahe wären aber auch deutsche Eigenproduktionen hinzugekommen. Wenn es nach Franz Josef Strauß gegangen wäre, der unter Adenauer als erster den Ministerposten für Atomfragen eingenommen hatte, dann würden heute neben dem Kölner Dom und dem Schloß Neuschwanstein auch Atomraketen zum deutschen Kulturgut gehören, obwohl die Bundesrepublik 1954 gegenüber der Westeuropäischen Union auf die Entwicklung eigener Atomwaffen feierlich verzichtet hatte.

Als Strauß 1956 vom Atomminister zum Verteidigungsminister aufstieg, waren einige Atomforscher irritiert und forderten eine Erklärung, daß die Bundesrepublik nicht beabsichtige, Atomwaffen zu produzieren. Die kritischen Forscher gaben ihre vornehme Zurückhaltung auf, als Konrad Adenauer die taktischen Atomwaffen zu einer bloßen Fortentwicklung der Artillerie erklärte. Im April 1957 versicherten die Atomwissenschaftler im sogenannten Göttinger Manifest, daß sie sich niemals an der Herstellung von Atomwaffen in irgendeiner Weise beteiligen würden.

Erst im Jahr 1974 hat der Bundestag über die Ratifizierung des Vertrages zur Nichtweiterverbreitung von Atomwaffen abgestimmt, immerhin neunzig Abgeordnete sprachen sich dagegen aus.

Dieses internationale Abkommen läuft im Jahr 1995 aus. Im selben Jahr soll die atomare Wiederaufbereitungsanlage im bayerischen Wackersdorf fertiggestellt sein. Da sich die Aufbereitung von abgebrannten Kernbrennstoffen für die kommerzielle Wiederverwertung in Atomkraftwerken jedoch nicht lohnt, soll an dieser Stelle darauf aufmerksam gemacht werden, daß dort massenhaft Plutonium-239 anfallen wird. Das ist der Stoff, aus dem die Bombe gemacht wird.

Doch zurück zu Zahlvater Staat. Der schon zitierte Atomminister Siegfried Balke mühte sich nach Kräften, die zivile Atomtechnik anzuschieben, gegen erhebliche Widerstände. 1960 beklagte sich Balke in einem Schreiben an Adenauers Kanzleramt: »Das RWE versucht mit allen Mitteln der Propaganda, die Atomkraft als Utopie hinzustellen.« Die damalige Abneigung des Essener Konzerns lag in seinen Verwertungsinteressen begründet. Das RWE saß auf rund 55 Milliarden Tonnen Braunkohle, die unter der Erde im Dreieck zwischen Bonn, Aachen und Düsseldorf auf die Bagger warteten. Der Energiegehalt dieses heimischen Bodenschatzes entspricht etwa den Erdölvorräten des Iran. Ohne das RWE aber, den weitaus größten Unternehmer der Deutschen Verbundgesellschaft, ließ sich die Atomenergie in deutschen Landen kaum einführen. Und Siegfried Balke stand mit seinem Wunsch, die Atomkraft im Elektrizitätsnetz arbeiten zu lassen, nicht allein.

In ihrem Godesberger Programm versprach sich die SPD von der neuen Technik eine höhere Lebensqualität und vermehrten Wohlstand, wenn die Kernspaltung im Kraftwerk die Arbeit übernehme. Der Philosoph Ernst Bloch träumte gar, die Atomkraft schaffe »aus Wüste Fruchtland, aus Eis Frühling«. Die Manager des RWE blieben von jeglicher Euphorie verschont, unbeeindruckte, kühle Rechner. Dazu hatten sie gute Gründe, denn schon zu Beginn unseres Jahrhunderts hatten die RWE-Leute die wirtschaftlichen Vorteile des Braunkohleabbaus erkannt. So richtig ins Boomen kam ihre Braunkohlewirtschaft aber erst in den zwanzig Jahren nach 1945. Der Tagebau gedieh zum Garanten der RWE-Stromversorgung, und das Rheinisch-Westfälische Elektrizitätswerk baute seine Stellung als größter Stromverkäufer der Bundesrepublik weiter aus.

Der Firmenzusammenschluß, der am 28. Dezember 1959 die Rheinbraun zur fast hundertprozentigen Tochter des RWE machte, ermöglichte dann den Tieftagebau der Superlative. Die neuentwickelten Schaufelradbagger förderten 240 000 Tonnen Kohle pro Tag und trugen gigantische Erdmassen bis zu 500 Meter tief ab, was zu Grundwasserabsenkungen geführt hat, die sich heute schon bis in die Niederlande auswirken. Es ist nicht übertrieben, von einer bundesdeutschen »Energiezentrale« auf Braunkohlebasis zu sprechen, und da das Rheinisch-Westfälische Elektrizitätswerk zwischen Bonn, Aachen und Düsseldorf buchstäblich auf der Braunkohle saß, gab es für den RWE-Vorstand bis in die frühen sechziger Jahre keinen Grund, in die Atomenergie einzusteigen. Schließlich hätten sie eine Technologie fördern müssen, die der Braunkohle als billigstem Brennstoff für Grundlaststrom eventuell den Rang ablaufen würde. Darüber hinaus machten Anlagenkosten und Betriebsrisiken das Atomkraftengagement zum Vabanquespiel. Und im übrigen bestand damals nicht der geringste Bedarf an einem weiteren Kapazitätenausbau.

So führten die frühen Kalkulationen in eine andere Richtung als die Aufstockung der Grundlastkraftwerke, nämlich zum Schnellen Brüter. Die Zauberformel, die über den Ozean aus den Vereinigten Staaten herüberwehte, gerüchteweise sollte dort die Brüterwirtschaft bereits in vollem Gang sein, suggerierte die Vision, daß eine strahlende Zukunft gesicherter Energieversorgung bevorstehe.

Hört man dazu das RWE-Vorstandsmitglied Schöller, der 1956 betonte, daß »alle Überlegungen bei der Erörterung eines Reaktorprogramms darauf gerichtet sein müßten, wie man am schnellsten zu Brüter komme«, wird deutlich, welch magisches Endziel angepeilt war. Im selben Jahr erklärte Atomkraftskeptiker Schöller vor dem RWE-Aufsichtsrat: »Mir ist ganz unverständlich, wie maßgebende Männer glauben, angesichts der kommenden Atomenergieerzeugung von dem Aufschluß neuer Kohlefelder und dem Bau von Wasserkraftwerken abraten zu müssen, wo doch die Atomenergie in absehbarer Zeit nur ein ›ergänzendes‹ und kein ›ersetzendes‹ Energiemittel sein wird.«

Die großen Strommacher waren sich nicht einig in der Beurteilung der neuen Technologie. O. Löbl, Berater beim RWE, beschreibt die Atmosphäre: »Alles war hoffnungsfroh gestimmt, das Atomzeitalter war angebrochen, die Zukunft hatte begonnen. Nur eine Gruppe machte Vorbehalte.

Es waren dies die großen Stromversorgungsunternehmen, darunter das größte von ihnen, das RWE. Sie wollten an das Goldene Zeitalter nicht recht glauben.« Natürlich war der Bundesrepublik erster Atomminister Strauß völlig anderer Meinung. Auch sein Nachfolger Balke, von 1956 bis 1962 im Amt, verbreitete mit Nachdruck die Schreckensaussicht, den technologischen Anschluß zu verlieren. Der Klub der großen Stromer jedoch zeigte sich trotz der volltönenden Mahnungen zunächst nicht interessiert.

Daß am Ende dann doch die Atomlobby voll zum Zug gekommen ist, lag an den glänzenden Gewinnaussichten und an der sich bietenden Chance, die eigene Macht weiter zu konzentrieren. Der Staat übernahm den Löwenanteil der Entwicklungskosten, von 1956 bis 1984 steckte die Bundesrepublik über fünfzig Milliarden Mark in die Atomforschung, darin enthalten sind die Kosten für die Kernforschungsanstalten. Der Staat befreite darüber hinaus die schwerfälligen Stromer weitgehend von der Haftung für technische und wirtschaftliche Risiken.

Die neue Technologie kam wie gerufen, denn der Elektromarkt zeigte ernsthafte Sättigungstendenzen. Zwanzig Jahre lang hatte die Elektroindustrie einen reißenden Absatz erwirtschaftet. Nun nahm der Markt bei Haushaltsgeräten kaum noch neue Produkte auf, und die Rezession 1966/67 brachte eine weitere Flaute im Inlandsgeschäft. Die Ausschau nach neuen Märkten ließ die Kernenergie für die Branche als ausbaufähigen Silberstreif am wolkenverhangenen Kapitalhimmel erscheinen.

Hinzu kam: Das RWE als Marktführer wußte Ende der sechziger Jahre nicht, wohin mit dem Geld. Die üppige Bilanz machte großzügige Investitionsprogramme geradezu zwingend notwendig. Die Milliarden verschlingende Atomenergie als Abschreibungsobjekt zu nutzen drängte sich auf, andere Projekte in der passenden Größenordnung gab es nicht. Außerdem ließ sich der Einstieg in die Atomwirtschaft hervorragend als Werkzeug benutzen, um im »großen Fressen« der kleinen Versorgungsunternehmen noch einen Zahn zuzulegen.

Eine Zeitlang hatten die kommunalen Versorgungsunternehmen die Illusion genährt, sie könnten die Atomkraft als Waffe gegen die Verbundriesen einsetzen, in Gestalt dezentralisierter Kernkraftwerke im Westentaschenformat. Nach ernsthaften Rechenübungen gaben die städtischen Kraftwerker jedoch bald auf, keiner der geplanten Minireaktoren wurde verwirklicht. RWE-Mann Schöller hatte schon 1956 auf amerikanische Untersuchungen hingewiesen, die der Atomtechnik einen wirtschaftlichen Einsatz erst ab der Größenordnung von 700 bis 1000 Megawatt attestierten.

Die heiße Phase des Atomengagements begann Mitte der sechziger Jahre, nachdem das Demonstrationskraftwerk Gundremmingen vom RWE eingeschaltet worden war. Heinrich Mandel, der entschiedenste Atombefürworter im Vorstand des Essener Konzerns, schwärmte, »daß die Kernenergie in den siebziger Jahren konkurrenzlos billig werden wird«. Die Atomfrage aber entzweite zunächst den Vorstand des publikumsscheuen Stromriesen. Obergutachter Löbl warnte seine Vorstandsleute, »daß angefangen von der gefahrlosen Beseitigung und Unterbringung der kumulativ anwachsenden bedeutenden Mengen an radioaktiven Spaltprodukten bis zu der immer schwieriger werdenden Standortfrage noch zahlreiche Probleme« ungelöst seien.

Doch Vater Staat wollte sein Atomkind unbedingt aufpäppeln. Weil die begehrte Technologie nicht gegen den Willen des Wortführers der deutschen Verbundgesellschaft durchzusetzen war, erkundigte sich der damalige Forschungsminister Gerhard Stoltenberg beim RWE nach den verlangten Unterhaltskosten. Er fragte in der Essener Zentrale an, zu welchen Bedingungen sich das RWE zu einem Einstieg in die Atomenergie entschließen könne. Die Antwort erhielt der Minister rechtzeitig zum Weihnachtsfest 1966. Voraussetzung für den Einstieg in die Atomenergie sei ein Anwachsen des Elektrizitätsverbrauchs in etwa gleichem oder gar stärkerem Umfang, als er in den letzten Jahren zu beobachten gewesen sei.

Die Atomenergie war also nicht notwendig, um irgendeine Stromlücke zu schließen, sondern sollte nach dem Willen des RWE erst zum Zug kommen, wenn der Stromverbrauch tüchtig weiter anstiege, die Verschwendung also zunehmen würde. Außerdem forderten die selbstbewußten Herren der Essener Stromzentrale, daß die »Erdgas-Propaganda« beendet werde. Damit führte der Stromriese wieder einmal einen harten Streich gegen die kommunalen Konkurrenten, die sich nach den kostspieligen Rückzügen von der Stromfront zunehmend auf die Gasversorgung konzentriert hatten. Das Erdgas sollte aus dem Weg geräumt werden, da es »mindestens zu einer Verminderung der Wachstumstendenzen der Elektrizitätsanwendung für Kochen, Heißwasserbereitung und Heizen führen« konnte. So bereiteten die Stromer den Markt vor für ihre verschwenderischen Konzepte der Nachtspeicherheizungen und elektrischen Wärmepumpen. Schließlich forderten die zögerlichen Stromfürsten noch, daß Minister Stoltenberg dafür zu sorgen habe, die Genehmigungsverfahren für Atomkraftwerke zu straffen.

Stoltenberg mußte erkennen, daß die bisher in die Förderung der Atomwirtschaft gesteckten 3,8 Milliarden Mark als Köder für den Branchenriesen nicht ausreichten. Dem kam schließlich eine Entwicklung zugute, die in einer neuen Weichenstellung mündete: Im Vorstand des Verbundkollegen PREAG war die Atomeuphorie längst ausgebrochen, denn dieses Unternehmen, das 1927 vom preußischen Staat gegründet worden war, um dem Expansionstrieb des RWE einen Bremsklotz in den Weg zu stellen, verfügte nur über bescheidene Braunkohlevorkommen. Zwei Atomkraftwerke bestellte die PREAG 1967, Stade und Würgassen, mit je 600 Megawatt Leistung. Und damit begann der Wettlauf der Verbundriesen. Das RWE zog zwei Jahre später mit dem Auftrag für das 1145-Megawatt-Kraftwerk Biblis nach, damals der größte Atomreaktor der Welt. Das RWE wollte sich von seinem alten Konkurrenten nicht ausmanövrieren lassen. Fortan wuchsen die atomaren Riesenkraftwerke auf den Wiesen der Bundesrepublik empor wie die Pilze nach einem warmen Regen.

Das hatte natürlich in der Bauwirtschaft erhebliche Konsequenzen. Wenige Jahre nach Beginn des Baubooms standen sich die stromtechnischen Uraltkonkurrenten Siemens und AEG wieder einsam gegenüber, nachdem der Konzentrationsprozeß dafür gesorgt hatte, daß alle anderen Mitanbieter vom kapitalintensiven Markt geräumt wurden. Von sieben im Jahr 1965 blieben schließlich nur noch die beiden Anlagenbaukonzerne übrig, und die fusionierten 1969 auch noch miteinander.

Sehr zum Ärger des RWE, das sich in der Vergangenheit durch die ausgewogene Vergabe von Aufträgen, mal an den einen, mal an den anderen, um billige Baupreise bemüht hatte. So mußte es dem Vorstand des Essener Verbundriesen wie ein schlechter Aprilscherz vorgekommen sein, als er erfuhr, daß an diesem launigen Tag, dem 1. April 1969, von den Müttern Siemens und AEG die gemeinsame Tochter Kraftwerksunion (KWU) aus der Taufe gehoben worden war. Den beiden traditionsreichen Mutterfirmen schuf die Ehe erst die Möglichkeit, auf den internationalen Märkten zu operieren. Die KWU lieferte Atomanlagen in die Schweiz, in den Iran, nach Brasilien, Argentinien und Spanien. Doch war auch hier der Konzentrationsprozeß noch nicht abgeschlossen: Die AEG blieb ebenfalls auf der Strecke. Das Abenteuer Atomkraft hatte dem angeschlagenen Gemischtwarenkonzern 1,5 Milliarden Mark Verluste eingebracht. Siemens übernahm 1977 die AEG-Anteile an der KWU für 618 Millionen Mark.

Der Münchener Konzern hatte von Anfang an auf das richtige Pferd gesetzt. Das Lieblingsprojekt der RWE-Manager, der Bau des Schnellen Brüters, wurde im Januar 1969 an die Firmen Siemens und Interatom vergeben. Drei Monate später kaufte sich der Siemenskonzern bei Interatom ein. Fünf Jahre später hatte Siemens Interatom vollständig eingesackt und in den Firmenmantel der KWU eingewebt.

Einen Versuch unternahm das RWE noch, das Siemensmonopol zu umgehen, es wurde ein teurer Ausflug. Die Babcock-Brown Boveri Reaktorbau GmbH, ein amerikanisch-deutsch-schweizerisches Firmenkonsortium, sollte in Mülheim-Kärlich einen 1300-Megawatt-Reaktor aus dem Boden stampfen. Es gab Schwierigkeiten. Immer wieder mußte die amerikanische Technologie an den deutschen Sicherheitsstandard angepaßt werden, das Genehmigungsverfahren erstreckte sich auf siebeneinhalb Jahre. Als es im Reaktorkern des Kraftwerks auf Three Miles Island in den USA zur Katastrophe kam, mußte der Kärlicher Bau für ein Jahr unterbrochen werden, denn in Mülheim sollte ein Reaktor vom Harrisburg-Typ installiert werden. Der BBC-Reaktor, das steht fest, wird neben dem Schnellen Brüter zur teuersten Atomanlage der Bundesrepublik.

Aber der Schnelle Brüter von Kalkar ist schon einsame Spitze. Die Brütertechnik, bei der aus Uran mehr Plutonium »erbrütet« wird, als das Kraftwerk braucht, also eine Art Perpetuum mobile, sorgte für hemmungslose Begeisterung unter den Atomplanern. Glaubt man dem Projektleiter von Kalkar, dem schwäbischen Pfarrerssohn Wolf Häfele, so gehört diese Atomtechnik »zum Sichbehaupten eines Volkes, auch dann, wenn der dafür zu bezahlende Preis phantastisch wird und andere Dinge deswegen vernachlässigt werden müssen«. Bei derzeit angepeilten sieben Milliarden Mark ist der Preis für den SNR 300 in der Tat phantastisch, der Nutzen allerdings wird immer fraglicher, denn seit Jahren schon steht fest, daß der teure Brüter niemals mehr Brennstoff erbrüten wird, als er verbraucht. Die eingesetzte Technik hinkt hoffnungslos hinter französischen und britischen Prestigeobjekten ähnlicher Art hinterher. Aber das ist nicht weiter schlimm für das RWE, das den Strom aus dem Brutreaktor abzapfen und verkaufen wird, sollte er je ans Netz gehen. Finanziell kann der Energiekonzern das Abenteuer gut verkraften.

Im November 1969 gründete das RWE zusammen mit der belgischen Synatom S. A. und den niederländischen Samenwerkende Elektriciteits-Productiebedrijven in Essen die Projektgesellschaft Schneller Brüter (PSB). Den Bau sollten die Firmen Belgonucleaire aus Belgien, die holländische Neratoom und Interatom aus der BRD übernehmen. Die Standortwahl fiel später auf Kalkar am Niederrhein. Als Nachfolgerin der PSB wurde im Jauar 1972 die »Schnelle-Brüter-Kernkraftwerksgesellschaft« (SBK) gegründet. Ziel der Neugründung war es, die Baulinie der Schnellen Brutre-aktoren zur Marktreife zu entwickeln. Obwohl die Bauko-sten mit 1,5 Milliarden Mark veranschlagt worden waren, kam die Gesellschaft mit 120 Millionen Startkapital aus. Die »Restfinanzierung« des stattlichen Happens von sage und schreibe 92 Prozent übernahmen die Steuerzahler der pro-jektfördernden Staaten, allen voran die finanzkräftige Bun-desrepublik. Für Verluste aus unvorhersehbaren Ausfällen während der Betriebszeit stehen ebenfalls die beteiligten Staaten gerade, neunzig Prozent dieser Risikobeteiligung gehen auf das Bundeskonto.

Der erste größere Kostenschub wurde 1976 bekannt: Die neue Höchstmarke kletterte auf 2,2 Milliarden Mark. Da-nach ging's im Galopp aufwärts, über 3,2 Milliarden im Jahr 1978 und 3,7 Milliarden 1979. Mitte des Jahres 1980 klet-terte die Summe über die 5-Milliarden-Marke, und es geht noch weiter, denn 1982, als über das Schicksal des Brüters positiv entschieden worden war, wurde die vorläufig letzte Erhöhung verkündet: 6,5 Milliarden Mark. Inzwischen zit-tert der Geldanzeiger knapp unter der 7-Milliarden-Marke. Da aber mit der Fertigstellung nicht vor Sommer 1987 ge-rechnet werden kann, ist eine weitere Kostenexplosion wahrscheinlich.

Nicht nur die Kosten liefen aus dem Ruder, auch der Reak-torkern (Core) hat sich im Lauf der Bauzeit vergrößert. Das Atomgesetz schreibt vor, daß ein neues Genehmigungsver-fahren eingeleitet werden muß, wenn dieser hochempfind-liche Kern des Reaktors um mehr als zehn Prozent von der Urfassung abweicht. Mit arithmetischen Methoden versu-chen die Bauingenieure zur Zeit, das Core wieder passend zu rechnen, um der Verteuerung zu entgehen, die eine wei-tere Verzögerung mit sich bringen würde.

Die Finanzierung des Schnellen Brüters ist ein gewaltiger Kuhhandel, bei dem die Politiker zu spuren haben und die Öffentlichkeit gemolken wird. Mitwirkende im Geschäft um das große Geld und die Macht sind das RWE, die Preußen-elektra, die NWK und vor allem die Herstellerfirma Inter-atom — sprich Siemens. Der RWE-Direktor Eitz stellt fest:

»Bei Projektbeginn lag der Beteiligungsschlüssel der Wirtschaft bei rund 8 Prozent, heute beträgt er auf Drängen des Bundesforschungsministeriums 28,5 Prozent.«

Erinnern wir uns noch einmal an die Mahnung Hans Luthers von 1951, daß eine nicht der parlamentarischen Kontrolle unterliegende gewaltige Macht in das Staatsgefüge mit großer Wucht eingreifen würde, wenn das Energiewirtschaftsgesetz nicht schleunigst geändert würde. Die Herstellerindustrie und die Elektrizitätsversorgungsunternehmen hatten unmißverständlich diktiert, unter welchen Bedingungen sie ihren Beitrag im Brutgeschäft steigern würden. Nur wenn der Gesetzgeber sich dem Diktat der Stromindustrie beugte, würden die Verbundriesen zusätzliches Kapital einschießen. Sie stellten folgende Forderungen:

1. Die Gesamtfinanzierung der SNR-300 muß gesichert sein.
2. Der Deutsche Bundestag toleriert vorbehaltlos die Inbetriebnahme des Brutreaktors.
3. Sofort vollziehbare Vorlage aller SNR-300-Teilerrichtungsgenehmigungen.

Ferner verlangten die Stromversorgungsunternehmen, daß ihr Beitrag als Zuschuß anerkannt würde, den sie als Betriebsausgabe auf die Strompreise abwälzen könnten. Schließlich holten sich die Stromriesen noch die Zusicherung, daß die technische Linie der Leichtwasserreaktoren weiter verfolgt wird. Mit ungeheurer Selbstsicherheit hat hier eine übermächtige Industriegruppe den Politikern und der Öffentlichkeit gezeigt, nach wessen Spielregeln verfahren wird. Da stört auch der kleine Schönheitsfehler nicht weiter, daß die Experten den SNR-300 schon jetzt für ein vollkommen veraltetes Modell halten. Der Brutreaktor wird niemals mehr Plutonium erbrüten, als er verbraucht. Schon zeichnet sich das Ende des kapitalen Flops ab — Nordrhein-Westfalens Sozialdemokraten erwägen, ob sie das teure Experiment endgültig beerdigen sollen. Die Elektrizitätswirtschaft unter der Leitung des RWE aber entwickelt bereits den Nachfolger SNR-2; geplant ist ein gigantischer Brutreaktor in der Größenordnung von 1000 Megawatt.

Der Schritt in die Atomtechnologie hat für die Großen der Branche eine weltweites Engagement notwendig gemacht, denn Uran kommt in der Bundesrepublik nur im Schwarzwald in kleinen Mengen vor. Das radioaktive Erz besorgen sich die deutschen Multis in Nordamerika, Afrika und Australien. Bei den weltweiten Unternehmungen sind die Großen fast unter sich. Die Uranerzbergbau GmbH wird vom RWE und die Urangesellschaft mbH von der Veba kontrolliert, die mit der Preußenelektra und der NWK zwei mächtige Töchter in der Deutschen Verbundgesellschaft sitzen hat. Doch auch die süddeutschen Verbundkollegen Energieversorgung Schwaben (EVS) und die Badenwerk AG mischen im Urandeal mit, über die gemeinsame Beteiligung an der Saarberg Interplan Uran GmbH.

Der größte Teil deutscher Uranschürfaktivitäten findet ausgerechnet im ehemaligen Deutsch-Südwest statt, im heutigen Namibia. Dabei wird regelmäßig gegen Beschlüsse der UNO verstoßen. Bis auf die süddeutsche Seilschaft aus Badenwerk, EVS und der Baufirma KWU, die neben schlüsselfertigen Atomkraftwerken den Brennstoff gleich mitliefert, haben alle bundesdeutschen Atomkraftbetreiber Uran aus Namibia bezogen, zwischen 1976 und 1980 stammten rund dreißig Prozent des eingesetzten Erzes aus dem südafrikanischen Land.

Bevor das gelbe Uranoxid, Yellow Cake genannt, im Atommeiler Wärme erzeugen kann, wird es in Uranhexafluorid (UF6) konvertiert, jenen Stoff, der 1984 Schlagzeilen machte, als die Fähre »Olau Britannia« den französischen Frachter »Mont Louis« in den Grund bohrte, der mit dreißig Containern UF6 vor der belgischen Küste sank.

Vier Unternehmen besitzen zur Zeit noch das Monopol auf die Anreicherung des Uranhexafluorids. Neben einem amerikanischen und einem sowjetischen Betrieb sind es die französische Anreicherungsfabrik EURODIF und die deutsch-britisch-niederländische URENCO. Ursprünglich besaßen die Amerikaner das Monopol. Aber dann begannen die Sowjets, den Europäern angereichertes Uran zu liefern. Frankreich, Großbritannien und die Niederlande zogen nach.

Die deutschen Atomkraftwerke beziehen ihren Brennstoff nach dem Verfahren der »Lohnanreicherung«. Mühelos setzen sich die Kraftwerksmanager dabei über ideologische Grenzen hinweg. Der größte Einzelkunde der sowjetischen Aufbereitungsfabrik ist das RWE. Es liefert das Uran hinter den Eisernen Vorhang, läßt es dort anreichern und erhält das zur Produktion von Brennelementen aufbereitete Uran wieder zurück. Was tut die Kraftwerksindustrie nicht alles, um die Bevölkerung »so sicher wie möglich« mit Strom zu versorgen . . .

Angesichts der zunehmenden Spannungen zwischen den Supermächten — Pershing, Cruise Missiles, SS-20, SDI-Pläne — gewinnt das Problem unserer zentralistischen Energieversorgung immer mehr an Brisanz. In der Bundesrepublik sehen die meisten der um den Frieden besorgten Menschen jedoch den Wald vor lauter Bäumen nicht. Wenn sie meinen, daß die Kriegsgefahr schon gebannt sei, wenn erst einmal die Pershing-2 und Cruise Missiles sich außer Landes befänden, unterschätzen sie das runde Dutzend tickender Atombomben im zivilen Gewand erheblich.

Wie in so vielen Bereichen, sind hier die Amerikaner ein ganzes Stück weiter. Am letzten Tag seiner Amtszeit veröffentlichte Präsident Carter eine Studie, das »Energie- und Verteidigungsprojekt«. Einige Dutzend anerkannter Wissenschaftler arbeiteten unter dem Titel »Verstreute, dezentralisierte und erneuerbare Energiequellen als Alternative zur nationalen Verwundbarkeit und zum Krieg« das Problem sehr sauber heraus. »Das Überleben der Gesellschaft«, heißt es im Vorwort, »hängt an der Energiefrage. Weil die Energieversorgung einer modernen, hochindustrialisierten Gesellschaft ihre Lebensquelle ist, wird diese Gesellschaft um so verwundbarer, je größer die energieerzeugenden Anlagen sind . . . Die Rohstoffe«, schreiben die Wissenschaftler, »die erforderlich sind, um viele Teile einer Anzahl konventioneller und alternativer Technologien zu produzieren, gehören zu den ›strategischen Rohstoffen‹. Generell gilt, je höher die eingesetzte Technik entwickelt ist, desto mehr ›strategische Rohstoffe‹ werden benötigt. Große

Energieanlagen, die mit höheren Temperaturen betrieben werden, benötigen mehr dieser kritischen Materialien als einfache, gewissermaßen ›niedrige‹ Technologien.« Anders als bei konventionellen Energietechniken, können viele der »strategischen Rohstoffe«, die im Kern von Atomreaktoren eingesetzt werden, nicht im Recycling-Verfahren zurückgewonnen werden, weil sie radioaktiv verseucht sind. »Dieses einzigartige Merkmal der Atomkraft hat einen erheblichen Einfluß auf die Politik, wenn große Mengen ›strategischer Rohstoffe‹ diesem Bereich der Energiewirtschaft anvertraut werden.« Da die Energie erzeugende und verteilende Wirtschaft um so abhängiger von den seltenen und strategisch bedeutenden Rohstoffen ist, je größer ihre einzelnen Kraftwerke sind, führt die zentralistische Technik zur verstärkten Abhängigkeit von weltpolitischen Spannungsgebieten.

Minutiös berechneten die amerikanischen Institute unter der Leitung der nationalen Zivilschutzbehörde Federal Emergency Management Agency (FEMA) die wahrscheinlichen Auswirkungen feindlicher Angriffe auf amerikanische Atomanlagen. Zwei in der oberen Atmosphäre detonierende Atomsprengköpfe könnten die Steuerung des gesamten amerikanischen Energieversorgungssystems durch elektromagnetische Schocks (EMP) durcheinanderbringen und die empfindliche Regelelektronik in den Kraftwerken zerstören. Die amerikanischen Wissenschaftler sind sicher, daß alle zivilen atomaren Einrichtungen mögliche Angriffsziele darstellen, zumal es weniger als 200 sind, eine Zahl, die für die gegnerischen Kriegscomputer leicht erfaßbar ist. Wie in der Bundesrepublik liegen in den USA zahlreiche Atomkraftwerke oder Brennstoff verarbeitende Betriebe in der Nähe bevölkerungsreicher Metropolen. Eine Bombe vom Hiroshima-Kaliber, die ein Atomkraftwerk trifft, potenziert ihre Wirkung mehrfach.

Die zivilen Verteidigungsstrategen haben jedoch auch noch andere Gefahren geortet, das Risiko von Sabotage und Terroranschlägen. »Gerade die Diskussion um Energiekrisen«, heißt es in der Studie, »könnte die Aufmerksamkeit gefährlicher Gruppen auf sich ziehen, zumal die Wichtigkeit und

die Verwundbarkeit der nuklearen Anlagen bekannt sind.«
Die Autoren kommen zu dem Schluß, daß gut ausgebildete
Guerillagruppen mehr als nur oberflächliche Schäden an
einem Atomkraftwerk anrichten können.

In ihrer Bewertung für den Präsidenten zeigten die Forscher, daß sie die historische Lektion gelernt hatten. Das
Konzept, während einer kriegerischen Auseinandersetzung
die Energie erzeugenden Anlagen des Gegners zu zerstören, gehört zum Einmaleins der Militärgeschichte. Feind-
liche Energiequellen waren schon immer erste Adressen für
Bomben und Granaten, im Zweiten Weltkrieg, im Kore-
akrieg, in Vietnam, im 73er Nahostkrieg sowie im 1980 aus-
gebrochenen Golfkrieg zwischen Iran und Irak. Öltanker,
Kraftwerke, Raffinerien und Verladestationen waren von
Beginn an bevorzugte Ziele im Waffengang zwischen den
beiden Mitteloststaaten. Vermutlich iranische Piloten bom-
bardierten einen irakischen Forschungsreaktor, zehn Meilen
vom Zentrum Bagdads entfernt, und brachten damit die
französischen Techniker dazu, das Land zu verlassen. Israe-
lische Bomber gaben dem angeschlagenen Atomkraftwerk
später den Rest.

Auch mit dem deutschen Energiewesen im Zweiten Weltkrieg setzten sich die US-Zivilschützer auseinander. 8257
Kraftwerke versorgten bei Kriegsausbruch 1939 das Deutsche Reich mit Strom. Aber allein die 113 größten Blöcke
deckten 56,3 Prozent des gesamten Verbrauchs. Nur 416
Kraftwerke produzierten mehr als vier Fünftel des gesamten
deutschen Strombedarfs. Als Dr. Roser, Chefingenieur des
RWE, 1945 von den Amerikanern verhört wurde, sagte er:
»Der Krieg wäre schon zwei Jahre früher zu Ende gewesen,
wenn die Alliierten sich auf die Bombardierung unserer
Elektrizitätswerke früher konzentriert hätten. Sie hätten damit schon früher beginnen müssen, nämlich schon 1942 an-
statt erst 1943. Ohne unsere öffentliche Stromversorgung
hätten wir unsere Fabriken nicht mehr betreiben und auch
kein Kriegsmaterial mehr herstellen können.« Bitter fügte
Roser hinzu, »in diesem Falle hätten sie den Krieg gewonnen, ohne unsere Städte zerstören zu müssen«.

Nach dem Verhör war Dr. Roser übrigens bald wieder obenauf: 1948 machte er der deutschen Energiewirtschaft Vorschläge, wie in der Zukunft verfahren werden solle: mit dem baldmöglichen Übergang auf das 380-Kilovolt-Netz.

Die Amerikaner, das wird das nächste Kapitel zeigen, haben ihre Lektion aus der brisanten Studie gelernt. Und die Deutschen? Wie läßt sich die Stromversorgung im Kriegsfall verteidigen? Die Bundeswehr gab auf Anfrage eine Antwort, die nachdenklich stimmen sollte. »Die Pläne zur Verteidigung der zivilen Stromversorgungseinrichtungen unterliegen der Geheimhaltungspflicht«, teilte ein Oberst von der Hardthöhe den Autoren mit. »Im übrigen interessiert uns das auch nicht besonders, die Bundeswehr hat ihre eigene Stromversorgung.«

Vom Gold am Ende des Regenbogens

Wer auf dem Seeweg nach Hamburg reist, kann in der Elbmündung bei klarer Sicht zur Linken ein merkwürdiges Standbild betrachten. Wie der aufgespießte Riesenpropeller eines gigantischen Flugzeugs sieht es aus. Die Flügel stehen immer waagerecht, wenn sie sich nicht gerade mal drehen, was aber äußerst selten und dann auch nur für kurze Zeit vorkommt.

Was da als ein Denkmal verschleuderter Millionen hinter dem Deich des Kaiser-Wilhelm-Koogs grüßt, ist die größte Fehlinvestition alternativer Forschungsmittel in der Bundesrepublik, der GROWIAN.

Neunzig Millionen Mark hat der riesige Windturm verschlungen, mehr als doppelt soviel, wie ursprünglich veranschlagt. Aber nur einige hundert Kilowattstunden sind in das Netz der SCHLESWAG eingespeist worden, der große Windmacher hat sich seit seiner Fertigstellung Mitte 1983 nur rund 150 Stunden gedreht. Technische Probleme verurteilten den als größte Windkraftanlage der Welt gefeierten Riesenpropeller zu Stillstand oder Stotterbetrieb. Die GROße WindANlage, vom Maschinenbaukonzern MAN entwickelt und gebaut, hat jedoch nicht nur Steuergelder verschluckt, sondern auch verhindert, daß bessere Konzepte der Nutzung der Windenergie entwickelt worden sind. Denn natürlich hatte das Bundesministerium für Forschung und Technologie (BMFT), aus dessen Etat der große Windpaddel in die schlewig-holsteinische Marschlandschaft gestellt wurde, kein Geld mehr im Topf, wenn kleine oder mittelständische Unternehmen um Fördermittel für dezentrale Windkonverter in Bonn anklopften.

1978 konnte der für die Windenergie zuständige Ministerialdirektor Wolf Schmidt-Küster die an alternativer Energie interessierten Journalisten jedoch beeindrucken, wenn er die gewaltigen Summen nannte, welche das BMFT in die Förderung der Windkraft pumpte. Für das »Windkraftprogramm« der Bundesregierung, nach dem Ölpreisschock von 1973 ins Leben gerufen, investierte das Ministerium insgesamt 200 Millionen Mark. Im selben Zeitraum verschlang die Atomindustrie aus Steuermitteln 16 Milliarden Mark.

Die Projektleitung für den großen Windmacher übernahm das Kernforschungszentrum Jülich. GROWIAN sollte nach dem Willen seiner Bonner Förderer vor allem auch der beteiligten Industrie zugute kommen. Natürlich hatte die an der Entwicklung des riesigen Windrads Beteiligten die technische Herausforderung gereizt, einen hundert Meter hohen Turm zu bauen, an dem ein Propeller mit zwei je fünfzig Meter langen Flügeln insgesamt drei Megawatt Strom aus dem Meereswind schaufeln sollte, genug, um ein durchschnittliches Dorf von etwa 3000 Haushalten elektrisch zu versorgen.

Aber von Anfang an war der GROWIAN von seinem Bonner Finanzier und den Betreibern aus der Strombranche als Versager eingeplant gewesen. Zwar hatte Schmidt-Küster öffentlich betont, »wir bauen GROWIAN, um zu beweisen, daß die Windenergie einen Beitrag zur Energieversorgung leisten kann«, aber er hatte verschwiegen, daß GROWIAN von Anfang an diesen Beweis schuldig bleiben mußte.

Das steht nachzulesen im Protokoll einer Aufsichtsratssitzung der SCHLESWAG, die im Mai 1979 stattgefunden hat. Damals entschied sie sich für eine Beteiligung an der GROWIAN-Betriebsgesellschaft mbH. Die SCHLESWAG beteiligte sich mit 31 Prozent an der Versuchsanlage, die HEW mit 49 Prozent und das RWE mit 20 Prozent. Ein Mitglied des Aufsichtsrats der SCHLESWAG gab ausdrücklich zu Protokoll, daß er der Beteiligung am GROWIAN nur zustimme, »wenn damit der Bevölkerung gezeigt wird, daß Wind keine Alternative ist«. Kein Wunder, denn damals war die schleswig-holsteinische Landesregierung gerade dabei, das Atomkraftwerk Brokdorf gegen erhebliche Widerstände in der Wilster Marsch durchzusetzen. So sollte denn auch der GROWIAN keineswegs als Denkmal technischer Großmannssucht an der schleswig-holsteinischen Westküste stehenbleiben. Der Aufsichtsrat der SCHLESWAG beschloß am Tage der Unterzeichnung unter sein windiges Engagement auch die Absichtserklärung, daß die große Windmaschine nach drei Jahren wieder abgebrochen und verschrottet werden soll. Da fügte es sich gut, als im Juni 1985 Risse in der Konstruktion auftraten, deren Reparatur weitere zehn Millionen Mark verschlingen würden. Über die »Tagesschau« erfuhren die deutschen Fernsehzuschauer, daß GROWIAN wegen Konstruktions- und Materialfehlern 1986 abgebrochen werden soll.

Die SCHLESWAG konnte getrost ihre Stammeinlage von 31 000 Mark in den Wind schreiben, denn für die Baukosten von damals angepeilten 43,92 Millionen Mark kam ja zu 95,3 Prozent das Bonner Forschungsministerium auf. Weitere Kostensteigerungen, das war vertraglich ausgemacht, würde ebenfalls Bonn übernehmen. So sollte sich die Belastung aus dem windigen Abenteuer für die SCHLESWAG laut Protokoll auf einen Bau- und Betriebskostenzuschuß von 622 500 Mark beschränken.

Dafür sollten sich die drei beteiligten Elektrizitätsversorger die Einnahmen aus dem GROWIAN-Strom teilen. Den richtigen Mann für das Täuschungsmanöver hatte die SCHLESWAG auch gefunden, und zwar einen Kraftwerker mit Erfahrung. Der Diplomingenieur Lothar Scharnweber war als stellvertretender Kraftwerksleiter verantwortlich für den bisher größten Reaktorunfall in der Atomgeschichte der Bundesrepublik. Als im April 1978 im Pannenmeiler von Brunsbüttel mehr als hundert Tonnen radioaktiver Frischdampf entwichen, hatte die Scharnweber-Truppe den Meßgeräten nicht geglaubt und die automatische Schnellabschaltung außer Kraft gesetzt. Scharnweber wurde als Betriebstechniker zum GROWIAN versetzt.

Die Stromstrategen werben in der Öffentlichkeit gern um Sympathie mit der markigen Behauptung, sie betrieben die »Daseinsvorsorge« für die Gesellschaft. In Wahrheit beschränken sie ihre Fürsorge auf die eigenen Interessen. Über Kosten und Nutzen des windigen Projekts informierte bezeichnenderweise das Informationszentrum des Atomreaktors von Brunsbüttel. Zur Daseinsvorsorge gehört es offenbar auch, daß man Leute nicht fallenläßt, die durch fahrlässiges Handeln die Bevölkerung einer ganzen Region höchsten Gefahren aussetzen. Aber der glücklose Kraftwerker konnte beim GROWIAN überhaupt nichts verkehrt machen angesichts der Zielvorgaben seiner Brötchengeber. Die große Windmaschine lieferte nicht einmal ein Prozent der angepeilten zwölf Millionen Kilowattstunden.

Und weil alles so schön nicht geklappt hatte, muß vermutet werden, daß der Bundesforschungsminister auch die Helgoländer aufs Kreuz legen will. Für die Elektrizitätsversorgung des ehemaligen Piratenfelsens soll just der Hersteller des gewaltigen Flops mit Namen GROWIAN, die MAN, ein Nachfolgemodell bauen, das mit 1,5 Megawatt Leistung halb so groß ausfallen soll wie die Riesenpleite aus dem Kaiser-Wilhelm-Koog.

Das ist ein Vorgang, der in der freien Marktwirtschaft schlicht undenkbar wäre. Dabei hätten sich die windigen Energieplaner gut im Ausland beraten lassen können. Dort nämlich funktionieren die Windkraftwerke, bringen ihren Betreibern mühelose Gewinne und bessern die nationale Energiebilanz auf.

Beispiel Dänemark: Das kleine Nachbarland im Norden der Bundesrepublik betreibt kein einziges Atomkraftwerk, verfügt nur über geringe Öl- und Gasquellen und bietet seinen Bürgern den Strom dennoch billiger an als die Energiekonzerne der Bundesrepublik. Bis 1990 soll die Windenergie zehn Prozent des dänischen Strombedarfs decken. Anders als die deutschen Energieplaner setzen die Dänen auf den massenweisen, dezentralen Einsatz kleiner Windkraftanlagen, deren Technik und Steuerung leicht beherrschbar ist. Der Staat subventioniert den privaten Kleinstromern bis zu dreißig Prozent der Baukosten für die Windmühle hinterm Haus. Rund 5000 Windkraftwerke mit Leistungen zwischen zehn Kilowatt und einem Megawatt schaufeln inzwischen auf Jütland und den dänischen Inseln Energie aus dem Wind.

Die dänischen Windmüller kommen auf ihre Kosten, weil ihre Stromwirtschaft nicht von unkontrollierbaren Monopolisten beherrscht wird, sondern weitgehend auf genossenschaftlicher Basis funktioniert. Wer Strom in das Netz einspeist, bekommt nicht nur einen fairen Preis gezahlt. Die dänischen EVU setzen den eingespeisten mit dem verbrauchten Strom ins Verhältnis. Wer mehr Elektrizität erzeugt, als er verbraucht, dem wird erst einmal der Eigenverbrauch im Verhältnis 1:1 abgezogen, die restliche Strommenge wird vergütet. Auf diese Weise fällt für die Besitzer eines Windkraftwerks die Stromrechnung aus, sie verdienen bares Geld und müssen dennoch nicht auf die Versorgungssicherheit verzichten, wenn mal eine Flaute im Staate Dänemark herrscht.

Davon profitiert inzwischen vor allem die mittelständische Industrie, die eine beherrschbare, reparaturfreundliche Technik zur Serienreife entwickelt hat. Das von der Agrarwirtschaft geprägte skandinavische Land konnte im vergangenen Jahr auf dem industriellen Sektor um rund 25 Prozent zulegen. Die größten Zuwachsraten entfielen dabei auf den Sektor neue und alternative Technologie. Dänische Windkraftanlagen werden inzwischen in alle Welt exportiert, die meisten gehen in die Vereinigten Staaten von Amerika.

Die USA, wo seit 1978 kein neues Atomkraftwerk mehr bestellt worden ist, haben ihre Schlüsse aus der Carter-Studie gezogen. »Sollten zukünftige Trends, speziell in Südafrika, dazu führen, daß dieses kritische Rohstoffgebiet auf Moskau ausgerichtet wird«, hatte der frühere NATO-Oberbefehlshaber und Ex-Außenminister Alexander Haig gewarnt, »würde die Sowjetunion 90 Prozent mehrerer strategischer ›Schlüssel-Rohstoffe‹ kontrollieren, für die kein Ersatz entwickelt wurde und deren Verlust die ernstesten Folgen für das bestehende Wirtschafts- und Sicherheitssystem der freien Welt nach sich ziehen muß.«

Die amerikanischen Experten haben erkannt, daß dezentralisierte elektrische Energieerzeugungssysteme gegenüber einer zentralistischen Versorgungsstruktur eine ganze Reihe lebenswichtiger Vorzüge genießen: kürzere Aufbauzeiten, geringere Kapitalerfordernisse, höhere Wirkungsgrade und geringere Verwundbarkeit.

Obwohl auch der amerikanische Staat die zivile Nutzung der Atomkraft in den fünfziger Jahren massiv gefördert hat, herrschen jenseits des Atlantiks völlig andere Bedingungen als in der Bundesrepublik. In den USA sitzen zwar auch Gebietsmonopolisten, sie sind aber nicht nur der Kontrolle des Staates unterstellt, sie müssen sich außerdem dem rauhen Klima der kapitalistischen Marktwirtschaft stellen und leben nicht wie die unsrigen als Stromfürsten mit feudalistischen Zügen im elektropolitischen Mittelalter. Der Dezentralisierungsprozeß macht in den Vereinigten Staaten rasende Fortschritte. Hatten 1980 insgesamt 5500 Großkraftwerke die Stromversorgung der Vereinigten Staaten aufrechterhalten, sind es 1985 schon 50 000, die meisten davon Wärme-Kraft-Kopplungs-, Wind- und Wasserkraftanlagen. Nach Schätzung amerikanischer Energieprognostiker wird die Zahl der Kraftwerke bis 1990 auf eine Million hochschnellen und sich bis zur Jahrtausendwende noch einmal verzwanzigfachen.

Diese unglaubliche Entwicklung ist durch ein Gesetz ermöglicht worden, das Public Utility Regulatory Policies Act (PURPA) von 1978, das die US-Gebietsmonopolisten zwingt, privat erzeugten Strom nicht nur nach den »vermiedenen billigsten Brennstoffkosten« in das Netz aufzunehmen, sondern auch anteilig jenen Betrag zu vergüten, der an Mehrinvestitionen für das EVU wegfällt.

Die Betreiber privater Kleinkraftwerke bekommen also nicht nur die Kilowattstunde Strom vergütet, sondern je nach Größe ihrer Anlage auch einen Teil der im Kraftwerk vermiedenen Baukosten. Mit diesem Gesetz haben die USA eine Entwicklung eingeleitet, die in der amerikanischen

Energiewirtschaft die freie Marktwirtschaft ein gehöriges Stück vorantreibt.

Unter der Bezeichnung »Gold am Ende des Regenbogens« hat der Forschungsdienst des US-amerikanischen Kongresses am 31. Dezember 1984 eine Studie über die Zukunftsperspektiven der elektrischen Versorgungsindustrie veröffentlicht. Darin wird die Entwicklung der künftigen Energiepolitik im Land der unbegrenzten Möglichkeiten aufgezeichnet. »In einer unsicheren Welt«, heißt es in der Zusammenfassung, »wird die Strategie zur Pflicht, welche Risiken und Kosten reduziert.« Dabei haben die Kongreßplaner den Rotstift äußerst radikal angesetzt. Alle Atomkraftwerke, die zur Zeit zu weniger als fünfzig Prozent fertiggestellt sind, werden nicht weitergebaut, lautet die Vorhersage der renommierten Experten. Denn: »Weit günstiger als ein System auszubauen, das sich darauf konzentriert, höchste Stromverbrauchsspitzen technisch abzufangen, ist es, eine Struktur zu entwickeln, die in relativ kurzer Zeit befähigt ist, auf veränderte Bedingungen zu reagieren.«

Auch in den Vereinigten Staaten hatte sich der Stromverbrauch zwischen 1945 und 1973 im Schnitt alle zehn Jahre verdoppelt. Nach der Ölpreiskrise hat sich diese Kurve jedoch schnell abgeflacht, auf nur noch ein Drittel der früheren Wachstumsraten. Da auch die US-amerikanische Energiewirtschaft auf große Kraftwerksblöcke und langfristig fortgeschriebene Bedarfsprognosen gesetzt hatte, kam es mit der Überkapazität, als einem von mehreren Faktoren, zum Stillstand im Atomkraftwerksbau.

Der sogenannte Kapazitätsfaktor, das Verhältnis zwischen der installierten Kraftwerksleistung und der tatsächlich abgeforderten Strommenge, sank von 56,3 Prozent im Jahr 1948 über 53,6 Prozent 1972 auf nur noch 45,4 Prozent im Jahr 1981. Das bedeutet, daß weit mehr als die Hälfte der amerikanischen Kraftwerke nicht wirtschaftlich betrieben werden können.

Auf dem Gebiet der Grundlastversorgung sehen die Zahlen zwar etwas freundlicher aus, aber selbst bei den höchst kapitalintensiven Großkraftwerken zeigt sich der gleiche

Trend. Der Nutzungsgrad der Grundlastkraftwerke sank von 67,1 auf 63,4 Prozent. Ausdrücklich geben die US-Forscher den Atomkraftwerken die Schuld an dieser Entwicklung: Die häufigen Schnellabschaltungen der frühen Jahre und die langen Stillstandzeiten beim Auswechseln der Brennelemente sowie der Sprung von den Atomkraftwerken mit 825 Megawatt Leistung der frühen siebziger Jahre auf die 1286-Megawatt-Klasse im Jahr 1976 haben die Verfügbarkeitsrate der Grundlastkraftwerke verschlechtert.

Ein Blick auf die Besonderheiten der amerikanischen Bauwirtschaft zeigt, daß die Elektroindustrie vor besonderen Problemen steht. Die Steigerung der allgemeinen Baukoten lag beispielsweise mit Zuwachsraten von 6,8 Prozent zwischen 1979 und 1983 niedriger als in der Zeit von 1973 bis 1979, damals verteuerte sich der Bau um 10,7 Prozent. Die Investitionskosten je Kilowatt in der Atombranche hatten sich jedoch seit 1979 verdoppelt, verursacht durch höhere Sicherheitsauflagen nach dem Unfall von Harrisburg. Gerade aber auch einige besonders für den Bau eines Atomkraftwerks benötigten Baustoffe zogen im Preis rapide an. Beton etwa und Baustahl kosteten am Ende der zehnjährigen Periode zwischen 1972 und 1980 doppelt soviel wie am Anfang. Der Bedarf an Arbeitskräften verdreifachte sich gar zwischen 1972 und 1980. Für den Bau der Atommeiler wurden nicht nur viel mehr Arbeiter benötigt, sondern auch erheblich mehr Ingenieure, Architekten und andere hochbezahlte Fachleute.

Diese erhebliche Verteuerung der Atomtechnik fiel in eine Zeit des gebremsten Wachstums. Die industrielle Produktion der Vereinigten Staaten wuchs zwischen 1973 und 1982 durchschnittlich nur noch um 0,7 Prozent pro Jahr, der Energieverbrauch indessen sank. Unvermeidlich bergab ging es parallel dazu mit dem Nettoeinkommen der Versorgungsunternehmen. Demgegenüber stiegen die Kapitalkosten erheblich: von 8,1 Prozent im September 1973 auf 17,6 Prozent acht Jahre später und 14,9 Prozent, Stand Juli 1984. Im Gegensatz zu bundesrepublikanischen dürfen amerikanische Kraftwerke vielerorts die Stromabnehmer nicht zur

Mitfinanzierung eines Projekts heranziehen, solange dieses im Bau ist und somit noch keinen Strom liefert. Die US-Stromer müssen die zum Bau benötigten Gelder zu hohen Zinsen aufnehmen.

Eine Untersuchung der amerikanischen Energiebehörde kommt zu dem Ergebnis, daß die Kapitalkosten für ein 1973 in Betrieb genommenes Atomkraftwerk — das mit einer wesentlich kürzeren Bauzeit auskam als später begonnene Bauten — nur zwanzig Prozent der Investitionssumme betrugen. Für ein Atomkraftwerk, das 1983 fertig wurde, stiegen die Zinsbelastungen immerhin schon auf vierzig Prozent der Bausumme. Auf stolze sechzig Prozent der Gesamtsumme kletterten die Kapitalkosten bei einem Atomkraftwerk, das 1992 fertig würde.

Doch nicht nur die Kosten für gepumpte Dollar-Milliarden bereiten den US-Stromern Probleme, die unergründliche Psyche der Kapitalanleger vergrößert die Schwierigkeiten. Weil viele der verschuldeten Stromproduzenten kaum noch Dividenden ausschütten oder gar ganz auf die Dividendenauszahlung verzichten müssen, verlor die gesamte Branche an Attraktivität auf dem Aktienmarkt. Besonders die Erbauer und Betreiber von Atomkraftwerken geraten auf der Suche nach potenten Kapitalanlegern in arge Bedrängnis.

Die US-Energie-Administration startete eine Umfrage unter den Versorgungsunternehmen, welche Gründe zum Stillstand beim Bau von Atomkraftwerken führten. Bei hundert zwischen 1972 und 1982 abgebrochenen Atomprojekten hatte in der Mehrzahl der Fälle der geringer werdende Strombedarf den Ausschlag gegeben. Finanzielle Engpässe hatten für 44 Atomkraftwerke das Ende bedeutet und zu strenge Sicherheitsauflagen für 38 Prozent; Mehrfachnennungen waren möglich.

Angesichts des eingeleiteten Schrumpfungsprozesses der Verbraucherbilanz haben die »Dinosaurier« in der amerikanischen Kraftwerkswirtschaft ausgedient. Die Welle der Unlust an den teuren Atommeilern schwappte im Jahr 1984 sogar in die Bundesrepublik Deutschland über. In der Halle »Jugend und Technik« auf der Hannover-Messe bot der amerikanische Branchenführer Tennessee Valley Authority (TVA) acht Atomkraftwerke der Biblis-Größe zu einem Fünftel des Neupreises an. Jedoch — auf der größten Industriemesse der Welt fand sich kein einziger Käufer. »Ein flexibles System«, heißt es in der Studie mit dem schillernden Namen, »verlangt nach Innovationen. Das bedeutet kleinere Kraftwerke, die Renovierung alter Anlagen und die Wiederbelebung des Verbundes zwischen Systemen und Regionen.«

Kleinkraftwerke verringern das wirtschaftliche Risiko, weil ihre Kosten niedriger sind. Wenn der Stromverbrauch nicht wie erwartet zunehmen sollte, wird wesentlich weniger Kapital in überflüssigen Kraftwerken und Leitungen gefesselt sein. Eine frühere Arbeit des Forschungsdienstes für den amerikanischen Kongreß hatte ergeben, daß die höheren Kosten je Kilowattstunde, die bei kleinen Kraftwerken aufgebracht werden müssen, mehr als ausgeglichen werden durch die geringeren Kapitalkosten beim Bau und durch die niedrigeren Verluste, wenn die Anlagen bei einem Überangebot an Strom abgeschaltet in der Gegend herumstehen.

Die amerikanische Aufsichtsbehörde, Federal Energy Regulatory Commission, erlaubt zur Zeit versuchsweise den Versorgungsunternehmen, freie »Großhandelspreise« für Strom auszuhandeln. Damit sollen Industriebetriebe ermuntert werden, Strom in das öffentliche Netz einzuspeisen. Über die Preisschraube beginnen die Amerikaner auch, die Stromgipfel abzubauen, jene unrentablen Superleistungen, die das Netz erbringen muß, wenn alle Stromverbraucher sich gleichzeitig einschalten. Dazu wurde der »Strom-Zeit-Verbrauchs-Tarif« eingeführt. Der aktuelle Strompreis wird somit kostenecht. Er schwankt je nach Tages- und Jahreszeit nach dem Prinzip von Angebot und Nachfrage. Wenn zur Winterzeit bei Dunkelheit alle Heizlüfter, Warmwasserbereiter, Waschmaschinen oder sonstige Großverbraucher in den Haushalten eingeschaltet sind, wird der Strom teuer. Nachts, im Sommer, wenn nur die Grundlast für die Aufrechterhaltung der Netzspannung und für die Versorgung rund um die Uhr produzierender Betriebe geliefert werden muß und die Klimaanlagen in den Betrieben abgeschaltet sind, ist die Elektrizität am billigsten.

Zwischen diesen beiden Extremen klettert der Stromtarif auf und ab. Damit gekoppelt ist der »Unterbrecher-Tarif«, er wird angewendet bei stromintensiven Prozessen — wie etwa dem Aufheizen eines Warmwasserboilers oder eines Swimmingpools —, die nicht an eine bestimmte Zeit gebunden sind. Vom Kraftwerk aus werden die großen Stromfresser bei den Kunden — über Mikroprozessoren gesteuert — vorübergehend abgeschaltet, wenn die Spannungsspitze etwa morgens um sieben, bei Arbeitsbeginn, erreicht ist. Wenn die Arbeitnehmer ihre Toaströster, Schnellkocher, Haarföne und Elektrorasierer abgeschaltet haben, wird die unterbrochene Stromabgabe wiederaufgenommen.

Mit diesem Tarifsystem verringern die Amerikaner ihren Spitzenbedarf an elektrischer Energie ganz erheblich. Das Verhalten der Konsumenten wird durch dieses Preisgefüge zu einem Teil der nationalen Energiereserven, wenn es unnötige Spitzenlastkraftwerke überflüssig macht. Denn selbstverständlich kann ein amerikanischer Stromkunde mit dem Weichspülen in seiner Waschmaschine warten, bis der Strom-Zeit-Verbrauchs-Tarif gesunken ist.

Heute werden diese Sondertarife vor allem bei Großabnehmern eingeführt, weil die notwendigen elektronischen Regler für den Gebrauch im Haushalt noch zu teuer sind. Wie bei allen neuen technischen Entwicklungen steht aber zu erwarten, daß bei einer Massennachfrage die nötigen Meßgeräte so billig werden, daß sie sich auch für den Hausgebrauch lohnen.

Die weitaus größte »Energiequelle«, der rationellere Umgang mit der Energie, wird in den Vereinigten Staaten zunehmend genutzt. Durch den Bau energiesparender Häuser, Maschinen und Ausrüstungen kann bis 1990 die ungeheure Menge von 161 000 Megawatt eingespart werden, das entspricht mehr als dem Doppelten der jährlichen Höchstleistung, die bundesdeutsche Kraftwerke bereithalten müssen. Bis zum Jahr 2000 kann diese Zahl auf bis zu 214 000 Megawatt Leistung gewachsen sein.

Darüber hinaus erleben die alternativen Techniken zur Erzeugung von Elektrizität in den Vereinigten Staaten eine stürmische Blüte, wie Konzepte der Wärme-Kraft-Kopplung, Brennstoffzellen, Energiegewinnung aus Wind und Sonne, Biogas, Erdwärme und der Kompostierung von Müll. Während die direkte Umwandlung der Sonnenenergie in Strom bis 1990 etwa 3000 Megawatt Leistung erreichen wird — soviel wie zwei Blöcke der Biblisklasse und ein Siedewasserreaktor vom Brunsbüttel-Kaliber zusammengenommen —, errechneten die US-Experten für die Wärme-Kraft-Kopplung und die Stromerzeugung in dezentralen Kleinstkraftwerken, Windrädern, Wasserkraftwerken und anderen ein Potential von 20 000 Megawatt. Alle diese Techniken kämpfen jedoch zur Zeit noch mit dem Problem der Wirtschaftlichkeit, so daß die Autoren der Kongreßstudie einen regelrechten Durchbruch der alternativen Energie erst nach 1995 erwarten.

Mit einer Ausnahme: Schon jetzt beginnt sich die Wirbelschichtfeuerung durchzusetzen, die umweltfreundliche Art, Kohle in kleinen Kraftwerken zu verbrennen. Zur Zeit werden in den USA 16 Wirbelschichtkraftstationen betrieben, außerdem 25 Kraftwerke, in denen Holz und Holzabfälle verfeuert werden. Vor allem, um Öl und Gas zu ersetzen, werden Kraftwerke auf die Wirbelschichtfeuerung mit Kohle umgerüstet. Bei dieser Technik werden neunzig Prozent des umweltschädlichen Schwefeldioxids an der Quelle, im Verbrennungsraum, zurückgehalten. Besonders attraktiv für Industriebetriebe und EVU erweist sich die Wirbelschichtmethode, weil die dafür aufgewandten Kapitalkosten schon nach zwei Jahren wieder eingefahren werden können — aus eingesparten Brennstoffkosten. Viele amerikanische Industriefirmen bauen zur Zeit moderne Wirbelschichtkraftwerke und leiten die Abwärme in ihr Heizungssystem. Unter den Promotern dieser energiesparenden Technik befinden sich seit kurzem auch solche Versorgungsunternehmen, die in den siebziger Jahren noch auf große Atomkraftwerksblöcke gesetzt hatten. Die deutsche KWU mag die Wirbelschichttechnik noch nicht im Kraftwerksbau einsetzen. Das Konzept hat für die Großverstromer einen entscheidenden Fehler: Es läßt sich zur Zeit technisch und wirtschaftlich am besten in kleinen, dezentralen Kraftwerken anwenden — nicht aber in großen Blöcken ab 300 Megawatt Leistung.

Die Verfasser der Regenbogen-Studie haben die Elektrizität auch mit anderen Energieträgern verglichen, um für ihren Auftraggeber, den amerikanischen Kongreß, verwertbare Zukunftsprognosen stellen zu können. So war der Strom in den USA 1983 dreimal so teuer wie Erdgas. Energiesparende Gasheizungen und gasbetriebene Wärmepumpen legen zur Zeit auf dem amerikanischen Markt jährlich um 26 Prozent zu. Zwar halten die US-Fachleute den Gasmarkt für geradezu chaotisch, sie glauben aber, daß Gas und Öl in diesem Jahrzehnt nicht sehr viel teurer werden, so daß sich der Trend von der Öl- zur Stromheizung in Nordamerika verlangsamen wird. Auch von der zunehmenden Automation in amerikanischen Industriebetrieben erwarten die Regenbogen-Forscher keine nennenswerten Zuwächse im Stromgeschäft. Während heute rund 6000 Industrieroboter, vor allem in der Automobilbranche, am Fließband stehen, erwarten die Prognostiker zwischen 73 000 und 242 000 elektrohydraulische Arbeitsmaschinen — je nach Wirtschaftslage — bis zum Jahr 1990. Diese mechanischen »Kollegen«, die zwar kein Brot, aber Strom fressen, werden die Verkaufsstatistiken der Stromwirtschaft kaum aufbessern, weil dort, wo ein Automat arbeitet, zum Beispiel die Klimaanlage abgeschaltet werden kann. Die Energieforscher haben ermittelt, daß der wachsende Stromverbrauch in einzelnen Industriesparten durch Einsparungen in anderen Branchen wettgemacht wird, so daß beispielsweise der Grad der Stromnutzung von 1980 demjenigen von 1974 in den USA entsprach.

Vor allem energieintensive Industrien sind in den USA zur Zeit vermehrt dazu übergegangen, ihren Strom selbst zu erzeugen und die Wärme auszukoppeln. Das macht sich schon in der nationalen Strombilanz bemerkbar. Während die Stromversorger immer mehr Absatzchancen verlieren, drängt zunehmend Elektrizität aus industrieller Eigenproduktion in die Verbundnetze. Daher empfehlen die Autoren der Regenbogen-Studie den US-Stromgesellschaften, mit ganz kleinen, vorsichtigen Schritten in die Zukunft zu tippeln. Sie gehen davon aus, daß bis 1995 keine neuen Atomkraftwerke mehr gebaut werden. Statt dessen empfehlen sie den Versorgungsunternehmen, kleinere, vorzugsweise mit der Wirbelschichtfeuerung ausgerüstete Kraftwerke zu bauen. Falls der Energiebedarf sich weiterhin negativ entwickeln sollte, hielte sich die Fehlinvestition mit einigen hundert Millionen Dollar festgelegtem Kapital in erträglichen Grenzen, während der zusätzliche Bau von Großkraftwerken Gelder in Milliarden-Dollar-Dimensionen fesselt und viele der angeschlagenen US-Stromer in den Ruin treiben könnte. Kleinere Kraftwerke »wachsen« auch viel eher in eine etwa auftretende Nachfragelücke hinein als Riesenblöcke mit über 1000 Megawatt Leistung. Außerdem ist die Bauzeit bei maßgerechten Kraftwerken erheblich kürzer als bei den Mammutmodellen. Schließlich haben auch die amerikanischen Energieplaner erkannt, daß viele kleine Kraftwerke erheblich weniger Reservekapazität benötigen als wenige große. Alle diese Vorzüge der kleinen Einheiten wiegen nach den Berechnungen der amerikanischen Energieexperten die Nachteile der höheren Investition pro installiertem Kilowatt bei weitem auf.

Ein weiterer Schritt in die gesicherte Energiezukunft besteht für die Amerikaner in der Verlängerung der Lebensdauer ihrer Kraftwerke. Weil auch in den USA Genehmigungsverfahren viel Zeit in Anspruch nehmen und immer teurere Umweltauflagen gemacht werden, kommt es für die Stromerzeuger oftmals günstiger, eine altes Kraftwerk mit einem neuen Innenleben zu versehen, als ein neues zu bauen. Da die Vereinigten Staaten wegen der kontinentalen Ausmaße ihres Landes noch bei weitem nicht so dicht vernetzt sind wie die Bundesrepublik, liegt eine weitere Chance, ohne größere Stromausfälle über die Runden zu kommen, im Ausbau des Verbundnetzes. Eine bessere Lastverteilung kann bis 1990 die installierte Leistung von 104 000 Megawatt ersetzen und zehn Jahre später — nach Ansicht der Kongreßexperten — sogar 124 000 Megawatt, soviel, wie hundert Atommeiler leisten.

Aber auch dabei werden die Amerikaner nicht zentralistisch vorgehen wie die Deutschen mit ihrem Bundeslastverteiler in Brauweiler bei Köln. »Die Regelung der Energieverteilung sollte in den Regionen stattfinden«, fordern die Experten. Das wird dazu führen, daß die Versorgungsunternehmen Fremdstrom in ihr Netz mit aufnehmen, so daß regelrechte Spotmärkte für Strom entstehen.

Hierfür wird von der Industrie eine computergesteuerte Clearing-Stelle aufgebaut, wo mit Hilfe der Telekommunikation Stromkäufer und -verkäufer miteinander verbunden werden. Die Sondertarife der Unterbrecher- und Strom-Zeit-Verbrauchs-Methode werden weiterentwickelt. Mit zu diesem Maßnahmenbündel gehört die Verpflichtung der Stromversorgungsunternehmen, Stromlieferungen Dritter gegen Gebühr durch ihr Netz zu leiten.

»Der Strompreis«, so schließt die Studie, »soll den freien Kräften des Marktes überlassen bleiben.« Energiehistorisch bleibt anzumerken, daß der elektrodynamische Generator und Motor zwar von dem Deutschen Werner von Siemens erfunden wurde, daß aber die USA seit Thomas Alva Edison stets Schrittmacher auf dem Stromsektor waren, ob es die technischen Obergrenzen der Verbundwirtschaft betraf oder die Entwicklung von Atomkraftwerken. Nur stecken die Nordamerikaner nicht fest in nationalsozialistischen Kommandostrukturen zur »Förderung der Energiewirtschaft« wie die Bundesdeutschen.

Auch Großbritannien, das Mutterland der dampfgetriebenen Industrialisierung, hat sich auf die veränderten Verhältnisse eingestellt. Die konservative Regierung hat mit ihrem Energiegesetz vom Mai 1983 das Stromversorgungsmonopol aufgehoben, um die Elektrizitätsversorgung dem Wettbewerb auszusetzen. Dazu wurden Regeln für den Handel mit Strom aufgestellt, die auch die Benutzung des öffentlichen Verbundnetzes durch private Stromerzeuger einschließen. Die britischen Versorgungsunternehmen dürfen diese Möglichkeit nicht durch diskriminierende Tarife unterlaufen. Gleichzeitig wurde verordnet, daß die britischen Stromer industriellen und privaten Stromerzeugern im einzelnen festgelegte, faire Preise vergüten müssen. Um die Position der Verbraucher zu stärken, wurde in England ein Stromverbraucherrat gegründet, der besonders bei Tariffragen mitreden kann. Der Rat berichtet jährlich dem Energieminister, der wiederum dem Parlament Rede und Antwort stehen muß.

Das Energieeinspargesetz des Schweizer Kantons Basel-Stadt vom 30. Juni 1983 fördert die private Stromerzeugung mittels der Wärme-Kraft-Kopplung. Die Behörden setzen nicht nur angemessene Preise für den Überschußstrom fest, sie geben den privaten Nebenerwerbskraftwerken auch direkte Bauzuschüsse. Die Vergütung bemißt sich an der Größenordnung, wieviel für die gleiche Energiemenge und Qualität aufgewendet werden müßte, wenn ein öffentliches Versorgungsunternehmen die Leistung erbringen müßte. Die Investitionshilfe wird an dem Ausmaß der eingesparten Primärenergie bemessen. Finanziert wird das fortschrittliche Modell durch einen allgemeinen Strompreisaufschlag.

Zwar haben alle Nationen ihre nationalen Besonderheiten in der Art und Weise, wie sie ihren Strom erzeugen und verteilen, weltweit gilt jedoch der intelligentere, rationelle Umgang mit Rohstoffen als die weitaus ergiebigste Energiequelle. Bei einem umsichtigeren Einsatz der fossilen Brennstoffe besteht auch hierzulande die größte Möglichkeit, Rohstoffe zu sparen, die Natur zu schonen und endlich demokratische Verhältnisse einziehen zu lassen.

Welche unglaublichen Chancen aber den Deutschen durch die Machtpolitik der »Stromdiktatoren« aus der Deutschen Verbundgesellschaft geraubt werden, hat der Referent für alternative Energieerzeugung im nordrhein-westfälischen Wirtschaftsministerium, Ministerialrat Dr. Eike Schwarz, ermittelt.

Eine Industrienation verschläft
ihre Chance

> *»Den Deutschen hält die Autorität und ein dogmatischer Irrtum lange nieder, aber endlich pflegt doch bei ihm seine natürliche Objektivität und sein Ernst an der Sache zu siegen.«*

Schiller an Goethe, 23. Januar 1778

Die »Energiebox-Studie«, die von Ulrich Jochimsen, Dr. Eike Schwarz und dem Verfassungsrechtler Professor Dr. Hans Rupp aus Mainz erstellt worden ist, gehört zu jenen Modellen, die bestellt, aber nicht abgeholt wurden. Hessens Ministerpräsident Holger Börner hatte Ulrich Jochimsen 1978 beauftragt, die Möglichkeiten der dezentralen Wärme-Kraft-Kopplung auszurechnen. Das Ergebnis war brisant. So brisant, daß die Energiebox-Studie in den Schubladen der Ministerialbürokratie verschwand. Holger Börner war damals der treue Vasall von Kanzler Helmut Schmidt, der bekanntlich auf strammem Atomkurs lag.

Ulrich Jochimsen erinnert sich an den Tag, als die Studie in der Wiesbadener Residenz auf den Tisch gelegt wurde: »Wir haben fast den ganzen Tag mit verschiedenen Energiereferenten diskutiert. Dann kam plötzlich einer dieser sogenannten Experten und sagte, ›da gibt es ein Gesetz, da gibt es nichts zu forschen‹.« Der Mann vom Ministerium meinte natürlich das unselige Gesetz zur Förderung der Energiewirtschaft von 1935 — das Schicksal der Studie schien besiegelt. Das hessische Wirtschaftsministerium unter der damaligen Leitung des FDP-Schatzmeisters Heinz-Herbert Karry weigerte sich strikt, die Energiebox-Studie in Auftrag zu geben. So wurde der Auftrag ausnahmsweise vom hessischen Ministerpräsidenten erteilt, der aber konnte die Ergebnisse in der damaligen Koalition mit der FDP nicht verwerten. Doch die Hochrechnungen der drei Dezentralisten erwiesen sich als lebensfähig über tagespolitische Interessen der politischen Bürokratie hinaus. Der Physiker Dr. Schwarz brachte die Daten der ungeliebten Studie auf den neuesten Stand. Unter dem Titel »Energie- und gesellschaftspolitische Perspektiven der dezentralen Wärme-Kraft-Kopplung« ermittelte Dr. Eike Schwarz, der damalige Regierungsdirektor im Bundesministerium für Forschung und Technologie, der 1983 ins nordrhein-westfälische Wirtschaftsministerium hinüberwechselte, in seiner Freizeit das gesamte Potential einer neuen Energieversorgungsstruktur. Dabei hat er die bestehenden zentralen Verschwendungsstrukturen mit einer dezentralisierten Energieerzeugung verglichen:

Die heutige Stromversorgung wird zu 94 Prozent durch große Kohle-, Gas-, Öl- und Atomkraftwerke gedeckt. Von der Energie, die dort erzeugt wird, erreicht nur ein Drittel in Form von Strom den Endverbraucher; zwei Drittel gehen als Abwärme verloren. Die hohen Verluste ließen sich zu einem großen Teil mit der Wärme-Kraft-Kopplung, der gleichzeitigen Verwendung der gewonnenen Strom- und Wärmemengen, nutzbar machen. Würden beispielsweise die Haushalte und Kleinverbraucher für Raumheizung und Warmwasserbereitung nicht einfach das kostbare Heizöl oder Erdgas in ihren Kellern verbrennen, sondern mittels Wärme-Kraft-Kopplung auch noch Strom herstellen, dann könnten rund siebzig Prozent des Stromverbrauchs aus dem öffentlichen Elektrizitätsnetz sozusagen als Nebenprodukt der Wärmegewinnung erzeugt werden (Referenzjahr 1979). Auf diese Weise könnten etwa 55 Millionen Tonnen Steinkohleeinheiten (SKE), das wären 14 Prozent unseres Primärenergieverbrauchs an Kohle, Gas und Öl, eingespart werden — eine Energiemenge, die 63 Prozent der gesamten deutschen Steinkohleförderung entspricht. Die bessere Ausnutzung der Brennstoffe würde nicht nur wertvolle Ressourcen einsparen, sondern auch die Umwelt erheblich entlasten. Auch wenn das gesamte Potential der Einsatzmöglichkeiten für die Wärme-Kraft-Kopplung in der Praxis nur teilweise ausgeschöpft werden kann, würde die dezentrale Wärme-Kraft-Kopplung eine Stellvertreterfunktion für sämtliche dezentralen Stromerzeugungstechniken, wie die Nutzung von Wasser- und Windkraft, einnehmen. Insgesamt könnten diese alternativen Techniken noch deutlich mehr als die erwähnten 14 Prozent an Primärenergie einsparen helfen.

Die Diskussion über die Wärme-Kraft-Kopplung hat sich bisher fast ausschließlich auf die Fernwärme erstreckt, bei der die Wärme in der Regel aus Heizkraftwerken mit einer elektrischen Leistung von zehn Megawatt bis zu einigen hundert Megawatt ausgekoppelt wird. Wirtschaftlich ist die Fernwärme aber nur in Ballungsgebieten, weil die Kosten für die Verteilung bis zu 5000 Mark pro laufenden Meter Warmwasserleitung sehr hoch sind.

In weiterzerstreuten Siedlungen auf dem flachen Land kann die dezentrale Wärme-Kraft-Kopplung voll zum Zuge kommen, da sie kein aufwendiges Leitungsnetz zum Verteilen der Wärme benötigt. Denn bei ihr sind die strom- und wärmeerzeugenden Heizkraftwerke zu Blockheizkraftwerken und Energieboxen so weit verkleinert, daß sie in unmittelbarer Nähe des Wärmeverbrauchers oder in seinem Keller installiert werden können.

Diese kleinste Variante der Wärme-Kraft-Kopplung, die Energiebox, ist zugleich die wirtschaftlichste, weil die Kosten für die Wärmeverteilung fortfallen und die vorhandenen elektrischen Installationen am Haus mit geringfügigen Änderungen auch für die Einspeisung von Strom geeignet sind.

Blockheizkraftwerke haben eine elektrische Leistung von etwa 200 Kilowatt bis zu 10 Megawatt und eignen sich für die Versorgung von eng zusammenhängenden Siedlungen, Gebäudekomplexen und kleineren Industriebetrieben. Im Keller eines Krankenhauses, das auf ununterbrochenen

Stromfluß angewiesen ist, könnte ein Blockheizkraftwerk die Versorgung viel besser aufrechterhalten als das bisher übliche System der Abhängigkeit vom Netz mit dem Notstromaggregat für alle Fälle. Das Notstromgerät steht als totes Kapital nutzlos herum und wird in der Regel nur für wenige Stunden zu Wartungszwecken angeworfen. Hätte jedoch das Krankenhaus seine eigene Wärme und Strom erzeugende Maschine im Keller stehen, würden die Energiekosten gesenkt und Investitionen gespart werden, denn wenn das Blockheizkraftwerk einmal stillstünde, übernähme das gesamte öffentliche Stromnetz die Arbeit als Notstromaggregat.

Energieboxen sind Mini-Blockheizkraftwerke mit einer Leistung, die unter 200 Kilowatt liegt. Vorläufer dieser »Kraftzwerge im Keller« sind heute schon erhältlich. So bietet der italienische Autohersteller Fiat mit seinem »Totem« eine Energiebox an, die Mannheimer Maschinenbaufirma MWM hat Energieboxen verschiedener Größe aus ihrem Industriemotorenprogramm heraus entwickelt. Energieboxen sind in Großserie hergestellte, funktionssichere Kompaktaggregate, die an Stelle der üblichen Zentralheizungen in Ein- und Mehrfamilienhäusern, gewerblichen Gebäuden, Bauernhöfen und Gewächshäusern zum Einsatz kommen. Während die Wärme zum Heizen gebraucht wird, speist man den überschüssigen Strom ins öffentliche Elektrizitätsnetz ein. Dabei erzeugt die kleine, schallisolierte Mehrzweckmaschine nicht mehr Lärm als etwa ein laufender Kühlschrank.

Weil die Wärmeverbrauchskurve nicht mit der Stromverbrauchskurve parallel läuft, wird die Technik der dezentralen Wärme-Kraft-Kopplung flexibler, wenn die Heimkraftwerker ihr System mit einem Wärmespeicher versehen, so daß die Stromerzeugung von der Heizleistung besser abgekoppelt werden kann. Vor allem kommen kommunale Versorgungsbetriebe, Wirtschaftsunternehmen, staatliche Verwaltungen sowie auch die EVU selbst als Eigentümer von Blockheizkraftwerken in Frage. Und die Energieboxen sollten auch von Privatleuten betrieben werden.

Die Technik der Blockheizkraftwerke und Energieboxen

besteht aus Komponenten, die längst millionenfach erprobt und bewährt sind. Im Prinzip handelt es sich um Verbrennungsmotoren mit angekuppelten Stromerzeugern, Wärmetauschern und einer Steuerung für vollautomatischen Betrieb. Die Aggregate werden bereits ab 14 Kilowatt Leistung industriell hergestellt; kleinere bis zu einigen Kilowatt für Einfamilienhäuser können ebenfalls in Serie produziert werden. Energieboxen sind ohne technische Schwierigkeiten auf Erdgas- oder Heizölbasis einzustellen. In der Bundesrepublik sind gegenwärtig etwa hundert derartige Maschinen in Betrieb.

Wenn der Markt für den freien Stromfluß erst einmal geöffnet wäre, würden sich die notwendigen Optimierungen an den derzeit angebotenen Systemen sehr schnell und — gemessen an der gigantomanen Kraftwerkstechnik — mit relativ geringen Mitteln durchsetzen lassen. Bisher gibt es noch zu wenig Fabrikanten von langsam laufenden, langlebigen Kleinmotoren, die ohne Wartung über lange Zeiträume störungsfrei funktionieren. Aber wenn die Absatzmärkte geöffnet sind, wird es der Industrie mit Sicherheit gelingen, die Lebensdauer der Stromaggregate noch zu verlängern, den Wartungsaufwand und die Schadstoffemissionen zu verringern und vor allem die Anschaffungskosten zu senken.

Die Berechnungen für die Wirtschaftlichkeit der dezentralen Wärme-Kraft-Kopplung basieren auf der Vorstellung, daß der Wärmebedarf für Raumheizung und Warmwasserbereitung in den Haushalten der Ballungszentren durch Fernwärme gedeckt wird, außerhalb der dichtbesiedelten Gebiete aber durch die dezentrale Wärme-Kraft-Kopplung erfolgt. Der Einsatz anderer Technologien wird hier nicht in Betracht gezogen, da die Nutzung der Sonnenenergie vergleichsweise gering bleiben wird und auch der Einsatz von Wärmepumpen so lange ungünstiger zu beurteilen ist, wie der Strom in Kondensationskraftwerken ohne Abwärmenutzung erzeugt wird.

Die Fernwärme kann bis zu zwanzig Prozent des Niedertemperaturwärmebedarfs in den Haushalten und im Bereich der Kleinverbraucher gewährleisten. Aber damit ließe sich das Gesamtpotential der Stromerzeugung aus der Wärme-Kraft-Kopplung erst zu 36 Prozent ausschöpfen. Der größere Teil des Potentials von insgesamt 54 Prozent kann durch Blockheizkraftwerke und Energieboxen erschlossen werden, inklusive jener 10 Prozent der Stromerzeugung, die industrieeigene Wärme-Kraft-Kopplungs-Anlagen zu produzieren vermögen.

Die erhebliche Einsparung an Primärenergie soll die folgende Aufstellung zeigen:

	in Millionen Tonnen SKE	in Prozent
zentrale Wärme-Kraft-Kopplung mit Heizkraftwerken und Fernwärme	17,5	32
dezentrale Wärme-Kraft-Kopplung mit Blockheizkraftwerken und Energieboxen	32,6	58
zusätzliche industrielle Wärme-Kraft-Kopplung	5,6	10
Primärenergieeinsparung:	55,4	100

Wenn die Technik der dezentralen Wärme-Kraft-Kopplung in die Hände privater Betreiber und industrieller Betriebe gelegt würde, wäre die potentielle Einsparung an Primärenergie annähernd doppelt so groß wie bei der zentralen Erzeugung von Strom und Wärme in Fernwärmekraftwerken. Noch stärker macht sich der Vorteil einer dezentralen gemeinsamen Erzeugung von Wärme und Strom auf der Investitionsseite bemerkbar. Während die zentrale Lösung mit den großen Wärmekraftwerken den Bau kostspieliger Leitungssysteme zur Verteilung der Fernwärme erfordert, kommen die dezentral eingesetzten Minikraftwerke im Keller weitgehend mit den vorhandenen Installationen aus. Denn die Transportsysteme für feste, flüssige und gasförmige Brennstoffe sowie das öffentliche Elektrizitätsnetz sind bereits sehr gut entwickelt.

Wie das amerikanische Vorbild zeigt, gewinnt die Tatsache, daß wesentlich weniger Kapital in energietechnischen Infrastrukturen festgelegt ist, erheblich an volkswirtschaftlicher Bedeutung. Darüber hinaus erlaubt die anpassungsfähige Struktur, die aus dem Verbund zahlreicher kleiner und mittelgroßer Kraftwerke besteht, auch eine größere Flexibilität, falls die stets »fortgeschriebenen« Bedarfsprognosen des künftigen Energiebedarfs ebensoweit danebenliegen sollten wie die der Vergangenheit.

Die Kellerkraftwerke speisen ihren Strom unmittelbar in die Ebene des Stromnetzes ein, aus der auch der überwiegende Teil der Elektrizität an die Kleinverbraucher abgegeben wird. Durch diesen Zweiwegeverkehr von Geben und Nehmen wird das Niederspannungsnetz besser ausgenutzt als gegenwärtig, so daß der jetzige Ausbauzustand des Stromnetzes für lange Zeit ausreichen dürfte. Ein wichtiger Faktor, denn immerhin stecken die großen Versorgungsunternehmen derzeit mit jährlich annähernd zehn Milliarden Mark rund die Hälfte ihrer Investitionen in das Stromverteilungsnetz. In Einzelfällen lassen sich bei den Kosten für Hochspannungsleitungen bis zu tausend Mark pro Kilowatt elektrischer Übertragungsleistung durch die dezentrale Einspeisung einsparen.

Daß Tausende Blockheizkraftwerke und Millionen Energieboxen mit der Großkraftwerkstechnik wirtschaftlich konkurrieren können, liegt an mehreren zusammenwirkenden Faktoren: Durch die Herstellung in großen Serien und die Schaffung eines echten Wettbewerbs verringern sich die spezifischen Investitionskosten. Das ergibt kurze Herstellungszeiten und niedrige Zinsbelastungen. Energieboxen und Blockheizkraftwerke arbeiten vollautomatisch mit Hilfe einer preisgünstigen, aber leistungsfähigen Steuerungselektronik. Ersatzteile bleiben erschwinglich, weil sie in Großserie produziert werden, und sie können von ortsansässigen Handwerkern eingebaut werden. Alle Kosten für Kapital, Brennstoff und Wartung der Anlage verteilen sich auf die beiden Produkte Wärme und Strom.

Schon heute haben Erfahrungen in einigen kommunalen Betrieben gezeigt, daß Blockheizkraftwerke wirtschaftlich arbeiten. Der praktische Nachweis, daß auch die Energieboxen einen großen Teil zum intelligenteren Umgang mit den Energieträgern beitragen können, mußte bisher ausbleiben, weil ihre Verbreitung politisch massiv behindert wird. Die Gründe dafür sind in den vorstehenden Kapiteln behandelt worden.

Wegen des strengen Boykotts seitens der großen EVU und der von ihnen abhängigen Politiker werden Energieboxen zur Zeit viel zu teuer angeboten, denn der große Absatzmarkt ist noch verschlossen. Unter Technikern und Ingenieuren gilt es jedoch als unstrittig, daß die Möglichkeiten, Kosten zu optimieren, in der Technik der Großkraftwerke ausgereizt sind. Auf dem Gebiet der dezentralen Wärme-Kraft-Kopplung jedoch würde ein echter Wettbewerb zwischen mehreren Herstellerfirmen, die in großen Serien produzieren, den Kapitalaufwand für Energieboxen erheblich reduzieren können.

Natürlich sollen die neuartigen Stromheizungen nicht mit den Grundlast produzierenden Braunkohle- und Atomkraftwerken konkurrieren, wegen ihrer Abhängigkeit von der Wärmeproduktion sind die Energieboxen als Kleinkraftwerke im Bereich der Mittel- und Spitzenlast ausgelegt. Das System der dezentralen Wärme-Kraft-Kopplung ist für den Betreiber jedoch erst dann wirtschaftlich, wenn der erzeugte Strom vernünftig vergütet wird. Schon eine Veränderung um wenige Zehntel Pfennig pro Kilowattstunde würde die Wirtschaftlichkeit erheblich erhöhen. Die herrschende Energiewirtschaft hat die Gefahren dieser dezentralen Kleinkraftwerke für ihr System wohl erkannt und blockiert die Durchsetzung der Energieboxen auf vielfältige Weise. Das einfachste Mittel ist der »Beweis«, »daß sich die Kraftwerke im Keller nicht lohnen«.

So hat das Verbundunternehmen EVS in einem Zweifamilienhaus zwei Totem-Energieboxen der Firma Fiat probeweise getestet. Das Ergebnis: Die Anlage rentierte sich nicht, weil die im Keller erzeugte Elektrizität nicht hoch ge nug vergütet wurde. Um das zu erkennen, hätte der Verbundriese aus dem Schwabenland auf diesen Versuch verzichten können. Hätte der süddeutsche Konzern den Totem-Betreibern ebensoviel gezahlt, wie die SCHLESWAG an die NWK entrichten muß, nämlich 13,3 Pfennig pro Kilowattstunde, hätte sich die Totem-Anlage für die Heimkraftwerker in kurzer Zeit amortisiert.

Schon bei einem Mischpreis von 12 Pfennig pro Kilowattstunde, das hat Dr. Schwarz errechnet, dauert es selbst bei den derzeit noch viel zu hohen Investitionskosten nur drei Jahre, bis eine Energiebox die Schwelle zur Wirtschaftlichkeit überschritten hat. Da in der Zukunft die Energiekosten steigen werden, verbessern sich die wirtschaftlichen Aussichten für die Energiebox ständig.

Dennoch müssen die Stromkonzerne gezwungen werden, den Strom fair zu vergüten, wenn sich die dezentrale Technik rentieren soll. Zur Zeit zahlen die Verbundriesen gemäß ihrer »Energiepolitischen Einigungserklärung«, beschlossen zwischen dem Verband Industrielle Kraftwirtschaft (VIK), dem Bundesverband Deutscher Industrie (BDI) und der Vereinigung Deutscher Elektrizitätswerke (VDEW) im Jahr 1979, nur die »bei den EVU eingesparten beweglichen Kosten«, in der Regel Brennstoffkosten. So bekommt die Industrie für den Strom, den sie in das Netz einspeist, nach dieser Vereinbarung zwischen 4,27 und 6,2 Pfennig pro Kilowattstunde im Winter und 3,03 bis 3,72 Pfennig pro Kilowattstunde im Sommer vergütet.

Auf der Grundlage dieser Dumpingpreise läßt sich die Einspeisung von Blockheizkraftwerken und Energieboxen nicht bewerten, denn vor allem im Winter laufen Wärme- und Strombedarf beinahe parallel, so daß die immensen Kapitalkosten für die Kapazitätsreserven der Großkraftwerke fortfielen, wenn sich die dezentrale Wärme-Kraft-Kopplung massenweise durchsetzte.

Eine Vielzahl von kleinen Kraftwerken bringt auch eine größere Betriebssicherheit mit sich als der Verbund weniger großer. Wie die amerikanische Regenbogen-Studie belegt, läßt sich der Ausfall kleiner Einheiten wesentlich billiger abfangen als der Blackout eines 1000-Megawatt-Klotzes. Daß die VDEW die beiden Industrieverbände bei der »Energiepolitischen Einigungserklärung« mit den vereinbarten Minipreisen kräftig über den Tisch gezogen hat, wird auch daraus deutlich, daß die in einem Atomkraftwerk, das 1989 ans Netz geht, erzeugte Kilowattstunde schon 16,8 Pfennig kostet — die Kosten für die Beseitigung des radioaktiven Mülls und für den Abbruch der nach rund zwanzig Jahren Betriebszeit verstrahlten Ruine nicht gerechnet. Die gleiche Strommenge in einem neuen Steinkohlekraftwerk wird 1989 mindestens 25 Pfennig kosten. Selbst auf der Basis der heute noch zu hohen Investitionskosten wird die Energiebox 1989 gegenüber dem Steinkohlestrom voll konkurrenzfähig sein. Dr. Schwarz ermittelte einen Erzeugungspreis von 24,8 Pfennig pro Kilowattstunde. In Großserie hergestellte Energieboxen könnten 1989 die Kilowattstunde für 20,7 Pfennig liefern.

Um die Abhängigkeit vom Ölimport deutlich zu verringern, sollten die Blockheizkraftwerke und Energieboxen nicht mit Heizöl betrieben werden, sondern mit Erdgas und Kohle auf Wirbelschichtbasis. Diese Brennstoffe werden zur Zeit schon durch reine Verbrennung zur Erzeugung der Niedertemperaturwärme eingesetzt. Es liegt also nahe, sie doppelt zu nutzen, indem beim Heizen gleichzeitig Strom erzeugt wird. Vor allem Erdgas ist dafür bestens geeignet, da es ausgesprochen umweltfreundlich verbrennt und nach heutigen Schätzungen auch in der übersehbaren Zukunft noch reichlich vorhanden sein wird.

Energieboxen und Blockheizkraftwerke, die mit Erdgas betrieben werden, lassen sich in der Zukunft auch mit Wasserstoff befeuern, so daß die Zukunftstechnik des kommenden Jahrtausends nahtlos eingeführt werden kann, ohne daß wieder immense Investitionen — wie bei der Einführung der Atomenergie — notwendig werden.

Weltweit wird auf den Ölquellen jährlich fast dreimal soviel Gas abgefackelt, wie in der Bundesrepublik zu Heizzwecken eingesetzt wird. Gas wird auch in Spitzenlastkraftwerken verbrannt, die der reinen Stromerzeugung dienen — mit den entsprechenden Wärmeverlusten. Immerhin sollen 1995 mindestens zehn Millionen Tonnen SKE Erdgas zur Stromerzeugung verfeuert werden. Um den Brennstoffbedarf der dezentralen Wärme-Kraft-Kopplung zu befriedigen, brauchte kein zusätzliches Gasimportgeschäft abgeschlossen zu werden, die Gasmengen befinden sich schon im Land. Wenn dieser flüchtige Brennstoff aus der reinen Stromerzeugung ohne Wärme-Kraft-Kopplung herausgenommen und die Gasheizungen auf Energieboxen umgerüstet würden, wäre der Brennstoffbedarf eines flächendeckenden Systems von Energieboxen und Blockheizkraftwerken mit den heute verbrauchten Gasmengen schon zu 78 Prozent gedeckt. Wegen der erheblich besseren Ausnutzung des Brennstoffs ließen sich mit dieser Technik gleichzeitig 13 Millionen Tonnen SKE an Heizöl einsparen. Weitere 15 Prozent des Brennstoffbedarfs könnte die heimische Steinkohle decken, die mit der umweltfreundlichen Wirbelschichtmethode auch aus dem Ruch des Waldkillers herauskäme. Die fehlenden 7 Prozent kann der rasch expandierende Flüssiggasmarkt zufriedenstellen sowie die mit mindestens drei Millionen SKE zu bewertenden Reserven an Biogas.

Unbestritten wird der Fernwärme bescheinigt, daß sie, vor allem wegen ihrer größeren Umweltverträglichkeit, in städtischen Ballungsräumen sinnvoll eingesetzt werden kann. Aber auch Blockheizkraftwerke und Energieboxen vermindern die Belastung der Umwelt erheblich. Denn sie verringern den Einsatz an Primärenergie für Heizwärme und Strom auf etwa sechzig Prozent gegenüber einer getrennten Erzeugung. Im gleichen Verhältnis werden der Aufwand für Gewinnung, Aufarbeitung und Transport der Brennstoffe und damit die Umweltbelastung reduziert.

Allerdings kommen aus den Schornsteinen der Blockheizkraftwerke und Energieboxen direkt vor Ort mehr Schadstoffe an die Luft als bei der reinen Heizungsanlage. In der Gesamtrechnung kommt die dezentrale Wärme-Kraft-Kopplung dennoch viel besser weg als die getrennt verlaufende Wärme- und Stromerzeugung, weil bei der Stromerzeugung in den Kondensationskraftwerken erhebliche Schadstoffmengen ausgestoßen werden, die der »saubereren« Gasheizung anteilig hinzuaddiert werden müssen.

Auch auf dem Sektor der Umweltverträglichkeit lassen sich mit geringen Investitionen auf dem Gebiet der gasbetriebenen Energieboxen noch große Effekte erzielen, etwa durch das Herunterkühlen des Abgases, wobei die gewonnene Abwärme zusätzlich in das Heizungssystem eingespeist werden könnte. Neuartige Motorenkonstruktionen wie der Stirlingmotor ermöglichen Reduktionen der Abgase auf das Niveau heute üblicher Gasheizungskessel.

Weil die Verbrauchskurven von Wärme und Strom beim Konsumenten nicht deckungsgleich sind, sollten die Blockheizkraftwerke und Energieboxen wärmeseitig ausgelegt werden. Das heißt, sie müssen so konstruiert sein, daß die Kapazität der Anlagen zum Heizen und für die Warmwasserbereitung ausreicht. Denn im Gegensatz zum Strom läßt sich die Wärme nicht kostengünstig transportieren, dafür aber mit geringem Aufwand speichern. Die Elektrizität verhält sich genau umgekehrt. Sie ist über das vorhandene Stromnetz leicht abzuführen, aber kaum wirtschaftlich zu speichern.

Die Einspeisung von Strom aus Blockheizkraftwerken und Energieboxen in das Elektrizitätsnetz weist heute keine technischen Probleme auf. Natürlich wäre es wenig sinnvoll, wenn jeder Hauseigentümer sein Minikraftwerk nach Gutdünken an- und abschaltet. Der herkömmliche Stromzähler muß zunächst durch eine Schnittstelle mit mikroelektronischem Innenleben ersetzt werden. Diese Schnittstelle ermöglicht die Fernsteuerung der Energieboxen und Blockheizkraftwerke von der örtlichen Lastverteilerzentrale nach dem Rundsteuerungssystem. Vollautomatisch können die kleinen Mehrzweckkraftwerke nach den Erfordernissen des Netzes an- und abgeschaltet werden zur Synchronisierung,

Spannungs- und Leistungsregelegung, als Beitrag zur Netz-reserve. Wenn an der elektrischen Leitung gearbeitet werden muß, werden die daran hängenden Energieboxen und Blockheizkraftwerke ebenfalls von der »Dezentrale« abgeschaltet.

Eine der Besonderheiten der Elektrizitätsversorgung gegenüber anderen Dienstleistungssektoren ist technisch bedingt: Das Verhältnis zwischen Stromerzeugung und -verbrauch muß stets neu ausbalanciert werden. Diese Regelungsaufgabe wird in der Praxis erleichtert, weil sich die Verbrauchs- und Erzeugungsschwankungen im Elektrizitätsnetz durchmischen und sich deswegen teilweise kompensieren. Das Stromnetz verhält sich ähnlich wie ein riesiger Sammelbehälter. Es kommt für die Energielenker nur darauf an, Erzeugung und Verbrauch laufend im Gleichgewicht zu halten. Das Maß dafür ist die Netzfrequenz, die wie ein Waagebalken Auskunft über den Gleichgewichtszustand erteilt. Die Lastverteiler in den EVU schätzen die jeweilige Stromnachfrage anhand von Erfahrungswerten ab, mit Hilfe sogenannter Gleichzeitigkeitsfaktoren, um die notwendige Kraftwerksleistung bereitzuhalten.

Mit derselben Methode läßt sich auch die Stromerzeugung der Energieboxen und Blockheizkraftwerke im voraus genau ermitteln. Diese Berechnungen werden dadurch erleichtert, daß die dezentralen Mehrzweckkraftwerke nach dem Wärmebedarf ihrer Betreiber ausgelegt sind. Da der Wärmebedarf — je nach Wetterlage — aufgrund statistischer Berechnungen gut bekannt ist, können die regionalen Lastverteiler problemlos ein Betriebsprogrammm aufstellen. Die Regelung des Elektrizitätsnetzes, an dem eine Vielzahl von Blockheizkraftwerken und Energieboxen hängt, wird an die Techniker kaum größere Anforderungen stellen als die derzeitige Praxis.

Solche Begriffe aus der Großkraftwerkstechnik wie »verfügbare Stromerzeugungsleistung« oder »Reserveleistung« erhalten durch die Einführung der dezentralen Wärme-Kraft-Kopplung einen erweiterten Sinn. Nach dem Prinzip der Gleichzeitigkeitsfaktoren können die Lastverteiler jeder einzelnen dezentralen Stromquelle statistische Anteile an der Kraftwerkskapazität zurechnen. Deren Summe weist eine weit höhere Zuverlässigkeit in der Versorgung auf, als sie ein Großkraftwerk gleicher Kapazität bieten kann. Je mehr dezentrale Kraftquellen das Netz füttern, desto zügiger kann die Stromwirtschaft ihre unrentablen Großkraftwerke demontieren.

Auf der Suche nach Argumenten gegen die dezentrale Energietechnik sind die Vertreter der Großkraftwerke auf ein winterliches Nachtgespenst gestoßen. »Sollte eine große Stromerzeugungskapazität an Blockheizkraftwerken zustande kommen«, führen die Stromer zu Felde, »kann es in einer besonders kalten Winternacht zu Netzzusammenbrüchen kommen, weil dann mehr Strom beim Heizen erzeugt wird, als das Netz verkraften kann.« Diese rein technische Behauptung erweist sich bei näherem Hinsehen als hohl. Selbst wenn ab sofort jedes Jahr 100 000 neue Energieboxen à zwölf Kilowatt installiert würden, gingen 25 Jahre ins Land, bis die Kleinkraftwerke eine Gesamtkapazität von 30 000 Megawatt erreicht hätten. Die geringste Netzbelastung an jenem kalten Wintertag betrug jedoch 40 000 Megawatt, die Topbelastung 52 000 Megawatt. Wenn aber der Stromverbrauch im Lauf der nächsten 25 Jahre jährlich um zwei Prozent ansteigt, dann wächst die Minimalbelastung in diesem Zeitraum auf 66 000 Megawatt an. Falls bis dahin auch Fernwärme- und Blockheizkraftwerke sowie die Industrie Strom mit derselben Steigerungsrate einspeisen, statt 20 000 dann 33 000 Megawatt, verbleibt per Saldo noch eine Lücke von 33 000 Megawatt, die von der dezentralen Wärme-Kraft-Kopplung ausgefüllt werden kann, ohne daß es zu technischen Problemen kommt.

Technische Gründe können unter den gegenwärtigen Bedingungen dazu führen, daß es zu einem mehrere Tage dauernden überregionalen Stromausfall kommt, wie zuletzt die norddeutsche »Schneekatastrophe« von 1980 gezeigt hat. In der Vergangenheit hat sich indes die Sicherheit der bundesdeutschen Stromversorgung erwiesen. Allerdings sitzt die Industriegesellschaft zwischen Flensburg und Garmisch

160

auf einem Pulverfaß, denn das Undenkbare wird nicht getestet. Wegen der permanenten Abhängigkeit vom Stromfluß hat sich noch kein Topkraftwerker getraut, probeweise einen Blackout zu schalten.

Die wahren Grenzen der Leistungsfähigkeit unseres Stromversorgungssystems zeigen sich erst, wenn es zu spät ist.

Zwischen dem Stromabnehmer und seinem Elektrizitätslieferanten besteht eine eigentümliche Abhängigkeit, die sich zutreffend als Herr-Sklave-Verhältnis beschreiben läßt. Der Verbraucher fühlt sich absurderweise als Herr über die Sklaven im Kupferdraht, die immer dann zur Verfügung stehen, wenn er sie ruft — sprich, die Lampe anschaltet. Die Stromer tun dem Verbraucher den Gefallen und steuern ihre Kraftwerke und das Verbundnetz so exakt wie möglich nach den »herrischen« Anforderungen der Stromabnehmer. Wenn die Verbraucher von ihren Sklaven jedoch zuviel verlangen, bricht das System zusammen, und der »Herr« sitzt plötzlich lebensunfähig im Dunkeln.

Eventuelle Streiks und häufige überregionale Stromausfälle würden das Vertrauen der Gesellschaft in die Segnungen des technischen Fortschritts nachhaltig erschüttern und die Bürger an ihrem Staat zweifeln lassen. Chaotische Zustände, wie sie beim letzten großen Blackout in New York aufgetreten sind, könnten sich auch in deutschen Städten ereignen. Vermutlich wird sich der Staat in derartigen Krisenfällen auf die Notstandsgesetze berufen müssen, um das Chaos zu beenden. Schon heute mehren sich die Anschläge auf Einrichtungen der Stromwirtschaft. Einzelne Gruppen hätten allein mit der Drohung, für einen Stromausfall größeren Ausmaßes zu sorgen, ein gewaltiges Druckmittel in der Hand. Denn die Stromversorgung der Bundesrepublik ist derzeit höchst verwundbar, weil die Elektrizität zentral gesteuert über gut zugängliche Leitungen und Schaltstationen transportiert wird und sich praktisch nicht speichern läßt.

Daß die staatlichen Stellen derartige Befürchtungen ernst nehmen, beweist die 1980 in Kraft getretene Verordnung »Allgemeine Bedingungen für die Elektrizitätsversorgung von Tarifkunden«. Nach dieser Verordnung müssen die

EVU pro Kunden mit höchstens 5000 Mark bei Stromausfallschäden haften. Die Verordnung ist erlassen worden, um eine Pleitewelle unter den Versorgungsunternehmen bei häufiger auftretenden Störungen zu vermeiden. Die Kosten sollen indes wieder die kleinen und mittleren Stromabnehmer tragen.

Eine wirklich krisenfeste Stromversorgung kann aber nur erreichen, wer sich mit adäquaten technischen Mitteln gegen Stromausfälle schützt. Das beste Mittel hierfür bietet ein echtes Verbundsystem, das sich im Störungsfall in viele kleine Inselnetze aufteilen läßt, die, falls notwendig, über Wochen lebensfähig bleiben. Die Voraussetzung dafür bieten Blockheizkraftwerke und Energieboxen, während die zur Zeit noch üblichen Großkraftwerke im Krisenfall versagen würden.

Die öffentliche Vorsorge muß künftige Krisen einkalkulieren. Die Umrüstung auf viele Blockheizkraftwerke und Millionen Energieboxen würde die Krisenfestigkeit sicherstellen. Im Normalbetrieb läßt sich die Brennstoffversorgung auf Erdgas stützen. Obwohl das Gasnetz vom Stromnetz unabhängig ist, sollte für den Notfall ein großer Vorrat an Flüssiggas, Methanol, Heizöl und Kohle gespeichert werden.

Im Notfall könnten auch die für den Normalbetrieb unabdingbaren wirtschaftlichen Voraussetzungen außer Kraft gesetzt werden und die Blockheizkraftwerke und Energieboxen ohne Wärmeauskopplung als Notkraftwerke arbeiten. Das wäre viel sinnvoller, als massenhaft Notstromaggregate zu installieren, die im Normalbetrieb als totes Kapital vor sich hinrosten. In Krisenzeiten könnten sich die Verbraucher im Inselbetrieb selbst versorgen, Krankenhäuser, Verwaltungen und lebenswichtige Betriebe könnten weiterarbeiten, Nachbarn sich mit Energie aushelfen. Die Dezentralisierung der Energieversorgung würde die Wirkung politisch motivierter Drohungen reduzieren, den Atomstaat überflüssig werden lassen und dazu beitragen, daß sich die Lage nach Krisen, Konflikten und Katastrophen schnell wieder entspannt.

Wenn die dezentrale Wärme-Kraft-Kopplung voll zum Zuge kommt, brauchen die umweltschädlichen reinen Kondensationskraftwerke nur noch in der warmen Jahreszeit zu arbeiten. Es wären dabei aber erheblich weniger dieser archaischen Stromerzeuger nötig. Das gesamte Potential der Wärme-Kraft-Kopplung würde ausreichen, die derzeitige Höchstleistung von 52 000 Megawatt im Winter bereitzustellen. Erst im Sommer, wenn die Heizleistung auf Null sinkt, entstünde eine Stromlücke. Insgesamt würden in der warmen Jahreszeit etwa 22 000 Megawatt benötigt, davon könnten 13 000 Megawatt von Heizkraftwerken mit eigener Kondensationseinrichtung erbracht werden, nur 9000 Megawatt würden aus Kondensationskraftwerken stammen.

In der Zukunft wird sich das Nachfrageverhältnis zwischen Wärme und Strom verschieben. Der Wärmebedarf wird leicht abnehmen und der Strombedarf leicht ansteigen. Selbst bei einer hochgegriffenen Zuwachsrate für Elektrizität von fünf Prozent pro Jahr müßten in 25 Jahren — bei vollem Einsatz der Wärme-Kraft-Kopplung — nur 30 000 Megawatt aus Kondensationskraftwerken beigesteuert werden. Heute beträgt die installierte Leistung solcher Kraftwerke ohne Reservekapazität 55 000 Megawatt. Das bedeutet, daß kein einziges zusätzliches Großkraftwerk gebaut werden muß. Sollte sich die Wärme-Kraft-Kopplung durchsetzen, könnten im Gegenteil die schlimmsten Dreckschleudern reihenweise verschrottet werden.

Außer den ordnungspolitischen Rahmenbedingungen, die auf dem NS-Energiegesetz beruhen, bildet die Preispolitik der EVU das größte Hindernis auf dem Weg zu einer dezentralisierten Energiegesellschaft. So lange sich die Stromversorgungsunternehmen weigern, faire Preise für eingespeisten Strom zu entrichten, können sich fortschrittliche Energietechniken nicht durchsetzen — es besteht kein Markt, weil die Verbreitung der intelligenteren Kraftwerkstechnik mit allen Mitteln der Vernebelung, Einschüchterung und Verdummung blockiert wird.

Unter den geltenden Bedingungen bleibt den großen EVU gar keine andere Wahl, als an den überkommenen Strukturen festzuhalten, denn außer um Macht geht es ausschließlich auch um Geld. Würde das zur Zeit mögliche Potential von derzeit 45 Prozent der Stromerzeugung in dezentralen Wärme-Kraft-Kopplungs-Anlagen nur zur Hälfte erreicht werden, würden jährlich zehn Milliarden Mark Umsatz den Besitzer wechseln. Diese Summe würde von der Stromwirtschaft auf andere Wirtschaftsbereiche umverteilt werden. Sie fiele noch größer aus, wenn auch das Potential privater dezentraler Stromerzeugung aus unerschöpflichen Energiequellen wie Wasser, Wind und Biogas einbezogen würde.

Freiwillig werden die Stromer also nie das besetzte Terrain räumen, zumal sie schon heute auf gewaltigen Überkapazitäten sitzen. Deshalb muß der Gesetzgeber einschreiten und für die, vor allem von den Rechtsparteien im Bundestag, heiliggesprochene »freie Marktwirtschaft« auch auf dem Energiesektor sorgen. Es wäre keineswegs damit getan, den Verbundunternehmen von staatlicher Seite die Dezentralisierung zu verordnen. Wenn die Stromer alleinige Besitzer von Blockheizkraftwerken und Energieboxen würden, wäre das ein glatter Verstoß gegen das Grundgesetz, das die Individualsphäre schützt und die Integrität der Wohnung garantiert.

Energieboxen stellen ihrem Charakter nach Produktionsmittel dar, die von möglichst vielen eingesetzt werden sollten. Diese Technologie könnte dazu führen, daß die verdateten und verdrahteten Bürger ein Stück Eigenständigkeit zurückgewinnen, während die Vorstellung, daß die stromerzeugende Heizung im Keller einem riesigen Versorgungsunternehmen gehört, für die Mehrzahl der selbständig denkenden Menschen gewiß unerträglich wäre.

Die dezentrale Energieversorgung ist eine verfassungskonforme Technologie, mit der der einzelne aus seiner Passivität und vielschichtigen Abhängigkeit von undurchschaubaren Systemen ein gutes Stück befreit wird. Der Ruf nach Verstaatlichung hilft keineswegs weiter — wie sich an dem französischen Beispiel absehen läßt, wo die staatliche Electricité de France (EDF) auf einer Halde von teurem Atomstrom sitzenzubleiben droht.

Das Elektrizitätsnetz ist von mindestens ebenso großer Bedeutung wie das Straßen- oder Schienennetz. Der freie Zugang muß dringend geregelt werden. Mit den bereits vorhandenen Leitungen, die mehrere Generationen von Kleinabnehmern bezahlt haben, könnte jetzt die Ernte eingefahren werden. Das Netzsystem eignet sich vorzüglich für den Anschluß von Blockheizkraftwerken und Energieboxen. Mit der Öffnung des Stromnetzes muß gleichzeitig eine Änderung der bestehenden Tarifstruktur einhergehen. Es ist nicht einzusehen, warum die Stromer auf ihren Privilegien beharren dürfen. Die EVU haben die Stromtarife in mehrere Bereiche aufgeteilt, in Grund- oder Leistungspreise und in Arbeitspreise. Diese Teilung wurde von den Strompolitikern damit begründet, daß für die hohen Festkosten des investierten Kapitals sogenannte Leistungsbereitstellungspreise von den Tarifkunden erhoben werden müssen. Diese Staffelung der Abnahmepreise fördert den verschwenderischen Umgang mit der kostbaren Energie Strom.

Andere Wirtschaftssektoren, wie etwa die Wasserwerke, müssen auch enorm viel Geld in ihre Anlagen investieren und rechnen die gelieferte Ware Wasser dennoch gewöhnlich ohne Leistungsbereitstellungspreise ab. Ein Beispiel dazu: Große Sonnenkraftwerke arbeiten, wenn sie erst fertiggestellt worden sind, nahezu kostenlos, was die reine Stromerzeugung betrifft. Die bei einem Solarkraftwerk auftretenden Kosten sind also nahezu hundertprozentig Kapitalkosten. Die EVU könnten bei einem solchen Sonnenkraftwerk also auf jeden Stromzähler beim Abnehmer verzichten und den Tarif allein nach den anteiligen Baukosten berechnen. Die Verbraucher wären also zum hemmungslosen Stromverbrauch angereizt, weil sie ihre Rechnung bezahlen müssen, ob sie die Energie abnehmen oder nicht.

Den besten Weg zu einer kostenechten Tarifstruktur haben die Amerikaner mit dem erwähnten Strom-Zeit-Verbrauchs-Tarif schon vorgezeichnet. Dieses System würde bei der massenweisen Einführung dezentraler, zweifach genutzter Kraftwerke die teuren Lastspitzen abbauen und es den Betreibern von Energieboxen ermöglichen, ihre Anlagen als kleine Spitzenlastkraftwerke immer dann zuzuschalten, wenn der Strompreis wegen der großen Nachfrage gerade hoch ist. Über den Mikroprozessor in der Schnittstelle, die den altmodischen Zähler ersetzt, kann der Energiebox-Eigentümer dann wie an der Börse die Höhe des Strompreises bestimmen, die für ihn wirtschaftlich ist. Sobald sich genügend Energieboxen und Blockheizkraftwerke zugeschaltet haben, balanciert sich das Verhältnis von Angebot und Nachfrage automatisch aus, der Strompreis sinkt wieder, die Energieboxen werden abgeschaltet, sobald der Strompreis wieder unter die Rentabilitätsgrenze gefallen ist.

Daraus könnte sich das volkswirtschaftlich sinnvolle Zusammenspiel der Kräfte so entwickeln, daß jeweils immer die am billigsten produzierenden Anlagen arbeiten. Mit technischer Intelligenz kann die »Unprofessionalität« der Energiebox-Betreiber kompensiert werden, denn nicht jeder, der seine Heizung durch eine Energiebox ersetzt, muß auch gleichzeitig ein elektrotechnischer Fachmann werden. Der volkswirtschaftliche und gesellschaftspolitische Nutzen geht weit über die technischen Vorteile hinaus. Mit der flächendeckenden Umrüstung auf die dezentrale Wärme-Kraft-Kopplung würde, noch bevor ein großer Strommarkt existiert, ein ungeheurer Investitionsschub über den konsumtiven in den investiven Bereich vorstoßen. Das erforderliche Fertigungspotential ist in der Automobil- und Elektronikindustrie vorhanden. Wartung und Reparatur könnten Klempnereien, Schlossereien und Elektriker übernehmen. Dieser Markt, der große Exportchancen bietet, könnte wegen der zahlreichen arbeitsintensiven Teilbereiche Hunderttausende neuer, dauerhafter Arbeitsplätze bieten. Der Wettbewerb unter den hauptberuflichen Kraftwerkern und den Nebenerwerbsstromern benötigt als Schauplatz lediglich das bereits vorhandene Elektrizitätsnetz. Da dieses Netz gleichzeitig die Grenzen des künftigen Wettbewerbs festlegt, muß der Staat die Energieaufsicht übernehmen und die Ankaufs- und Verkaufsbedingungen des Stromgeschäfts regeln. Damit würde der Forderung aus der Präambel des Energiewirtschaftsgesetzes, die angeschlossenen Kunden jederzeit und so billig wie möglich mit Elektrizität zu versorgen, besser entsprochen. Dieser Optimierung des Stromversorgungssystems auf den größtmöglichen Nutzen für die Gesellschaft und die Volkswirtschaft müssen die unternehmerischen Interessen der Stromer untergeordnet werden. Die großen Verbundunternehmen würden bei voller Nutzung der dezentralen Energieerzeugung ihre Aktivitäten weitgehend auf das Betreiben des Stromnetzes beschränken müssen.

Dazu muß nicht nur endlich ein demokratisches Energierecht her, das die Rechte der privaten Einspeiser wahrt und die Dezentralisierung fördert, der Staat muß auch seine ungeheuren Finanzhilfen für die Stromwirtschaft umschichten in ein dezentrales Fahrwasser. Die öffentliche Einflußnahme ist vor allem auch wichtig, weil die Vertreter einer dezentralisierten Energietechnik hierzulande keine Lobby haben.

Wenn wir auch als Volk der Dichter und Denker in weiten Bereichen schon abgedankt haben, sollte sich in diesem Land doch eine Mehrheit finden lassen, die das »made in Germany« als Markenzeichen echter Qualitätsarbeit verteidigt. Der Umgang mit der Energie, vor allem mit der Elektrizität, wird auch in der Zukunft immer eine technologische, wirtschaftliche und politische Schlüsselfrage bleiben. Angesichts der rasanten Weiterentwicklung zukunftsträchtiger Formen der Stromerzeugung und des fast lautlosen Strukturwandels wird das Ende der heute noch praktizierten Dinosauriertechnik unausweichlich kommen, siehe das Beispiel Amerika. Während unser wirtschaftlicher Karren langsam, aber sicher den Berg hinunterrattert, sollte endlich einmal jemand auf die Idee kommen, den selbsternannten Lenkern der bundesdeutschen Stromwirtschaft den Führerschein abzunehmen.

Blitzkrieg ohne Ende?

Es soll kein Geheimnis bleiben, daß es vor allem die dem eigenen Verständnis nach staatstragenden Rechtsparteien CDU/CSU und FDP sind, die die Energiewirtschaft am liebsten weiterwurschteln lassen würden wie bisher. Empört traten CDU-Vertreter während des Wahlkampfs in Nordrhein-Westfalen im Mai 1985 in die Öffentlichkeit und griffen die Koalitionspläne von Sozialdemokraten und Grünen in Hessen heftig an. »Die rot-grüne Zusammenarbeit vor allem auf dem Energiesektor führt zu einer anderen Republik!« Das walte Gott, denn irgend jemand muß die diktatorischen Strukturen aus der Hitlerzeit beseitigen, bevor eine neue Krise kommt. Denn nicht die Gesellschaft hat sich der Energieversorgung anzupassen, sondern die Versorgungsindustrie muß sich den sozialen, gesellschaftlichen und ökologischen Belangen unterordnen.

Aber auch die Sozialdemokraten haben sich in der Vergangenheit nicht mit Ruhm bekleckert. Die Gewerkschaften leben ohnehin von der Zentralisierung und fürchten sich vor einer Demokratisierung der Stromversorgungsstruktur. Teile der Gewerkschaften — vor allem die IG Metall — können sich im besten Fall eine verstaatlichte Energiewirtschaft vorstellen. Doch unter dem Druck der Grünen beginnt sich die alte Dame SPD langsam zu räkeln, und es sieht so aus, als würde sie tatsächlich aufwachen. Im nordrhein-westfälischen Wirtschaftsministerium werden inzwischen die rechtlich problematischen Institutionen des Generalinspektors für Wasser und Energie und des Reichswirtschaftsministers diskutiert. Nach dem Aufwind durch den triumphalen Sieg bei den Landtagswahlen fühlt sich der Düsseldorfer Wirtschaftsminister Reimut Jochimsen stärker als 1980, als er die Zeit für den Kampf mit den Gebietsmonopolisten noch nicht für reif erachtete. Immer mehr Experten in seinem Ministerium beginnen sich mit dem amtlichen Kommentar des Energiewirtschaftsrechtes von Eiser-Riederer-Obernolte auseinanderzusetzen: »Umstritten«, heißt es darin, »ist die Geltung des Führererlasses vom 29. Juli 1941 — die Aufsicht übt der Generalinspektor für Wasser und Energie aus —, mit welchem die ursprüngliche Fassung des § 1 Absatz 2 des Energiewirtschaftsgesetzes außer Kraft gesetzt wurde. Die ursprüngliche Fassung des § 1 Absatz 2 lautete: ›Die Aufsicht übt der Reichswirtschaftsminister aus, und zwar, soweit Belange der Energieversorgung der Gemeinden und Gemeindeverbände berührt werden, im Einvernehmen mit dem Reichsminister des Innern in seiner Eigenschaft als Kommunalaufsichtsbehörde.‹ Teils wird behauptet, der Erlaß sei von Anfang an richtig gewesen, weil dem ›Führer‹ die Ermächtigung zu solchen gesetzesvertretenden Akten gefehlt habe, teils wird angenommen, der Erlaß sei rein kriegsbedingt und daher mit Kriegsende außer Kraft getreten, und schließlich wird die Meinung vertreten, der Erlaß widerspreche rechtsstaatlichen Grundsätzen und besonders dem im Grundgesetz garantierten Selbstverwaltungsrecht und sei deswegen mit dem Untergang des ›Dritten Reiches‹ beziehungsweise mit dem Inkrafttreten des Grundgesetzes weggefallen.

All diese Argumente schlagen nicht durch: Die Wirksamkeit einer Rechtsnorm bemißt sich nach den Gesetzgebungsvorschriften, die zur Zeit ihres Erlasses gelten. Auch Gründe der Rechtssicherheit verlangen die Anerkennung der einmal vorhanden gewesenen Verfassungswirklichkeit. Der Erlaß stellt auch keinen Verstoß gegen Artikel 28, Absatz 2, des Grundgesetzes dar, da dort den Gemeinden und Gemeindeverbänden das Selbstverwaltungsrecht nur ›im Rahmen der Gesetze‹ garantiert ist und der Erlaß als solch einschränkendes, als Bundesrecht fortgeltendes Gesetz angesehen werden muß. Es ist zwar richtig, daß der Erlaß einleitend erklärt, diese Regelung sei ›mit Rücksicht auf die besonderen Erfordernisse des Krieges‹ erfolgt. Er führt aber selbst als weiteres Motiv ›die Notwendigkeit einheitlicher Planung‹ der Energiewirtschaft an, also einen Gesichtspunkt, dessen Berücksichtigung schon lange vor 1935 gefordert wurde und der auch heute noch aktuell ist. Die durch den Erlaß geschaffene Rechtssituation ist überdies im praktischen Vollzug des Energiewirtschaftsgesetzes seit 1941 in der Rechtsüberzeugung anerkannt worden. Es ist deshalb davon auszugehen, daß die ursprüngliche Fassung von Paragraph 1, Absatz 2, Energiewirtschaftsgesetz außer Kraft getreten ist.«

In einem Arbeitspapier vom April 1985 kommen die Rechtsexperten des nordrhein-westfälischen Wirtschaftsministeriums zu einer juristischen Bewertung: »Im Gegensatz zur Staatsform des III. Reichs, gekennzeichnet durch die Kommandostruktur des Führerprinzips — ist die Bundesrepublik Deutschland eine föderalistisch verfaßte Demokratie — in diese völlig andere Wirtschafts- und Gesellschaftsordnung ragt noch heute das Energiewirtschaftsgesetz wie ein Monolith hinein ... Rechtsunsicherheiten sind darin begründet, daß die im Energiewirtschaftsgesetz genannten aufsichtsführenden Institutionen ›Reich‹ und ›Generalinspektor‹ nicht zweifelsfrei auf die Institutionen Bund und Länder bzw. Bundeswirtschaftsministerium und Länderwirtschaftsminister bzw. Senatoren übergeleitet werden können. Denn die unterschiedlichen Verfassungsinstitutionen beider Staatsformen lassen sich prinzipiell nicht aufeinander abbilden.« Und weiter: »Im Ergebnis ist im Geltungsbereich des Energiewirtschaftsgesetzes als Folge der Auflösung des III. Reiches und ihrer nur partiell möglichen Ausfüllung durch die Überleitungsartikel des Grundgesetzes ein Machtvakuum entstanden.«

Für die Topmanager des RWE sind die Überlegungen im Hause des nordrhein-westfälischen Wirtschaftsministers ein Greuel. So machte sich der Diplomingenieur Bernd Stoy, der in seinem Betrieb als »Vater der Nachtspeicherheizung«

gefeiert wird, in einem Schreiben an einen kritischen Fernsehjournalisten Luft: »Auch kann die Elektrizitätswirtschaft nicht unwidersprochen hinnehmen, wenn der Wirtschaftsminister des Landes Nordrhein-Westfalen sich zu der Bemerkung versteigt, ›Ich würde es für absurd halten, daß ein Gesetz, das aus nationalsozialistischer Selbstversorgungspolitik entstanden ist, das Autarkie und Aufrüstung gedient hat, heute noch mit dem Gemeinwohlbegriff der dreißiger Jahre belegt wird‹.« Der RWE-Mann war von der Abteilung Öffentlichkeit und Information seines Unternehmens beauftragt worden, den Journalisten für eine kritische Sendung kräftig zu tadeln: »Durch Ihre Kommentare wie ›Abhängigkeit von Stromkonzernen‹, ›größte und politisch mächtigste Stromproduzenten‹, ›Stromkonzerne‹, ›Macht der Energiekonzerne‹, ›Kampf gegen die Stromwirtschaft‹, ›Übermacht den Kampf ansagen‹ usw. bzw. die Häufung solcher Schlagworte kommen Sie einer Hetzkampagne schon ziemlich nahe.«

Der Herrschaftsanspruch des RWE erstreckt sich offensichtlich auch auf die sprachliche Diktion der Journalisten. Doch seit nicht mehr allein politisch motivierte Systemkritiker die Herrschaftsstrukturen angreifen, sondern auch veritable Minister in Amt und Würden öffentlich über die NS-Vergangenheit des »Energiewirtschaftsgesetzes« diskutieren, bricht diese vordere Verteidigungslinie der Stromriesen zusammen. Immerhin hatten die gemeindlichen Kraftwerker schon in den dreißiger Jahren vom »Abwehrkampf gegen die Konzerne« gesprochen.

Verzweifelt versucht daher der größte private Investor der Bundesrepublik, seine Schäflein um sich zu scharen. Wegen der zahlreichen Angriffe gegen das RWE gab der Konzern an seine kommunalen Mitbesitzer eine 56seitige Argumentationshilfe aus. Original-RWE-Ton: »Eine Reform des Energiewirtschaftsgesetzes ist nicht notwendig« und: »Das Energiewirtschaftsgesetz entspricht heutigen rechtsstaatlichen und demokratisch-föderalistischen Erfordernissen.« Mehr noch: »Das Energiewirtschaftsgesetz geht auf Vorarbeiten aus den 20er Jahren zurück. Es ist durch den freiheitlich-pluralistischen Geist der Weimarer Zeit geprägt und enthält kein nationalsozialistisches Gedankengut.«

Kein Wort erfahren die kommunalen Aktionäre von ihrer Geschäftsleitung über den Wegbereiter des Nationalsozialismus, Hjalmar Schacht, der Hitler und die Industriellen zusammengeführt hatte. Die PR-Strategen des RWE verlieren auch nicht eine einzige Silbe über Schachts Taschenspielertricks zur Finanzierung des Zweiten Weltkriegs. Selbst Hitler hatte ihm ja bescheinigt, er sei großartig im Bescheißen. Und nichts verlautet über Schachts öffentliche Begründung des Energiegesetzes »zur Wehrhaftmachung der Energieversorgung«.

Das bewußte Verschweigen der braunen Vergangenheit muß den Öffentlichkeitsarbeitern des RWE dennoch wie ein Stein im Magen drücken, seit sie von dem Papier erfahren haben, das der nordrhein-westfälische Wirtschaftsminister Jochimsen an den »Reichswirtschaftsminister« gesandt hat. Zur Erklärung: Den Reichswirtschaftsminister gibt es noch, und zwar in Gestalt der elf Energiereferenten der Länderwirtschaftsminister und des Energiereferenten im Bundeswirtschaftsministerium. Wenn dieses Dutzend in schöner Regelmäßigkeit in den Räumlichkeiten der linientreuen Versorgungsunternehmen zusammentritt, trifft sich der Rechtsnachfolger des Reichswirtschaftsministers mit den Gestalten, die den Generalinspektor faktisch beerbt haben.

Zu ihrer Sitzung am 23. April 1985 erhielten sie ein Schreiben vom nordrhein-westfälischen Wirtschaftsministerium, das eine Reihe für sie unangenehmer Probleme ansprach. »Nicht Gegenstand des gegenwärtigen Prüfungsausschusses der Wirtschaftsministerkonferenz, doch von großer Bedeutung für die praktische Ausübung der staatlichen Aufsicht im Energiewirtschaftsgesetz ist die Frage, in welcher Weise die zentrale Aufsichtsinstitution der vorkonstitutionellen Zeit ›Generalinspektor für Wasser und Energie‹ auf die Aufsichtsinstitutionen der Bundesrepublik faktisch übergeleitet werden müßte und könnte. Diese Frage ist deshalb wichtig, weil sich die großen Verbundunternehmen mittels der Deutschen Verbundgesellschaft untereinander zu einer freiwilligen Koordinierung der überregionalen Fragen des Stromversorgungssystems verpflichtet haben, während auf der staatlichen Seite eine vergleichbar wirkungsvolle Koordinierung nicht in jedem Fall gesichert erscheint.« Der ministerielle Rundbrief betraf den Arbeitskreis Energiepolitik, der von der Wirtschaftsministerkonferenz mit der Überprüfung der energierechtlichen und energiewirtschaftlichen Möglichkeiten einer rationellen und umweltgerechten Gestaltung der Energieversorgung beauftragt worden war.

Die Wirtschaftsministerkonferenz, die noch vor wenigen Jahren den Versorgungsunternehmen freiwillig die Planung der Energieversorgung überlassen hatte, akzeptiert endlich, daß die Präambel des alten NS-Gesetzes gleich nach dem Krieg gestrichen wurde. Das wurde auch höchste Zeit, denn im offiziellen Kommentar zum Energierecht steht wörtlich: »Nicht zu unterschätzen ist auch die Wirkung der zwar gesetzwidrigen, aber ganz allgemein üblichen Behandlung der Präambel als selbständiger Gesetzesbestimmung. Dabei wurden in das Gesetz ›Rechtssätze‹ hineingetragen, die es gar nicht enthält.«

Das Land Nordrhein-Westfalen ist zur Zeit der Vorreiter auf dem Weg zu einer rationellen und umweltfreundlichen Energiewirtschaft. »Aufgrund der Umweltbelastung werden neue Anforderungen an das Stromversorgungssystem gestellt. Sie erfordern eine Neubestimmung bisher für richtig gehaltener technischer, wirtschaftlicher und rechtlicher Positionen, da sich die gesamtwirtschaftlich optimale Konfiguration und Betriebsweise des Gesamtsystems verändert hat«, heißt es in den »Grundlegenden Überlegungen zum Energiewirtschaftsgesetz«. »Die Ursache für die Diskrepanzen liegt in einem nicht ausgewogenen Machtverhältnis zwischen den Interessen der großen Elektrizitätsversorgungsunternehmen auf der einen Seite und den Interessen der industriellen und der kommunalen Stromerzeuger auf der anderen Seite.«

Regierungsamtliche Überzeugung ist es in Nordrhein-Westfalen, daß das in dem bestehenden elektrischen Verbundsystem liegende Potential aus rationeller Energienutzung und preiswürdiger Stromversorgung nur unzureichend ausgeschöpft wird. »Es ist notwendig«, sagt Minister Jochimsen, »ein kooperatives Zusammenwirken sämtlicher an das Elektrizitätsnetz angeschlossener Erzeuger und Verbraucher zu erreichen.« Nach den Vorstellungen des nordrheinwestfälischen Wirtschaftslenkers sollte die Einspeisung von Strom aus Kraftwerken, die weniger als 10 000 Kilowatt Leistung bringen, von der im Energiewirtschaftsgesetz verlangten Anzeigepflicht und Genehmigungsvorbehalten befreit werden. »Es ist notwendig«, sagt er, »die entsprechenden Gesetze und Verordnungen soweit zu ändern, daß die EVU verpflichtet werden, in Eigenerzeugung gewonnenen Strom in einer auf deutsche Verhältnisse übertragenen Analogie des US-amerikanischen Public Utility Regulatory Act in ihre Netze aufzunehmen.«

Dabei setzt Jochimsen auf die Marktwirtschaft in der Stromerzeugung: »Hier erscheint mehr Wettbewerb nicht nur notwendig, sondern auch möglich, da nur die Transport- und Verteilungsanlagen Monopolcharakter haben, nicht jedoch die Erzeugungs- und Verbrauchsanlagen. In diesem Zusammenhang wären auch die Vor- und Nachteile einer Trennung der Verfügung über die Netzanlagen von der Stromerzeugung eingehend zu prüfen. Eine solche Trennung könnte dazu beitragen, jeglicher Stromerzeugung, unabhängig, ob sie in großen oder kleinen Kraftwerken stattfindet oder wie ihre jeweiligen Besitzverhältnisse aussehen, gleichrangige marktwirtschaftliche Wettbewerbschancen einzuräumen.« Und Jochimsen hat seine Ministerkollegen an die amerikanischen Tarifstrukturen erinnert sowie die in seinem Haus erarbeiteten Möglichkeiten des Stromspitzenabbaus mit dem Zeit-Verbrauchs-Tarif in die Diskussion gebracht.

Während die SPD in Nordrhein-Westfalen Möglichkeiten einer neuen Energiezukunft diskutiert, bleibt in Baden-Württemberg vorläufig alles beim alten. Ende 1983 hatten die Grünen mit Wolf-Dieter Hasenclever als Wortführer einen Gesetzentwurf zur Förderung der dezentralisierten Energiewirtschaft im Stuttgarter Landtag eingebracht. Mit diesem Antrag im Parlament wollte die Ökofraktion die Landesregierung auffordern, den energiepolitischen Spielraum des Landes Baden-Württemberg für die Entwicklung dezentraler Energietechnologien voll zu nutzen. Dabei verwiesen die Grünen auf die beschäftigungspolitischen Impulse, vor allem in strukturschwachen Räumen.

Die Landesregierung sollte — nach dem Antrag der Grünen — auch dafür sorgen, daß für die Einspeisung aus unerschöpflichen Energiequellen ein fairer Stromtarif geschaffen wird. Das Land sollte, wo es notwendig würde, Bürgschaften übernehmen und einen dem Parlament verpflichteten Energiebeauftragten ernennen. Der grüne Vorstoß verlief im Sande nach dem Radio-Eriwan-Prinzip. Eigentlich waren alle Abgeordneten dafür, aber nur Teile der SPD-Fraktion stimmten für den alternativen Antrag, die Mehrheit war der Überzeugung, daß zur Durchsetzung der lobenswerten Ziele eine Änderung des bestehenden Energiegesetzes nicht notwendig sei.

Auch die Bremer Grünen versuchten Ende Mai 1984, die regierende SPD auf die dezentrale Schiene zu locken. Doch der in der Verantwortung stehende Senat mochte sich nicht so weit vorwagen. Der Antrag für das Gesetz zur Förderung der dezentralisierten Energiewirtschaft wurde in den zuständigen Ausschuß geschoben, dort ruht er noch heute. Statt dessen verkaufte der stark verschuldete Stadtstaat Bremen einen Zwanzigprozentanteil seiner Stadtwerke an die NWK. Damit vergab sich Bremen die Chance, seiner maroden Werftindustrie mit dem Bau von Blockheizkraftwerken und Energieboxen das Überleben zu sichern.

Aus diesen Erfahrungen ihrer Kollegen hat die Hamburger GAL gelernt. Sie forderte im Oktober 1984 den Senat auf, über den Bundesrat tätig zu werden. Ihr Antrag: »Die Bürgerschaft möge beschließen: Der Senat wird ersucht, umgehend im Bundesrat folgende Gesetzesnovellierung einzubringen: Im Gesetz zur Förderung der Energiewirtschaft vom 13. Dezember 1935 sind die Ausdrücke ›Reich‹, ›Generalinspektor für Wasser und Energie‹ sowie ›Reichswirtschaftsminister‹ durch Namen, Titel und Institutionen der

grundgesetzlichen Ordnung von 1949 zu ersetzen.«
Zur Begründung führten sie aus: »Über ein Jahrzehnt nach
Beginn der Energiekrise und angesichts des dramatisch zunehmenden Waldsterbens sowie der Vernichtung unserer
natürlichen Lebensgrundlagen dürfen nicht länger Unklar-
heiten über die Zuständigkeiten und die Verantwortung zur
wirksamen Lösung der Energie- und Umweltprobleme üb-
rigbleiben.«
Auch dieser Vorstoß erhielt ein Begräbnis erster Klasse. Als
die GAL-Fraktion Mitte November 1984 wegen einer von
der Mehrheit abgelehnten Debatte über einen Abschiebefall
aus Protest geschlossen das Parlament verließ, wurde der
Entnazifizierungsantrag flugs in den zuständigen Ausschuß
verwiesen und so eine peinliche öffentliche Diskussion vermieden.
Am weitesten vorgedrungen in Sachen Energiegesetz und
Entnazifierung der energiewirtschaftlichen Struktur ist bisher Karl Otto Meyer, der einzige Abgeordnete der schleswigschen Minderheit im Kieler Parlament. Ein fast dem ba-
den-württembergischen Antrag entsprechender Gesetzentwurf fand die Zustimmung der oppositionellen SPD. Obwohl auch diese gesetzliche Aufforderung zur Dezentralisierung der Energieerzeugung zunächst in den Ausschuß verwiesen wurde, ist sie dort nicht liegengeblieben. Die Kieler
Parlamentarier haben sich mit der Problematik wenigstens
ernsthaft auseinandergesetzt.
Als Meyer dann auch noch den Antrag zur Entnazifizierung
des bestehenden Energiegesetzes nachschob, kam Bewegung in das Parlament. Karl Otto Meyer gelang es, mit seinem Debattenbeitrag am 23. April 1985 die Abgeordneten
aller Fraktionen für die Sache zu gewinnen: »Kaum zu glauben — aber vierzig Jahre nach der Kapitulation des Deutschen Reiches und sechsunddreißig Jahre seit Errichtung
der Bundesrepublik Deutschland geistern sie immer noch —
wenn auch kursiv gedruckt — durch die Gesetze des heute
in der Republik geltenden Rechts: Die Reichskanzler,
Reichsminister, Reichsbürger und andere, von denen man
glaubte, daß sie längst gestorben, begraben und vergessen

wären. Einige sind noch älter als die braunen Machthaber, mit denen man diese Gespenster heute am ehesten identifiziert. Sie stammen noch aus der Zeit von Weimar — oder die ganz senilen noch aus dem Kaiserreich. Und ein Mensch von heute fragt sich: Was haben diese Gestalten heute noch in den Gesetzbüchern zu suchen? Sollen sie eine Tradition erhalten? Oder gar eine neue begründen helfen? — Man mag es nicht glauben, und so kann es wohl auch nicht gemeint sein. Hat man vergessen, sie zu entnazifizieren? — Das Grundgesetz der Bundesrepublik sagt ja ausdrücklich in Artikel 139, daß die Rechtsvorschriften zur ›Befreiung des deutschen Volkes von Nationalsozialismus und Militarismus‹ weiterhin Geltung haben. Anscheinend ist da noch einiges zu tun — vierzig Jahre danach. Es gibt eigentlich nur zwei Erklärungen dafür, daß das heute hier geltende Recht diese gespenstig anmutenden Formulierungen in über einem Menschenalter nicht beseitigt bekommen hat. Einmal, weil man es nicht gewollt hat — und zum anderen, weil man hier eindeutig geschlampt hat. Ich möchte bis zum Beweis des Gegenteils das letztere unterstellen.

Wenn das aber der Fall ist, dann ist es wohl endlich allerhöchste Zeit, hier einmal eine verbale Ausmistung vorzunehmen. Man würde damit auch dem höchstrichterlichen Gebot nachkommen, daß Gesetze transparent und allgemein verständlich und von jedermann zu lesen sein sollen. Was soll denn so ein armer Bürger denken, wenn er im Einführungsgesetz zum BGB mit Begriffen wie ›Reichsangehörigkeit‹, ›Reichskanzler‹ oder ›landesherrliche Verordnung‹ konfrontiert wird? Der denkt doch, er lebt hundert Jahre zu spät und ist völlig überfordert, wenn er nun herausfinden soll, wer denn nun heute mit diesen Begriffen gemeint sein sollte.

Natürlich könnte er ja auf den Artikel 123 des Grundgesetzes verwiesen werden, der die Fortgeltung des alten Rechts regelt. Aber dadurch wird die allgemeine Verständlichkeit alter Gesetze aus der Zeit des II. und des III. Reiches einem Bundesbürger ja keineswegs mehr verständlich. Es gibt da viele Gesetze: Das Depotgesetz, das Wechselgesetz, das

Scheckgesetz, die Konkursordnung, das Reichssiedlungsgesetz, das Reichsheimstättengesetz und viele andere. Da wimmelt es nur so von Reichsministern und Begriffen wie ›Frontkämpfer‹, ›nationale Arbeit‹, ›Wehrmacht‹, ›Reichsbürger‹ und ähnlichen Reminiszenzen, die heute ohne Inhalt sind und die deshalb endlich einmal verschwinden sollten, weil sie verwirren statt klären und weil sie Erinnerungen an Formen des Staatslebens in diesem Lande wachrufen, die wir alle nicht gerne mit einem demokratischen Rechtsstaat in Verbindung gebracht wissen möchten. Am allerschlimmsten ist es im Gesetz zur Förderung der Energiewirtschaft. Da übt in Paragraph 1 heute noch der Generalinspektor für Wasser und Energie die Aufsicht aus. Ich meine, daß es höchste Zeit wird, daß dieser Herr ein für allemal ersatzlos verschwindet, denn ich kann mir nicht vorstellen, daß irgendein Mensch ihn heute im Ernst für notwendig erachtet. Dieser Generalinspektor wurde im Rahmen einer ins Haus stehenden Kriegswirtschaft von den braunen Machthabern ohne Mitwirkung einer Volksvertretung ins Leben gerufen. Er hat heute in geltender Gesetzgebung nichts mehr zu suchen.

Die Wahrheit und Klarheit der Gesetze sollte in einem geordneten Staatswesen gewährleistet sein. Sechsunddreißig Jahre Unterlassung auf diesem wichtigen Gebiet sind mehr als genug — um nicht zu sagen zuviel gewesen. Verlangen Sie die Gesetze von damals — soweit sie weiter Geltung haben — à jour zu führen in einer heute verständlichen Formulierung.

Das meiste dazu Erforderliche sind sicher einige intensive Arbeitsmonate für versierte Juristen. Bei der heute herrschenden Juristenschwemme dürfte sich diesem Problem durch einige ABM-Maßnahmen für arbeitslose Assessoren sicher unschwer und innerhalb finanziell tragbarer Grenzen beikommen lassen.

Sie erreichen dadurch die wünschenswerte Klarheit und Wahrheit und eine — wenn auch verspätete — Demokratisierung geltender Rechtstexte, was von sensiblen Zeitgenossen auch als eine Art Entnazifizierung teilweise empfunden werden könnte — und das wäre ja auch nicht so schlecht. Aus diesen Gründen bitte ich um Zustimmung zu meinem Antrag.«

Hierzu der SPD-Abgeordnete Uwe Jensen, Verwaltungsrichter, für seine Fraktion: »Ich finde, der Antrag wurde von Karl Otto Meyer sehr gründlich und überzeugend vorgetragen. Und wir sind gerne bereit, ihn auch bei den weiteren Beratungen zu unterstützen. Gerade was die Vergangenheitsbewältigung angeht, ist da ja einiges bisher völlig schief gelaufen. Wenn ich daran denke, daß vierzig Jahre ins Land ziehen mußten, ehe man endlich sagen konnte, die Urteile vom Volksgerichtshof sind nichtig, ist dies, ich muß schon sagen, beschämend für die deutsche Justiz gewesen. Der Gedanke, was damals Recht war, kann heute nicht Unrecht sein, ist dabei bei vielen wohl Pate gewesen für diese schleppende Behandlung der Bereinigung auch der deutschen Justiz.

Man sollte auch mal prüfen, ob die Gesetze, die auch eben schon beispielhaft vorgetragen worden sind, nicht auch zum Teil inhaltlich von obrigkeitlichem Denken beherrscht sind wie z. B. das Energiewirtschaftsgesetz. Da würde es nicht ausreichen, nur die Begriffe zu ändern, hier müßte man auch inhaltlich, wenn man wirklich in diesem Bereich für eine zukunftsträchtige Energieversorgung den Weg bahnen will, einiges entrümpeln. Dieses Gesetz enthält für den Bürger keine Rechtssicherheit und Rechtsklarheit, sondern im Gegenteil völlige Unsicherheit.«

Für die Landesregierung ergriff dann der stellvertretende Ministerpräsident, Justiz- und Bundesratsminister Dr. Henning Schwarz, das Wort: »Ich will vorweg Herrn Meyer, Ihnen meine Zustimmung und Sympathie für Ihren Antrag bekunden.« Aber dann wandte sich der Minister gegen seinen Vorredner von der SPD, vor allem gegen dessen Kritik am Energiewirtschaftsgesetz: »Soweit so Aussprüche, Amtsbezeichnungen oder Bezeichnungen von Gebietskörperschaften übernommen worden sind im Bundesrecht, gehen wir alle davon aus, daß sie inhaltlich nicht bestimmend für das Recht sind. Sondern eine formale und stilistische

Unebenheit bis Ärgerlichkeit. Eine Ausnahme gibt es allerdings, und die ist von Herrn Kollegen Jensen angespochen worden zu meinem großen Erstaunen. Materiell haben Sie ja völlig recht, daß dieses Gesetz aus einer Organisations- und Geisteslandschaft stammt, die wir uns heute nicht mehr vorstellen können.

Aber als Verwaltungsrichter wäre es ganz gut gewesen, wenn Sie auch hier gesagt hätten, daß viele Bestrebungen da waren, dieses Gesetz zu verändern, insbesondere auch in sozialliberaler Zeit, und das Energiewirtschaftsgesetz, ja, und daß dieses Gesetz nur deswegen nicht aufgehoben und verändert worden ist, weil es die einzige Rechtsgrundlage der Kommunen seitens der Energieträger ist und wir alle genau wußten, daß, wenn dieses Gesetz aufgehoben wird, nicht nur die Kommunen in Schleswig-Holstein, sondern im ganzen Bundesgebiet, von den Versorgungsträgern Konzessionsabgaben für das Verlegen von Leitungen in Fußsteigen oder bei deren Veränderungen, bei Aufbrechen, und das findet ja alles regelmäßig statt, nicht wiederbekommen. Das ist also, sagen wir mal, ein bißchen technischer Zwang.«

Hier hat der Minister Schwarz verharmlost und das Parlament in die Irre geleitet. Denn für die Stromer und die von ihnen auf dem Wege legalisierter Korruption geschmierten Städte und Gemeinden sind die alten Gesetze und Institutionen aus der Nazizeit lebenswichtig. Wer, wie der redliche Abgeordnete der schleswigschen Minderheit, die NS-Bezeichnungen aus dem Energiewirtschaftsrecht herausredigieren will, beraubt die ehrenwerte Gesellschaft ihrer Geschäftsgrundlage.

Die Energiewirtschaft und ihre Nutznießer befinden sich nämlich noch im Zweiten Weltkrieg: »Haben Landkreise bis zum 31. März 1941 neben den kreisangehörigen Gemeinden oder anstelle der kreisangehörigen Gemeinden Konzessionsabgaben erhoben, können sie diese Abgaben bis zum Schluß des auf die Beendigung des Krieges folgenden Rechnungs-(Geschäfts-)jahres weiter erheben . . .« (KAE, § 3, Abs. 2). Das ist geltendes Recht. Und weiter: »Vom 1. April 1941 ab werden Konzessionsabgaben von Versorgungsunternehmen an Gemeinden auf folgende Höchstsätze herabgesetzt: 10 % der Entgelte bei Gemeinden bis zu 25 000 Einwohner, 15 % bei Gemeinden mit 25 001 bis 100 000 Einwohner, 18 % bei Gemeinden mit 100 001 bis 500 000 Einwohner, 20 % bei Gemeinden mit mehr als 500 000 Einwohnern aus Versorgungsleistungen, die an letzte Verbraucher zu den allgemeinen Bedingungen und allgemeinen Tarifpreisen abgegeben werden . . . Die vorgenannten Höchstsätze ermäßigen sich vom Beginn des Rechnungs-(Geschäfts-)jahres an, das auf die Beendigung des Krieges folgt, auf: 12 % bei Gemeinden mit 25 001 bis 100 000 Einwohnern, 15 % bei Gemeinden mit 100 001 bis 500 000 Einwohnern, 18 % bei Gemeinden mit mehr als 500 000 Einwohnern. Die Konzessionsabgaben werden in den folgenden Jahren weiter herabgesetzt und in angemessener Frist ganz beseitigt.«

Die KAE ist die Anordnung über die Zulässigkeit von Konzessionsabgaben der Unternehmen und Betriebe zur Versorgung mit Elektrizität, Gas und Wasser an Gemeinden und Gemeindeverbände vom 4. März 1941 (Reichsanzeiger, Nr. 57), und sie ist heute noch geltendes Recht. Zaghafte Versuche, diese Kriegsverordnung außer Kraft zu setzen, scheiterten. Der bereits zitierte Kommentar zum Energiewirtschaftsgesetz dokumentiert: »Der bayerische Minister der Finanzen hat am 14. September 1956 ausgeführt, daß noch geprüft werden solle, ob ab 1. Januar 1956 das Kriegsende als eingetreten zu betrachten sei. Zu demselben Ergebnis führt die Überlegung, daß im Interesse der Rechtsklarheit grundsätzlich nur dann von dem rechtlich eindeutigen Begriff ›Kriegsende‹ abgewichen werden darf, wenn der Zweck der Einfügung dieses Begriffs in eine Regelung das zwingend verlangt. Weiter ist noch zu berücksichtigen, daß in anderen Bereichen der Bundesgesetzgeber das Kriegsende für eingetreten erklärt hat, woraus geschlossen werden darf, daß er für das Konzessionsabgabenrecht diese Regelung nicht erstrebt, zumal die einschlägige Problematik bekannt ist und wiederholt erörtert wurde.« Beinahe wäre es dem Bundesgesetzgeber gelungen, den kleinen Gemeinden am 24. Dezember 1956 ein schönes Geschenk zu bescheren. Das Parlament wollte den Bauerndörfern eine milde Gabe zum Christfest schenken. »Das Gesetz stieß jedoch wirkungslos ins Leere«, so der Kommentar, »weil es die durch §1 der KAE vernichteten Vertragsabreden nicht ausdrücklich ›originär neu entstehen‹ ließ. Denn mangels entsprechend eindeutiger Fassung der gesetzlichen Bestimmung ist das nicht geschehen. Der ›gesetzgeberische Wille‹ — gemeint sind hier die Motive des Gesetzgebers — allein war dazu nicht imstande. Dieser mehr grammatikalischen und begriffsjuristischen Argumentation wird man schwer ohne Einschränkung folgen können.«

Das Kartell aus Stromern, Reaktionären, gekauften, dummen oder feigen Politikern, furchtbaren Juristen, Geschäftemachern und Beamten braucht also die Fortdauer des Zweiten Weltkriegs — das Offenhalten der »deutschen Frage« —, um ihre Macht nach allen Regeln des Gesetzes zur »Wehrhaftmachung der Energieversorgung« ausbauen zu können, getarnt hinter den technokratischen Nebelwerfern aus der Nazizeit und in vier Jahrzehnten perfektioniert durch juristische Spitzfindigkeiten. Fast überall ist der Zweite Weltkrieg schon längst beendet — nur nicht für die deutsche Energiewirtschaft. Was uns fehlt, sind mutige Richter, mutige Beamte, mutige Politiker in allen Parteien, die in Regierungen, Bundestag und Bundesrat sowie in den Gerichten das sagen, was die Kinder schon seit vierzig Jahren in der Schule lernen: daß der Zweite Weltkrieg seit dem 8. Mai 1945 bedingungslos zu Ende ist.

Die deutsche Energiewirtschaft führt also noch immer Krieg, und daher gibt es in der Bundesrepublik Deutschland keine »friedliche« Nutzung der Atomenergie: Die Wiederaufarbeitung des Atommülls zu waffenfähigem Plutonium liegt in den Händen der von Hitler ermächtigten Stromdiktatoren. Ob das die Alliierten wissen?

Literatur und Quellen

AG Atomindustrie, Berlin, und Arbeitskreis Chemische Industrie Köln (Hrsg.): RWE — Ein Riese mit Ausstrahlung, Köln 1984

Berkenhoff, Georg: Energie von A bis Z, München 1954

Broszat, Martin: Der Staat Hitlers, München 1969

Bundesrat (Hrsg.): Zehn Jahre Bundesrat, Bonn September 1959

Congressional Research Service (Hrsg.): Gold At The End Of The Rainbow, Washington, D.C., Dezember 1984

Eggebrecht, Axel (Hrsg.): Die zornigen alten Männer, Hamburg 1979

Eiser, Riederer, Obernolte, Danner: Energiewirtschaftsrecht, Kommentar, Band I und Band II, München/Stand Juli 1984

Energy and Defense Project (Hrsg.): Dispersed, Decentralized and Renewable Energy Sources: Alternative to National Vulnerability and War, Washington, Dezember 1980

Fraenkel, Ernst: Der Doppelstaat, Erstausgabe 1941, Frankfurt am Main 1974

Friedrich, Alexander: Staat und Energiewirtschaft, Berlin 1936

Ders.: Die unsichtbare Armee, Berlin 1942

Friedrich-Ebert-Stiftung (Hrsg.): Möglichkeiten und Probleme der Energieversorgung, Heft 1, Bonn, Dezember 1982

Friedrich, Jörg: Die kalte Amnestie, Frankfurt am Main 1984

Gerwin, Robert: Atomenergie in Deutschland, Düsseldorf 1964

Gramsch-Ausschuß: Bericht des von dem Reichswirtschaftsminister, von dem Reichsminister des Inneren, dem Generalbevollmächtigten für die Energiewirtschaft, dem Stellvertreter des Führers und Beauftragten für den Vierjahresplan eingesetzten Energieausschusses, Berlin, 25. Januar 1941

Gröner, Helmut: Die Ordnung der deutschen Elektrizitätswirtschaft, Baden-Baden 1979

IZE (Hrsg.): Sachverhalte, Frankfurt am Main, Oktober 1982; »Stromthemen« und »Basisthema Strom«, div. Ausgaben

Karweina, Günter, Der Strom-Staat, Hamburg 1984

Kohler, Stephan: Geschichte der deutschen Elektrizitätswirtschaft und ihre Auswirkungen auf die kommunale und regionale Energieversorgung, Institut für Angewandte Ökologie (Hrsg.), Darmstadt 1984

Luther, Hans: Elektroversorgung im politischen Bilde Westdeutschlands, Vortrag, Köln 1952

Marcuse, Herbert: Der eindimensionale Mensch, Darmstadt und Neuwied 1967

Neumann, Franz: Behemoth, Frankfurt am Main 1984

Picker, Henry: Hitlers Tischgespräche im Führerhauptquartier, Wiesbaden 1983

Römer, Peter (Hrsg.): Der Kampf um das Grundgesetz, Frankfurt am Main 1977

Schacht, Hjalmar: Abrechnung mit Hitler, Berlin 1949

Ders.: Kapitalmarktpolitik, Hamburg 1957

Schleswag-Protokoll der Aufsichtsratssitzung vom Mai 1979

Schmidt, Matthias: Albert Speer: Das Ende eines Mythos, München und Bern 1982

Tacke, Gerhard: Stromschnellen, Frankfurt am Main 1979

Toffler, Alvin: Die Zukunftschance, München 1980

VDEW (Hrsg.): Das Zeitalter der Elektrizität, Frankfurt am Main 1967

Ders.: Die öffentliche Elektrizitätsversorgung, Frankfurt am Main 1983

VIK (Hrsg.): Jahrestagung 1984, Essen 1984

VKU (Hrsg.): Beiträge zur Kommunalen Versorgungswirtschaft, Köln 1950, 1964, 1965, 1966 und 1967

Der Minister für Wirtschaft, Mittelstand und Verkehr des Landes Nordrhein-Westfalen (Hrsg.): Energiebericht NRW, Düsseldorf 1982

Ders.: Energiepolitik in NRW — Positionen und Perspektiven von 1984, Düsseldorf 1984

Anhang

Abschätzung des Stromerzeugungspotentials und der Primärenergieeinsparung

aus: Energie- und gesellschaftspolitische Perspektiven der dezentralen Wärme-Kraft-Kopplung *von Dr. Eike Schwarz*

Unsere Energiesituation und die Schadstoffbelastung unserer Umwelt verlangen eine rationelle Umwandlung und Nutzung von Energie. Die heute übliche Stromerzeugung gleicht jedoch eher einer Energieverschwendung. Durch den Einsatz der Wärme-Kraft-Kopplung könnten 14 % unseres Primärenergieeinsatzes eingespart werden, ohne daß der Endverbraucher in Haushalt, Verwaltung und Gewerbe seinen gewohnten Verbrauch an Strom und Wärme einschränken müßte.

Die Wärme-Kraft-Kopplung läßt sich zentral mit Heizkraftwerken und Fernwärmenetzen sowie dezentral mittels Blockheizkraftwerken (BHKW) und Energieboxen verwirklichen. Beides ergänzt sich in sinnvoller Weise: Fernwärme für die Ballungszonen der Städte und dezentrale Wärme-Kraft-Kopplung mit BHKW und Energieboxen für die weniger dicht besiedelten Gebiete. Ihr Potential ist annähernd doppelt so groß wie dasjenige der zentralen Wärme-Kraft-Kopplung mittels Fernwärme:

Grundprinzip

Bisher sind keine Untersuchungen bekannt geworden, die das Gesamtpotential der Wärme-Kraft-Kopplung einschließlich seines nur dezentral erschließbaren Anteils umfassen. Die nachfolgende Abschätzung geht vom

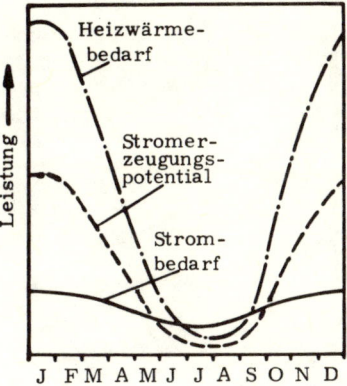

Abbildung 1: Wärme- und Strombedarf sowie Stromerzeugungspotential aus Wärme-Kraft-Kopplung

185

Niedertemperatur-Wärmebedarf der Haushalte und Kleinverbraucher für Raumheizung und Warmwasserbereitung aus, ermittelt die dabei mögliche Stromerzeugung durch Wärme-Kraft-Kopplung und setzt diese in Beziehung zum tatsächlichen Stromverbrauch aus dem öffentlichen Elektrizitätsnetz (einschließlich Übertragungsverluste).

Abbildung 1 zeigt die typischen Verläufe des Heizwärmebedarfs ($\leq 80°C$) sowie des Strombedarfs während eines Jahres /7/. Auf der senkrechten Achse sind die jeweiligen Wärme- bzw. Stromleistungen eingetragen, auf der waagerechten Achse die Monate.
Bei der Wärme-Kraft-Kopplung fallen die beiden Produkte Wärme und Strom in einem durch die sogenannte Stromkennziffer ausgedrückten Koppelverhältnis

an. Sie wurde zu 0,55 W_{el}/W_{th} bestimmt (siehe Abbildung 3). Über die Stromkennziffer ist in Abbildung 1 aus dem Heizwärmebedarf unmittelbar das Stromerzeugungspotential aus Wärme-Kraft-Kopplung ermittelt und dem Strombedarf gegenübergestellt worden.

Stromerzeugungspotentiale der zentralen und dezentralen Wärme-Kraft-Kopplung

Da die Kurven in Abbildung 1 in zeitlicher Hinsicht nur wenig gegeneinander verschoben sind, lassen sich die verschiedenen Stromerzeugungspotentiale anschaulich mit Hilfe von Jahresdauerlinien verdeutlichen (Abbildung 2).
Die waagerechte Achse gibt die Zeit an, während der die jeweilige Leistung im Laufe eines Jahres anfällt. Ausgangspunkt ist zunächst der maximale Wärmebe-

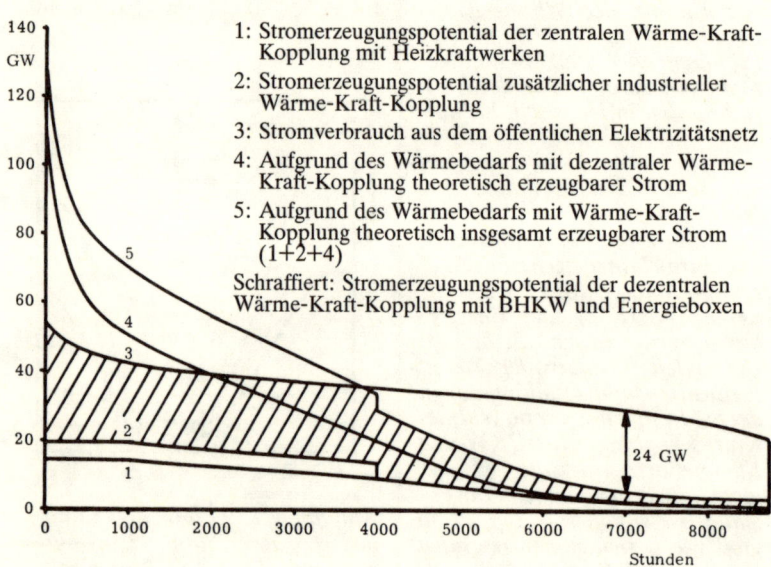

Abbildung 2: Stromerzeugungspotential der Wärme-Kraft-Kopplung

186

darf des Bereichs Haushalt und Kleinverbrauch für Niedertemperaturwärme von 288 GW (Einsparungsfall für 1990 aus /8, S. 75/; zum Vergleich: Die heutige Anschlußleistung beträgt rd. 315 GW, diejenige des Szenarios »Starke Einsparung« bezogen auf das Jahr 2000 aus /9, Bd. I, S. 317/ nach Umrechnung auf 1850 [Voll-]Benutzungsstunden 340 GW). Bei dieser Benutzungsdauer errechnet sich hieraus ein jährlicher Wärmebedarf von 533 TWh.

Für die zentrale Wärme-Kraft-Kopplung mit Heizkraftwerken (HKW) und Fernwärme werden Gebiete mit Wärmeanschlußdichten ≤ 40 MW/km^2 als geeignet angesehen, woraus sich ein Anteil von 25% am Niedertemperatur-Wärmebedarf des Bereichs Haushalt und Kleinverbrauch ergibt /8, S. 64 und 78/. Unter der als hoch erscheinenden Voraussetzung, daß dieses Potential in der Praxis zu 80% ausgeschöpft werden kann, ergibt sich ein durch zentrale Wärme-Kraft-Kopplung abdeckbarer Wärmebedarf von 107 TWh. Bei 3000 Vollbenutzungsstunden (vgl. /10/), einem Spitzenlastanteil von 40% und einer Stromkennziffer von 100 W_{el} : 141 W_{th} (siehe Abbildung 3) folgt hieraus eine in HKW zu installierende elektrische Leistung von 15,1 GW. Kurve 1 in Abbildung 2 stellt den hiermit maximal erzeugbaren Stromanteil dar. Die Benutzungsdauer beträgt 4800 Stunden jährlich.

Mit Kurve 2 ist ein zusätzliches industrielles Stromerzeugungspotential aus Wärme-Kraft-Kopplung berücksichtigt worden. Da sich über seinen Umfang derzeit nur Vermutungen anstellen lassen, ist in Anlehnung an /11/ angenommen worden, daß ein hoher zusätzlicher Stromerzeugungsanteil von 5 GW · 4000 Stunden = 20 TWh erbracht werden kann.

Kurve 4 stellt das Potential der dezentralen Wärme-Kraft-Kopplung dar, das aufgrund des verbleibenden Wärmebedarfs theoretisch erzeugt werden könnte. Seine Ermittlung geht von 80% des obengenannten Wärmebedarfs aus, der bei 1850 Vollbenutzungsstunden und einer Stromkennziffer nach Abbildung 3 von 100 W_{el} : 203 W_{th} für BHKW und Energieboxen zu einer in ihnen zu installierenden elektrischen Leistung von 114 GW führt (Jahresdauerlinie einschließlich Warmwasserbereitung nach /12/).

Kurve 5 ist die Summe der Kurven 1, 2 und 4 und gibt den aufgrund des Wärmebedarfs mit Wärme-Kraft-Kopplung theoretisch insgesamt erzeugbaren Strom an. Kurve 3 kennzeichnet den Stromverbrauch aus dem öffentlichen Elektrizitätsnetz (Spitzenwert aus /1/ in Verbindung mit Jahresdauerlinie aus /13/). Sie schneidet aus dem Angebot an Stromerzeugung aus Wärme-Kraft-Kopplung denjenigen Teil heraus, der maximal genutzt werden könnte. Als Restgröße behandelt ist das Potential der dezentralen Wärme-Kraft-Kopplung mit BHKW und Energieboxen (schraffiert). Diese Vorgehensweise bedeutet zugleich, daß ein Nichtausschöpfen der Potentiale der zentralen Wärme-Kraft-Kopplung oder der zusätzlichen industriellen Wärme-Kraft-Kopplung eine entsprechende Ausweitung des Potentials der dezentralen Wärme-Kraft-Kopplung zur Folge hat.

Im einzelnen ergeben sich folgende Anteile dieser Potentiale am Stromverbrauch aus dem öffentlichen Elektrizitätsnetz in Höhe von 304 TWh 1979 /1/ (einschließlich Übertragungsverlusten): zentrale Wärme-Kraft-Kopplung 36 % des Wärme-Kraft-Kopplung-Potentials entsprechend 25 % des Stromverbrauchs, also 76 TWh; dezentrale Wärme-Kraft-Kopplung 54 % des Potentials entsprechend 38 % des Stromverbrauchs, also 116

Energieflüsse bei HKW

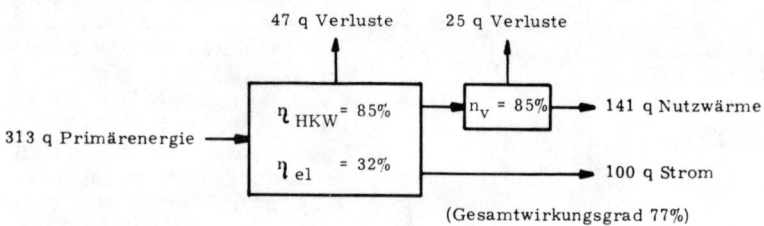

Energieflüsse bei BHKW und Energieboxen

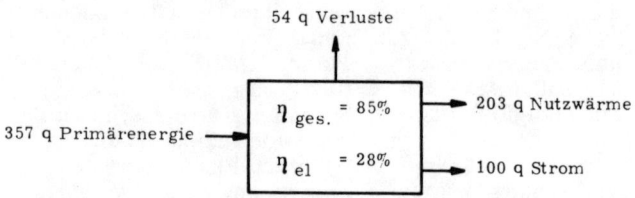

Fiktives Wärme-Kraft-Kopplungsaggregat durch Mischung von 31% HKW und 69% Energieboxen und BHKW (einschl. Industrieerzeugung)

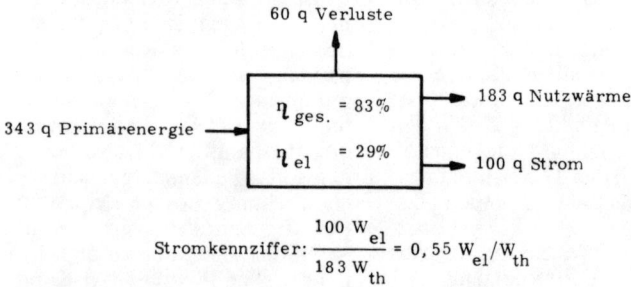

Stromkennziffer: $\dfrac{100\ W_{el}}{183\ W_{th}} = 0,55\ W_{el}/W_{th}$

Abbildung 3: Energieflüsse bei verschiedenen Wärme-Kraft-Kopplungsaggregaten (q = relative Energieeinheit; η = Wirkungsgrad; ges. = gesamt; v = Verteilung)

TWh. Einschließlich der zusätzlichen industriellen Wärme-Kraft-Kopplung in Höhe von 20 TWh könnten somit theoretisch maximal 212 TWh, also 70 % des Stromverbrauchs aus dem öffentlichen Elektrizitätsnetz durch Wärme-Kraft-Kopplung gedeckt werden.

Der Anteil der dezentralen Wärme-Kraft-Kopplung kann mit rd. 5,2 Mio. Aggregaten ausgefüllt werden (Durchschnittsleistung 12 kW_{el}, 1850 Vollbenutzungsstunden). Hiervon können 2,5 Mio. Aggregate installiert werden, bevor ihre Stromerzeugung im Spitzenbereich den Verbrauch übersteigt (Stromerzeugungspotential 56 TWh, resultierende Primärenergieeinsparung 4,2 %). Die Installation weiterer BHKW und Energieboxen kann dann nur noch entsprechend dem Anwachsen des elektrischen Spitzenbedarfs erfolgen bzw. erfordert zur Anpassung der Stromerzeugung im Spitzenbereich an den Verbrauch den gleichzeitigen Einbau von Wärmespeichern und Spitzenheizkesseln bzw. den Ausbau der elektrischen (Wärmepumpen-)Heizung.

Aus der Sicht des für die Aufstellung der BHKW und Energieboxen geeigneten Gebäudebestandes bestehen keine Beschränkungen für die dezentrale Wärme-Kraft-Kopplung, da die Anzahl geeigneter Gebäude mit Zentralheizung außerhalb der Innenstädte zu mindestens 5 Millionen angenommen werden kann /9, Bd. I, S. 248, Bd. II, S. 16/.

Einsparung an Primärenergie
Unter Berücksichtigung der spezifischen Kopplungsverhältnisse zwischen Primärenergiebedarf, Wärme- und Stromerzeugung gemäß Abbildung 3, eines durchschnittlichen Umwandlungswirkungsgrades bei Kraftwerken (einschließlich Stromverteilungsverlusten) von 32 % und bei Heizungskesseln von 75 % ergeben sich aus den obengenannten möglichen Anteilen am Stromverbrauch folgende Einsparungen an Primärenergie: 142,5 TWh = 17,5 Mio. t SKE (32 %) bei der zentralen, 262,4 TWh = 32,3 Mio. t SKE (58 %) bei der dezentralen und 45,2 TWh = 5,6 Mio. t SKE (10 %) bei der zusätzlichen industriellen Wärme-Kraft-Kopplung. Insgesamt summiert sich die Primärenergieeinsparung auf 450, 1 TWh = 55,4 Mio. t SKE (100 %). Dies entspricht 13,5 % des Primärenergieverbrauchs der Bundesrepublik Deutschland in 1979, oder anders ausgedrückt: 63 % der Steinkohleförderung (87,5 Mio. t SKE).

Die dezentrale Wärme-Kraft-Kopplung mit BHKW und Energieboxen kommt mit den bereits vorhandenen Energienetzen und -transportsystemen aus. Darüber hinaus kann sie die Vorteile der Serienproduktion und eines vielfältigen Wettbewerbs nutzen. Sie ist deshalb volkswirtschaftlich sinnvoll und im Verwaltungs-, Gewerbe- und Privatbereich wirtschaftlich einsetzbar. Ein Problem stellen allerdings die prohibitiv niedrigen Preise dar, die von den EVU für ins Netz eingespeisten Strom gezahlt werden.

Wirtschaftlichkeitsfragen

Spezifische Investitionskosten verschiedener Strom- und Wärmeversorgungssysteme
Ein Vergleich der spezifischen In-

vestitionskosten bei verschiedenen Stromversorgungssystemen gibt einen Überblick über die erforderlichen Kapitalfestlegungen. Der Vergleich muß neben den eigentlichen Energieumwandlungsanlagen auch die wesentlichen zugehörigen Transport- und Verteilungseinrichtungen (Fernwärme-, Gas- und Stromnetz) berücksichtigen. Vorgelagerte Investitionen zur Gewinnung der Primärenergieträger konnten im Rahmen dieser Untersuchung allerdings nicht in den Vergleich mit einbezogen werden. Tabelle 1 enthält zunächst eine Zusammenstellung der Stromnetzkosten (nach /15/, Tafel 5.1, S. 120 und 187/, mit Steigerungsfaktor 1,2 auf heutigen Preisstand hochgerechnet). Bei der Energiebox wurde die Hälfte der Niederspannungsnetzkosten angesetzt, da sie direkt in dieses Netz einspeist und es in beiden Stromrichtungen ausnutzt. (Nach /78/ sind die Kosten im Mittel- und Hochspannungsbereich für 1980 50—100% höher anzusetzen.)

	Groß-kraftwerke	Heiz-kraftwerke	Energie-boxen
Hochspannungsnetz (110—380 kV)	240	—	—
Mittelspannungsnetz	410	410	—
Niederspannungsnetz (380 V)	960	960	480
insgesamt	1610	1370	480

Tabelle 1: Spezifische Investitionskosten in DM/kW für Transport, Umwandlung und Verteilung bei verschiedenen Stromerzeugungsvarianten

In Tabelle 2 sind Anhaltswerte für die spezifischen Investitionskosten verschiedener Strom- und Wärmeversorgungssysteme, bezogen auf die installierte Leistung, zusammengestellt. Die Angaben über Kraftwerke sind gemittelte Werte aus /24—26/, diejenigen der Energiebox beruhen auf einem Angebot der Firma FIAT für das TOTEM. Der zukünftige Preis bei der Energiebox beruht auf der Vorstellung, daß eine entsprechende Kostenreduktion durch Großserienproduktion (d. h. einige zehntausend Aggregate jährlich) und Marktwettbewerb möglich ist, da das TOTEM als Hauptkomponente den Motor des FIAT 127 enthält, der als komplettes Automobil nur 8000 DM (!) kostet. Die Annahme einer solchen Kostenreduktion erscheint aufgrund der »Erfahrungskurve« gerechtfertigt, wonach mit jeder Verdopplung der kumulierten produzierten Menge ein Kostensenkungspotential von 20—30% der Stückkosten erschlossen werden kann (vgl. Abbildung 4, aus /27/). Die relativ niedrigen spezifischen Investitionskosten haben u. a. auch darin ihre Ursache, daß sich der leistungsspezifische Preis von Verbrennungsmotoren mit abnehmender Motorleistung vermindert. Dieser Zusammenhang ist als Ergebnis einer Statistik in Abbildung 5 dargestellt. Erst bei Leistung unter 10 kW steigt der kW-Preis wieder an (aus /28/).

190

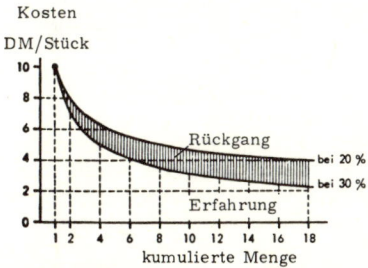

Abbildung 4: Die Kosten-Erfahrungskurve

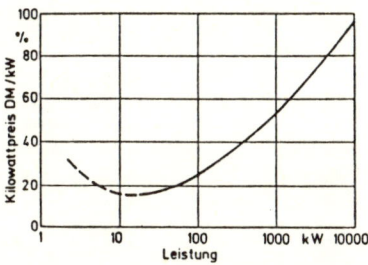

Abbildung 5: Einfluß der Größe der Leistungseinheit von Dieselmotoren auf den Kilowattpreis

Die Kosten für Fernwärmenetze betragen rd. 360 DM/kW (nach /4, S. 185—188/, Preise hochgerechnet auf 1981). Kosten für Gasnetzerweiterungen brauchen nicht in Ansatz gebracht zu wer-

den, da das Gasnetz bereits so gut ausgebaut ist, daß das gesamte, mit Erdgas betreibbare Potential an Energieboxen aus dem vorhandenen Gasnetz versorgt werden kann /9, 29/.

	Stromerzeuger DM/kW	Stromnetz DM/kW	Fernwärmenetz DM/kW	Summe DM/kW
Kernkraftwerk	2670	1610	—	4280
Steinkohlekraftwerk	1620	1610	—	3230
Steinkohle-Heizkraftwerk	2100	1370	360 · 1,66	4070
Erdgas-Heizkraftwerk	1500	1370	360 · 1,66	3470
Erdgas-Energiebox				
heutiger Preis	1000	480	—	1480
zukünftiger Preis	560	480	—	1040

Tabelle 2: Spezifische Investitionskosten verschiedener Strom- und Wärmeversorgungssysteme (Multiplikatoren beim Fernwärmenetz nach Abbildung 3)

Auch unter Berücksichtigung der unterschiedlichen jährlichen (Voll-) Benutzungsstunden und der Nutzungsdauer von großen Kraftwerken sowie von BHKW und Energieboxen ergeben sich vergleichsweise günstige (energie-) spezifische Investitionskosten bei in Großserie hergestellten dezentralen Wärme-Kraft-Kopplungs-Aggregaten (Tabelle 3).

Wirtschaftlichkeitsabschätzung für Energieboxen
Bei der Energiebox werden Wärme und Elektrizität als Koppelprodukte, die in einem festen Verhältnis zueinander stehen, erzeugt. Die Gesamtbetriebskosten setzen sich somit aus den Kosten für die Wärme- und die Elektrizitätserzeugung zusammen. Zur Abschätzung der Wirtschaftlich-

191

	(leistungs-) spez. Investitions- kosten DM/kW	Benutzungs- stunden pro Jahr	Nutzungs- dauer Jahre	(energie-) spez. Investitions- kosten Pf/kWh
Kernkraftwerk	2670	6500	20	2,05
Steinkohlekraftwerk	1620	4500	20	1,80
Steinkohle-Heizkraftwerk	2100	4500	20	2,33
Erdgas-Heizkraftwerk	1500	4500	20	1,67
Erdgas-Energiebox				
heutiger Preis	1000	1850	15	3,60
zukünftiger Preis	560	1850	15	2,02

Tabelle 3: Spezifische Investitionskosten verschiedener Stromerzeuger unter Berücksichtigung unterschiedlicher Benutzungsstunden und Nutzungsdauer

keit werden zunächst die Gesamtbetriebskosten eines konventionellen Gasheizungskessels ermittelt und als Bezugsbasis für die Wirtschaftlichkeit der Energiebox verwendet. Um unterschiedliche Preissteigerungen bei Gas, Strom sowie Wartung und Instandhaltung berücksichtigen zu können, wurde eine dynamische Wirtschaftlichkeitsabschätzung durchgeführt /24, 30, 31/. In Tabelle 4 sind die Ausgangsdaten für das erste Betriebsjahr mit einem als typisch angesehenen Satz von Parametern zusammengestellt.

		Gasheizungs- kessel 1. Betriebs- jahr	Energiebox heutiger Preis 1. Betriebs- jahr	(FIAT-TOTEM) Großserien- preis 1. Betriebs- jahr
1 Investitionskosten	DM	5360	18150	11550
2 Nutzungsdauer	Jahre	20	15	15
3 Kapitalgebundene Kosten	DM/Jahr	520	2120	1350
4 Brennstoffkosten	DM/Jahr	5950	6750	6750
5 Wartungs- und Instand- haltungskosten	DM/Jahr	160	1200	1200
6 Gesamtbetriebskosten	DM/Jahr	6630	10070	9300

Tabelle 4: Kostenzusammenstellung für das 1. Betriebsjahr

Erläuterungen zu Tabelle 4:
Zu Zeile 1:
Investitionskosten
Die Nenn-Heizleistung (38 kW) ist die Auslegungsgröße für die Aggregate. Die Preisangaben beruhen auf dem Preisstand 1. 1. 1982 (ohne MWSt); keine Berücksichtigung staatlicher Zuschüsse (s. Tab. 4a)

Zu Zeile 2:
Nutzungsdauer
Nutzungsdauer konventioneller

192

	Gasheizungs-kessel in DM	Energiebox heutiger Preis in DM	(FIAT-TOTEM) Großserien-preis** in DM
Aggregat	3260	15000	8400
Anschlußkosten*	2100	3150	3150
Summe Investitionen	5360	18150	11550

Tabelle 4a
*geschätzt; **Erläuterung im Abschnitt »Spezifische Investitionskosten verschiedener Strom- und Wärmeversorgungssysteme«*

Zentralheizungsaggregate 20 Jahre; Nutzungsdauer bei Energieboxen 15 Jahre (Vollwartungsvertrag lt. Angebot über 30 000 Betriebsstunden).

Zu Zeile 3:
Kapitalgebundene Kosten
Der Ermittlung der kapitalgebundenen Kosten liegen folgende Annahmen zugrunde: Fremdfinanzierung mit Kapitalverzinsung von 8% p. a., Steigerung der Wiederbeschaffungskosten um 5% p. a.

Zu Zeile 4:
Brennstoffkosten
Erdgas-Arbeitspreis 5,35 Pf/kWh (H_o); Grundpreis 420 DM/Jahr (Vollversorgungtarif II der Rheinische Energie AG Rhenag.); jährlich 1850 Vollbenutzungsstunden; Wirkungsgrad des Gasheizungskessels 75%; Brennstoffbedarf der Energiebox: 58 kW (s. Tabelle 4b).

Zu Zeile 5:
Wartungs- und Instandhaltungskosten
Gasheizungskessel: Jahrespauschale 160 DM; Energiebox: Vollwartungsvertrag incl. Öl, Ersatzteile, Motortausch usw. zu 0,65 DM/Betriebsstunde: 0,65 DM/h · 1850 h = 1200 DM.

Der Wirtschaftlichkeitsabschätzung liegen weiterhin folgende Annahmen zugrunde: Gaspreissteigerung: 9% p.a.; Strompreissteigerung: 7% p.a.; Steigerung der Wartungs- und Instandhaltungskosten: 5% p.a.

Die für den erzeugten Strom anzusetzenden Einnahmen beruhen auf einer Jahreserzeugung von 15 kW · 1850 h = 27 750 kWh. Da über den anzusetzenden Strompreis nur schwer allgemeingültige Annahmen getroffen werden können und um zusätzlich eine Aussage über die Abhängigkeit

	Gasheizungskessel/DM		Energiebox (FIAT-TOTEM)/DM
Brennstoffkosten			
$\frac{38\,kW \cdot 1850\,h}{0,75} \cdot 0,059\,DM/kWh =$	5530		58 kW · 1850 h · 0,059 DM/kWh = 6330
Grundpreis Gaslieferung	420		420
Summe Brennstoffkosten	5950		6750

Tabelle 4b

193

der Wirtschaftlichkeit der Energiebox vom Strompreis zu erhalten, wurde der Strompreis als Parameter behandelt und variiert. Abbildung 6 enthält die Ergebnisse der dynamischen Wirtschaftlichkeitsabschätzung. Dargestellt sind jeweils für die Energiebox zu heutigen und zu zukünftigen Investitionskosten die Differenzkosten zum konventionellen Gasheizungskessel. Während auf der linken Seite der Diagramme die jährlichen Mehrkosten bzw. Einsparungen aufgetragen sind, sind auf der rechten Seite die kumulierten Jahresergebnisse angegeben, so daß die insgesamt aufgelaufenen Mehrkosten bzw. Gewinne bis zum jeweils betrachteten Jahr abgelesen werden können.

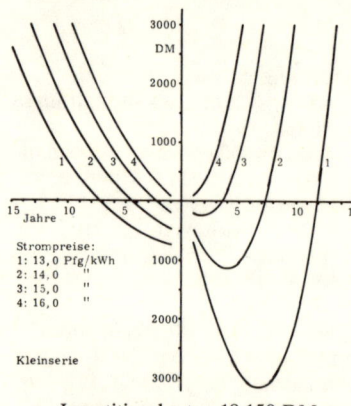

Investitionskosten 18 150 DM

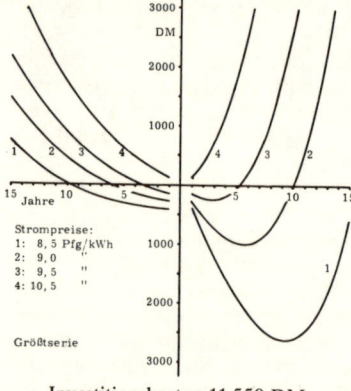

Investitionskosten 11 550 DM

Abbildung 6: Wirtschaftlichkeitsabschätzung für die Energiebox

Die Abbildung läßt erkennen, daß die Wirtschaftlichkeit sehr stark vom anzusetzenden Strompreis abhängt. Bei einem nicht unrealistisch erscheinenden Strompreis von 12 Pf/kWh (insbesondere als Mischpreis aus Eigenverbrauch und Einspeisung sowie in der Spitzenstromerzeugung) erreichen Energieboxen sogar bei ihren hohen heutigen Investitionskosten schon im 3. Jahr die Gewinnzone. Auffällig ist ferner, wie schnell die Gewinne nach Überschreiten der Wirtschaftlichkeitsschwelle anwachsen.

Stromerzeugungskostenvergleich
Großkraftwerke — Energiebox
In /24/ sind folgende finanzmathematische Durchschnittswerte für die Stromerzeugungskosten für 1989 in Betrieb gehende Steinkohle- und Kernkraftwerke ermittelt worden (Tabelle 5): Um mit diesen Werten die Stromerzeugungskosten von Energieboxen vergleichen zu können, wurden zunächst die in Tabelle 4 angegebenen Kosten auf das Jahr 1989 eskaliert (Investitionskosten mit 6 % jährlich, sonstige Annahmen wie in den Erläuterungen zu Tabelle 4 angegeben). Auf dieser Basis wurden danach nach /30/ finanzmathematische Durchschnittswerte für die Stromerzeugung von Energieboxen errechnet. Sie betragen bei jährlich 1850 (Voll-)Benutzungsstunden 24,8

194

Benutzungsdauer Stunden/Jahr	Kernkraftwerk Pf/kWh	Steinkohlekraftwerk bei einem jährlichen Kohle-Preisanstieg von	
		5,5 % Pf/kWh	7,5 % Pf/kWh
6500	16,8	25,0	32,7
3000	31,0	33,7	42,0

Tabelle 5: Stromerzeugungskosten von Kernkraftwerken und Stein-kohlekraftwerken (heimische Kohle)

Pf/kWh für Energieboxen mit heutigen Investitionskosten von 18 150 DM bzw. 20,7 Pf/kWh bei heutigen Investitionskosten von 11 550 DM.

Der Brennstoffbedarf der BHKW und Energieboxen kann weitgehend mit Erdgas gedeckt werden, wenn das Gas nicht mehr wie jetzt für eine getrennte Erzeugung von Niedertemperaturwärme und von Strom verwendet wird. Da sich der Gasverbrauch durch einen solchen Einsatz nicht vergrößert und sogar Heizöl eingespart wird, nimmt die Abhängigkeit von Energieimporten ab. Zwecks weiterer Verminderung von Energie- *importen sollte aber auch Kohle bei der dezentralen Wärme-Kraft-Kopplung eingesetzt werden.*

Zur Deckung des Brennstoffbedarfs bei der dezentralen Wärme-Kraft-Kopplung

Derzeitiger Brennstoffeinsatz für die Wärme- und Stromerzeugung

In Tabelle 6 sind diejenigen Energieträger zusammengestellt, die den Hauptanteil an der Wärme- bzw. Stromerzeugung in den hier interessierenden Verbrauchsbereichen haben (Zahlen für 1979, ohne Industrie).

	Erdgas		andere Gase (o. Gichtgas)		Summe	Steinkohle		Braunkohle		Summe	Heizöl EL	
	Mrd. Nm³	TWh	Mrd. Nm³	TWh	TWh	Mio. t	TWh	Mio. t	TWh	TWh	Mio. t	TWh
Haushalt, Kleinverbrauch, Sonstige	16,9	149	2,1	19	168	4,4	36	—	—	36	43,9	521
öffentliche Kraftwerke	17,2	152	0,8	7	159	28,4	231	109	249	480	—	—

Tabelle 6: Gas- und Kohleeinsatz zur Niedertemperaturwärme- und Stromerzeugung
Quelle:/1; Tafeln 73 (Gas), 26, 28 (Kohle), 54, 58 (Heizöl)

Bei der heutigen getrennten Erzeugung von Wärme und Strom werden aus den in Tabelle 6 genannten Gas- und Kohlemengen die in Tabelle 7 zusammengestellten Endenergiemengen gewonnen.

195

	Wärmeerzeugung (Haushalt, Kleinverbrauch, Sonstige)			Stromerzeugung (öffentliche Kraftwerke)		
	Brennstoff-einsatz TWh	Wirkungs-grad in %	Wärme TWh	Brennstoff-einsatz TWh	Wirkungs-grad* in %	Strom TWh
Gas	168	75	126	159	33	52
Kohle	36	60	22	480	32	154

Tabelle 7: Endenergiegewinnung ohne Wärme-Kraft-Kopplung
*einschließlich Verteilungsverlusten

Durch dezentrale Wärme-Kraft-Kopplung bei vorgegebener Wärmeerzeugung gewinnbare Strommengen und dazu benötigter Brennstoffeinsatz

Die nachfolgende Abschätzung beruht darauf, daß die Wärmeerzeugung nach Tabelle 7 die Führungsgröße darstellt, während Strom als Koppelprodukt anfällt (Tabelle 8). Dabei sollen 90% der Wärmeerzeugung mittels Wärme-Kraft-Kopplung und zwecks konservativer Abschätzung ein Rest von 10% mittels Spitzenheizkesseln erbracht werden (Spitzenheizkessel 50% der Höchstlast; Benutzungsdauerlinie aus /10/). Die Kopplungsfaktoren zwischen Wärme, Stromerzeugung und Brennstoffbedarf lauten nach Bild 3: Brennstoffbedarf bei vorgegebener Wärmeerzeugung 357 : 203; resultierende Stromerzeugung 100 : 203.

Verdrängter Stromanteil aus Kondensationskraftwerken

Würde der mit dezentraler Wärme-Kraft-Kopplung erzeugte Strom in großen Kondensationskraftwerken erzeugt, dann würden die in Tabelle 9 genannten Brennstoffmengen benötigt.

	Wärmeerzeugung		Wärme-Kraft-Kopplung		Spitzendeckung Brennstoffbedarf	Brennstoffbedarf insgesamt
	90% TWh	10% TWh	Strom-erzeugung TWh	Brennstoff-bedarf TWh	TWh	TWh
Gas	113	13	56	199	17	216
Kohle	20	2	10	35	3	38

Tabelle 8: Ermittlung von Stromerzeugung und Brennstoffbedarf bei Wärme-Kraft-Kopplung

	Strom aus dezentraler Wärme-Kraft-Kopplung TWh	Kraftwerkswirkungsgrad einschl. Verteilungsverlusten in %	Brennstoff-bedarf TWh
Gas	56	33	170
Kohle	10	32	31

Tabelle 9: Brennstoffbedarf bei Stromerzeugung in Kondensationskraftwerken

196

Resultierende Energieeinsparung
Entsprechend der in Tabelle 7 ermittelten Wärmeerzeugung und der in Tabelle 8 angegebenen Stromerzeugung kann die Wärmeerzeugung durch direkte Verbrennung und die Stromlieferung aus Kondensationskraftwerken zurückgenommen werden, so daß sich folgende Energiebilanz aufstellen läßt (Tabelle 10):

		Gas TWh	Kohle TWh
Wärmeerzeugung durch direkte Verbrennung (aus Tabelle 7)		168	36
Stromerzeugung in Kondensationskraftwerken (aus Tabelle 9)		170	31
Summe		338	67
Brennstoffeinsatz für dezentrale Wärme-Kraft-Kopplung einschl. Spitzendeckung (aus Tabelle 8)		216	38
resultierende Brennstoffeinsparung:	absolut	122	29
	relativ	36 %	43 %

Tabelle 10: Ermittlung der Brennstoffeinsparung

Diskussion der Ergebnisse

Bei Deckung des gegenwärtigen Bedarfs an Niedertemperaturwärme im Bereich Haushalt, Kleinverbrauch und Sonstige (ohne Industrie) durch dezentrale Wärme-Kraft-Kopplung lassen sich somit Einsparungen in Höhe von 36 % des Gas- und 43 % des Kohleverbrauchs erzielen, der heute für die Wärmebereitstellung durch direkte Verbrennung dieser Energieträger benötigt wird. Ohne Brennstoffmehrverbrauch kann aber bei Wärme-Kraft-Kopplung zusätzlich Strom in Höhe von 56 TWh aus Gas und 10 TWh aus Kohle, insgesamt also von 66 TWh, gewonnen werden. Wie ein Vergleich der Tabellen 7 und 8 zeigt, kann Gas zudem völlig aus der Stromerzeugung in Kondensationskraftwerken herausgenommen werden.

Die resultierende Gaseinsparung von 122 TWh könnte ohne längere Vorlaufzeit für die Heizölverdrängung im Raumheizungssektor genutzt werden, da zum erheblichen Teil auch in mit Erdgasleitungen ausgestatteten Gebieten mit Öl geheizt wird. Bei Verwendung gasbetriebener Wärmepumpen ließe sich theoretisch eine Heizöleinsparung von 122 TWh : 0,45 = 271 TWh entsprechend 33 Mio. t SKE erreichen (Energieeinsparung von Gaswärmepumpen rd. 55 %/35 /). Eine solche Strategie könnte den Verbrauch an Heizöl (EL) von 521 TWh (1979) um 52 % verringern — ohne Mehrverbrauch anderer Energieträger.
Da diese Strategie aber aus thermodynamischen Gründen erst dann sinnvoll ist, wenn das Poten-

tial der Wärme-Kraft-Kopplung weitgehend ausgeschöpft ist, sollte das frei werdende Gas nicht in Wärmepumpen, sondern in weiteren BHKW und Energieboxen eingesetzt werden. Dadurch läßt sich eine zusätzliche Stromerzeugung von 122 TWh : 3,57 = 34 TWh realisieren. Somit würde die Stromerzeugung auf Gasbasis in BHKW und Energieboxen insgesamt 56 TWh + 34 TWh = 90 TWh betragen, so daß das Potential der dezentralen Wärme-Kraft-Kopplung von 116 TWh zu 78 % allein durch Gas ausgeschöpft werden könnte. Die mit diesem Einsatz des Gases verbundene Wärmeerzeugung beliefe sich auf 122 TWh · 2,03/ 3,57 = 69 TWh. Bei einem Kesselwirkungsgrad von 65 % entspricht dies 107 TWh entsprechend 13 Mio. t SKE Heizöl, die zusätzlich verdrängt werden könnten. Dies entspricht 20 % des im Jahre 1979 im Bereich Haushalt und Kleinverbrauch eingesetzten leichten Heizöls (vgl. Tabelle 6).

Hinsichtlich der Kohle resultiert nach Tabelle 10 eine Einsparung von 29 TWh. Wird auch diese Energiemenge zur Stromerzeugung in Kohle-BHKW eingesetzt, dann lassen sich weitere 29 TWh : 3,57 = 8 TWh Strom gewinnen.

Damit beträgt das Potential der Stromerzeugung aus Kohle 10 TWh + 8 TWh = 18 TWh.

Insgesamt können also Gas und Kohle eine Stromerzeugung von 90 TWh + 18 TWh = 108 TWh erbringen, was 36 % des Stromverbrauchs aus dem öffentlichen Elektrizitätsnetz des Jahres 1979 in Höhe von 304 TWh entspricht. Damit wäre zugleich das Gesamtpotential der dezentralen Wärme-Kraft-Kopplung von 116 TWh zu 93 % ausgeschöpft.

Die Umweltbelastung durch BHKW und Energieboxen ist im Nahbereich zwar größer als die von Heizkraftwerken mit Fernwärmenetzen, insgesamt gesehen jedoch geringer als bei der getrennten Erzeugung von Wärme und Strom. Weitere Emissionsverringerungen sind technisch und wirtschaftlich möglich.

Übersicht zur Schadstoffbelastung bei der Wärme- und Stromerzeugung

Eine Übersicht über die Emissionen verschiedener Wärmegewinnungssysteme bezogen auf die gelieferte Nutzwärme in g/kWh gibt die folgende Tabelle 11. R sind die um eine Gutschrift für den erzeugten Strom reduzierten Emissionen /38/.

	SO_2	NO_x	CO	C_mH_n	Staub
Gasheizungskessel	0,09	0,17	0,14	0,058	0,01
Nachtstromspeicherofen	6,36	2,12	0,07	0,042	0,95
Wärmepumpe (elektr.-bivalent)	1,94	0,65	0,10	0,111	0,25
Heizkraftwerk mit Fernwärme	0,86	0,36	0,01	0,005	0,03
BHKW und Energiebox (Gasbetrieb)	0,08 R:-2,53	2,48 1,61	1,02 0,99	0,817 0,800	0,01 -0,38

Tabelle 11: Schadstoffemissionen verschiedener Wärmegewinnungssysteme

Abkürzungsverzeichnis

BHKW: Blockheizkraftwerk
C: Grad Celsius
el: elektrisch
EVU: Elektrizitätsversorgungsunternehmen
GW: Gigawatt (10^9 Watt = 1 Mrd. Watt)
h: Stunde
HKW: Heizkraftwerk
H_o: oberer Heizwert
kV: Kilovolt
kW: Kilowatt
kWh: Kilowattstunde
MW: Megawatt (10^6 Watt = 1 Mio. Watt)
Nm^3: Normkubikmeter
Pf: Pfennig
q: relative Energie- oder Leistungseinheit
SKE: Steinkohleneinheit
th: thermisch
TWh: Terawattstunde (10^{12} Wh = 1 Mrd. kWh)
W: Watt

Literatur

1 Vereinigung Industrielle Kraftwirtschaft, Statistik der Energiewirtschaft 1979/80

2 Stumpf, Grundsätze der Bewertung von Abwärme, VDI-Berichte Nr. 415, 1981

3 Maier/Gerken, Nutzung von Abwärme, VDI-Berichte Nr. 405, 1981, S. 49−58

4 Truß/Gaethke, Entwicklung von Niedrigtemperatur-Heizsystemen unter besonderer Berücksichtigung der Kraft-Wärme-Kopplung, Bundesministerium für Forschung und Technologie-Forschungsbericht T 81−152, August 1981

5 Jochimsen/Rupp/Schwarz, Die Energiebox — eine energiesparende, wirtschaftliche und krisenfeste Wärme- und Elektrizitätsversorgung für Haushalt und Kleinverbrauch, Studie im Auftrag des hessischen Ministerpräsidenten, Wiesbaden 1978 (veröffentlicht in Karl Schneider [Hrsg.], Die Energiebox — Zwei Studien zu einem kontroversen Thema, Promotor-Verlag, Karlsruhe 1981)

6 Tandem-Kraft-Wärmepumpe bei Siemens, Heidenheim, gas-Zeitschrift für rationelle Energieanwendung, 1981, Heft 6, S. 361

7 Piller et al., VDI-Fortschrittsberichte, Reihe 6, Nr. 44 (1975), S. 38

8 Kollmann, Die räumliche Wärmebedarfsverteilung . . ., KFA-STE, Jül-Spez-65, Dez. 1979

9 Nitsch et al., Ausbau von Sekundärenergiesystemen in der Bundesrepublik Deutschland bis zum Jahre 2000, AGF/ASA-Studie, Köln, Januar 1981

10 Bundesministerium für Forschung und Technologie, Gesamtstudie Fernwärme, Teil A.3, Abb. 3.5.2/1, Bonn 1977

11 Vereinigung Industrielle Kraftwirtschaft, Tätigkeitsbericht 1978/79

12 Rietschel/Raiß, Heiz- und Klimatechnik, 1. Bd. 15. Aufl., Abb. 653

13 Kraftwerk Union AG, Möglichkeiten und Grenzen der Ölsubstitution, 1980, Anhang Bild 31

14 VDEW, Die öffentliche Stromversorgung 1979, S. 11

15 Tröscher, Systemtechnische Methoden zur Untersuchung der Möglichkeiten zentraler und dezentraler Stromerzeugung unter besonderer Berücksichtigung der Energiespeicherung und der Kraft-Wärme-Kopplung, Dissertation GHS Essen, März 1979

16 Delhi, Technische und wirtschaftliche Möglichkeiten des Einsatzes von Blockheizkraftwerken, Studie, Energieversorgung Schwaben AG, Stuttgart 1978

17 Arbeitsgemeinschaft für sparsamen und umweltfreundlichen Energieverbrauch (ASUE), Blockheizkraftwerke: Technik, Wirtschaftlichkeit und organisatorische Fragen, Vulkan-Verlag, Essen 1980

18 Energietechnik GmbH, Studie zur Technik und Wirtschaftlichkeit von Blockheizkraftwerken mit Verbrennungsmotoren und Gasturbinen, Forschungsbericht ET 5089 A des Bundesministe-

riums für Forschung und Technologie, Essen 1979

19 Sachverständigenrat für Umweltfragen, Sondergutachten Energie und Umwelt, März 1981

20 Buch, Ist die Entwicklung zu großer Leistungseinheiten im Kraftwerksbau berechtigt?, Energie 29 (1977), Heft 7, S. 198–204

21 Rittstieg, Die Kostenentwicklung und Preisbildung der Stromversorgung in den 80er Jahren, Elektrizitätswirtschaft 1981, Heft 17/18

22 Vereinigung Deutscher Elektrizitätswerke, Vereinigung Industrielle Kraftwirtschaft und Bundesverband der Deutschen Industrie, Grundsätze über die Intensivierung der stromwirtschaftlichen Zusammenarbeit zwischen öffentlicher Elektrizitätsversorgung und industrieller Kraftwirtschaft vom 26.8.1977, VIK-Mitteilungen 1979, S. 71

23 Hein, Kraft-Wärme-Kopplung mit Verbrennungsmotoren, VDI-Berichte Nr. 392, 1981

24 Schmitt/Junk, Kostenvergleich der Stromerzeugung auf der Basis von Kernenergie und Steinkohle, Zeitschrift für Energiewirtschaft, Nr. 2/1981, S. 77–86

25 Hein, Stadtwerke Heidenheim AG, persönliche Mitteilung

26 Stumpf, Wibera AG, persönliche Mitteilung

27 Gälweiler, Unternehmensplanung, Herder & Herder, 1974, S. 243

28 Pischinger, Motorentechnik im Blockheizkraftwerk, Seminar der VDI-Gesellschaft Energietechnik 14./15.2.1979, VDI-Bildungswerk, BW 3986,

S. 6

29 Nitsch, DFVLR Stuttgart, persönliche Mitteilung, basierend auf einer Auswertung der Gebiete M 2 und M 3 von /13/

30 Rostek/Vossen, Energiekosten im Griff: Dynamische Wirtschaftlichkeitsrechnung — Voraussetzung für Systemvergleiche, Energie, Jg. 33, Nr. 4, April 1981, S. 74–77

31 Grebe, Frech, Großmann, Reinmuth, Dynamische Wirtschaftlichkeitsberechnung — eine unentbehrliche Entscheidungshilfe, Heizung-Lüftung-Klimatechnik-Haustechnik, 33 (1982), Nr. 1, S. 33–39

32 Klätte, Probleme und Perspektiven in der Stromversorgung, Elektrizitätswirtschaft, Jg. 81 (1982), Heft 4, S. 89–93

33 Czerniejewicz, Ruhrgas AG, persönliche Mitteilung

34 Inden, Mikrobielle Methanerzeugung aus Biomasse durch anaerobe Fermentation im technischen Maßstab, Systemanalyse und Wirtschaftlichkeitsbetrachtung — KFA Jülich, Bericht 1463, 1977

35 Bundesministerium für Forschung und Technologie, Studie des Battelle-Instituts: Wärmepumpen für Heizung, Kühlung . . ., Juli 1979, S. 28

36 Erste Allgemeine Verwaltungsvorschrift zum Bundesimmissionsschutzgesetz (Technische Anleitung zur Reinhaltung der Luft) vom 28.8.1974, GMBl. Nr. 24, S. 426

37 Oels, NO_x aus dem Zylinder, Energie, Jg. 32, Nr. 12, Dezember 1980, S. 468–472

38 Orth, Niedertemperatur-Wärmeversorgung . . ., KFA-STE, Jül-Spez-65, Dez. 1979,

S. 141

39 Hamerak, Elektrische Verbundwirtschaft/Regelungstechnische Aufgaben, Technische Rundschau, 31.3., 5.5., 19.5., 23.6.1981

40 Schellstede, Leistungs-Frequenzregelung mit wirtschaftlich optimaler Lastaufteilung, Elektrotechnische Zeitschrift-a, Bd. 99 (1978), S. 416–421

41 Zimmermann, Auswirkungen der Regeleigenschaften auf den Netzbetrieb, Elektrotechnische Zeitschrift-a, Bd. 99 (1978), S. 410–415

42 Näser/Schmelzer, Die Problematik der Frequenzregelung im Inselnetz, Elektrizitätswirtschaft, Jg. 77 (1978), S. 250–254

43 Quensel, Parallelbetrieb von Eigenstromerzeugungsanlagen mit dem Netz, Technische Rundschau, Bern, Nr. 40, 1980

44 VDEW, Stellungnahme zu Fragen der technischen und wirtschaftlichen Möglichkeiten des Einsatzes von Blockheizkraftwerken, Frankfurt, März 1979

45 VDEW, Stellungnahme zu Fragen der technischen und wirtschaftlichen Möglichkeiten des Einsatzes von Haushalts-Energieerzeugungsanlagen (Energieboxen), Elektrizitätswirtschaft, Jg. 79 (1980), S. 762–765

46 Schreiber, Grenzen und Aussichten der Rundsteuerung, Elektrizitätswirtschaft, Jg. 80 (1981), S. 636–644

47 Grimm, Informationstechnik aus der Steckdose, Elektrotechnische Zeitschrift-a, Bd. 101 (1980), S. 230–234

48 Ebbinghaus / Küster / Verse, Stromverbrauch-Meßtechnik und Tarifstruktur-Möglichkeiten der Mikroelektronik, Brennstoff-Wärme-Kraft, Nr. 33 (1981), S. 303–312

49 Klingenberg, Elektrische Großwirtschaft unter staatlicher Mitwirkung, Elektrotechnische Zeitschrift, Bd. 37 (1916), S. 297 ff. sowie S. 714 ff.

50 Büdenbender, Zur Notwendigkeit geschlossener Versorgungsgebiete in der leitungsgebundenen Versorgungswirtschaft, Energiewirtschaftliche Tagesfragen, Heft 12, Dezember 1978, S. 735–743

51 Klätte, Mehr Wettbewerb in der Elektrizitätsversorgung durch Aufhebung der Demarkationen und Verpflichtung zur Durchleitung — geht das oder führt das im ersten Schritt zum Verlust der Versorgungssicherheit und im zweiten Schritt zur Verstaatlichung?, Energiewirtschaftliche Tagesfragen, Heft 3, März 1979, S. 131–134

52 Michaelis, Der Streit um den Ordnungsrahmen für die leitungsgebundene Energieversorgung, Energiewirtschaftliche Tagesfragen, 29. Jg. (1979), Heft 1, S. 24–37

53 Eckardt/Priewe, Die Gigawatt-Giganten, natur 1981, Heft 8, S. 89–95

54 Ewart, Whys and wherefores of power system blackouts, IEEE spectrum, April 1978, S. 36–41

55 Santoni, New Yorks Blackout: Too many questions, not enough answers, Electronic design 17 (1977), 16. August, S. 28–30

56 Sugarman, New York City's blackout: a $ 350 million drain, IEEE spectrum, No-

vember 1978, S. 44–46

57 Handelsblatt, Stromleitung gesprengt, Nr. 81, vom 28. 4. 81, S.1

58 Stern, Späthe Stunde, Nr. 17 vom 15. 4. 81, S. 3

59 Comptroller General of the U.S., Report to the Congress: Federal Electrical Emergency Preparedness is Inadequate, U.S. General Accounting Office, May 12, 1981

60 Verordnung über Allgemeine Bedingungen für die Elektrizitätsversorgung von Tarifkunden (AVBEltV) vom 21. 6. 1979, BGBl. I, S. 684–692

61 Stumpf, Die Anpassung der Kraftwerksbauprogramme an die Erfordernisse wirtschaftlicher Fernwärmebeschaffung, in: Alternativen der Energiepolitik, Stimmen aus Energiewirtschaft, Wissenschaft und Politik, Technischer Verlag Resch KG, München 1978, S. 144–159

62 Gesetz gegen Wettbewerbsbeschränkungen in der Fassung vom 24. 9. 1980, BGBl. I, S. 1761

63 Gesetz zur Förderung der Energiewirtschaft vom 13. 12. 1935, zuletzt geändert am 19. 12. 1977, BGBl. I, S. 2750

64 Fünfte Verordnung zur Durchführung des Gesetzes zur Förderung der Energiewirtschaft vom 21.10.1940, BGBl. III 1963, Folge 69, S. 82

65 Emmerich, Die Neuregelung der AVB (Allgemeinen Versorgungsbedingungen), Zeitschrift für Energiewirtschaft, Heft 2, 1980, S. 110–123, insbesondere S. 119

66 Schwaiger, Zum Kontrahierungszwang bei der Industriestromeinspeisung, Techni-

scher Verlag Resch KG, 1974

67 Marguerre, Denkschrift »Verbrauchsorientierte Stromerzeugung« des Verbands kommunaler Unternehmen (VKU) und der Arbeitsgemeinschaft der regionalen Elektrizitätsversorgungsunternehmen (ARE), Dezember 1951

68 Gröner, Die Ordnung der deutschen Elektrizitätswirtschaft, Nomos Verlagsgesellschaft, 1975

69 Friedrich, Staat und Energiewirtschaft: Der Weg zum Energiewirtschaftsgesetz, Berlin 1936

70 Verordnung über allgemeine Tarife für die Versorgung mit Elektrizität (Bundestarifordnung Elektrizität vom 26. 11. 1971), BGBl. I, S. 1865

71 Schweppe, Power Systems ›2000‹: hierarchical control strategics, IEEE spectrum, July 1978, S. 42–47

72 Rößner, Kostenträgerrechnung in einem regionalen Elektrizitätsverteilungsunternehmen, Energiewirtschaftliche Tagesfragen, 32. Jg. (1982), Heft 4, S. 300–314

73 Fagenbaum, Cogeneration: an energy saver, IEEE spectrum, August 1980, S. 30–34

74 Plugging Cogenerators into the Grid, EPRI Journal July/August 1981, S. 6–14

75 Morris and Plunkett, Facing the Grid: PURPA 210, from: Rodale's New Shelter, May/June 1981, S. 54–58

76 Gesetz über die weitere Sicherung des Einsatzes von Gemeinschaftskohle in der Elektrizitätswirtschaft (Drittes Verstromungsgesetz) in der Fassung vom 17. 11. 1980, BGBl. I, S. 2137

77 Programm für Zukunftsin-

vestitionen 1977–1980 (873 Mio. DM) und Nachfolgeprogramm 1981–1985 (1200 Mio. DM)

78 Cwienk, Systeminterne Verrechnungsmodalitäten zwischen EVU der Verbund-, Regional- und Lokalstufe, Energiewirtschaftliche Tagesfragen, 32. Jg. (1982), Heft 1, S. 56–77

79 Ensuring Power System Stability, EPRI Journal, November 1982, S. 6–13

80 Berliner Kraft- und Licht (Bewag)-Aktiengesellschaft, Erprobung der dezentralen Kraft-Wärme-Kopplung mit Verbrennungskraftmaschinen (Zwischenbericht Oktober 1981)

81 Dehli/Huber, Betriebswirtschaftliche und energiewirtschaftliche Bewertung von BHKW-Kleinaggregaten zur dezentralen Kraft-Wärme-Kopplung, Brennstoff-Wärme-Kraft 34 (1982), Nr. 12, Dezember S. 520–527

82 Schwarz, Kommentar zu den Energiebox-Untersuchungen von BEWAG und EVS, Sonnenenergie & Wärmepumpe, Heft 5/6 (1982), S. 27–28

»Generale für Frieden und Abrüstung«:

Sicherheit für Westeuropa

Alternative Sicherheits- und Militärpolitik

Rasch und Röhring

224 Seiten, gebunden mit Schutzumschlag

DIE GEWALTFREIE AKTION

GERNOT JOCHHEIM

IDEE UND METHODEN, VORBILDER UND WIRKUNGEN

RASCH UND RÖHRING

336 Seiten, broschiert

Menschen am Fluß

Inge Kramer / Günter Zint

Die Vernichtung von
Lebensraum an unseren
Gewässern und
Versuche einer Rettung

Rasch und Röhring

216 Seiten, broschiert, durchgehend illustriert